beck**'sche
reihe**

b**sr**

Sufis und Derwische sind islamische Mystiker auf der Reise zu Gott. Diese Suche nach Wissen und Erkenntnis ist nicht nur ein spiritueller, innerer Weg. Bis heute führen viele Derwische – dem Ideal der Armut verpflichtet – ein freies, heimatloses Wanderleben. Für sie ist die Wanderschaft auch ein äußerer Weg der Heilssuche, der ihnen durch Betteln, Musizieren, Wahrsagerei oder magische Praktiken ein karges Überleben ermöglicht. Dieses Buch beschreibt die religiöse und politische Bedeutung der Derwischbruderschaften in der Geschichte und Gegenwart des Islam, es schildert anschaulich Askesepraktiken und Ekstasetechniken der Derwische, ihren Umgang mit Sexualität und Geschlechterbeziehungen, ihren Alltag und die Verehrung ihrer Heiligen.

Dr. Jürgen Wasim Frembgen ist seit 1987 Leiter der Orient-Abteilung am Staatlichen Museum für Völkerkunde in München. Zahlreiche Veröffentlichungen zum Volksislam, zur Religions- und Sozialethnologie, zur Kunst und Kulturgeschichte des islamischen Orients.

Jürgen Wasim Frembgen

Reise zu Gott

Sufis und Derwische im Islam

Verlag C.H. Beck

Mit 31 Abbildungen im Text

Für meine Frau und meine Söhne

Die Deutsche Bibliothek – CIP-Einheitsaufnahme

Frembgen, Jürgen Wasim:
Reise zu Gott / Sufis und Derwische im Islam /
Jürgen Wasim Frembgen. – Orig.-Ausg. – München :
Beck, 2000
  (Beck'sche Reihe ; 1380)
  ISBN 3 406 45920 X

Originalausgabe
ISBN 3 406 45920 X

Umschlagentwurf: +malsy, Bremen
Umschlagabbildung: Chishti-Sufis am Schrein des Heiligen Sayyid Fazl
Karim in Kandarkas (North-West Frontier Province/Pakistan)
Foto: J. W. Frembgen (1988)
© Verlag C. H. Beck oHG, München 2000
Gesamtherstellung: C. H. Beck'sche Buchdruckerei, Nördlingen
Printed in Germany

www.beck.de

Inhalt

Der Weg der Mystik und Askese

Anhang

Hinweise zur Transkription

Begriffe aus orientalischen Sprachen sind in sehr vereinfachter Form (ohne diakritische Zeichen) auf der Grundlage des Englischen wiedergegeben und kursiv gesetzt. Aussprache z.B. *sh* wie *sch*, *j* wie *dsch*, *ch* wie *tsch*, *y* wie *j*, *z* wie stimmhaftes *s*, *kh* in Arabisch und Persisch wie *ch*, ‛ als Knacklaut und ’ als Stimmabsatz. Fremdwörter, meist aus dem Arabischen, stehen in der Regel jeweils im Singular, auf die Angabe der Pluralform wurde zumeist verzichtet. Alle fremdsprachigen Zitate wurden vom Autor ins Deutsche übersetzt. Die im Text genannten Jahreszahlen entsprechen der christlichen Zeitrechnung, nicht dem islamischen Mondkalender.

Die heilige Reise im Islam

Sufis und Derwische sind islamische Mystiker auf dem Weg zu Gott. Sie begeben sich auf eine spirituelle Reise zum „Herrn der Welt" und „Herrn der Macht", dem Wort des Propheten Muhammad folgend: „Wer auswandert zu Gott und zu Seinem Gesandten, der wandert wahrlich zu Gott und zu ihm." Der Prophet hatte dieses Ziel auf seiner visionären nächtlichen Himmelsreise erreicht: nach den Einblicken in die Wirklichkeiten der sieben Himmel stand er schließlich vor Allah.

Bei rechter Anleitung durch einen Meister ist der innere Pfad – mit seinen einzelnen Stationen mystischer Erfahrungen sowie asketischer und moralischer Disziplin – ein gerader, wenn auch schmaler und harter Weg, auf dem der Gläubige nicht in die Irre geht. Wichtigste Richtschnur für denjenigen, der den „Ruf zum Pfad" vernimmt, ist die Gottes- und Menschenliebe, das Ziel die Verschmelzung mit dem Absoluten.

Dieser fortwährenden Reise innerhalb des Körpers und der Person (von der Geburt bis zum Tod) entspricht die physische Reise im Raum: Früher hat die Suche nach Wissen und Erkenntnis viele Sufis und Derwische in weit entfernte Regionen des islamischen Orients geführt. Sie reisten zwischen Nordafrika und dem indo-pakistanischen Subkontinent, um unterschiedliche mystische Richtungen kennenzulernen. Hatte der Suchende einen geeigneten Lehrer gefunden, so küßte er ihm ehrerbietig die Füße und wurde zu seinem Schüler. Oft zog er erst nach einem längeren Aufenthalt weiter, oder er begleitete seinen Meister auf der Reise und trug dabei dessen Bettzeug. Bedeutsam für seine spirituelle Entwicklung waren auch die Begegnungen mit unterschiedlichen Weggefährten. Die für die Religion des Islam so charakteristische Mobilität erscheint noch in weiteren Zusammenhängen: Die Pilgerfahrt nach Mekka ist eine der fünf wichtigsten Pflichten des Islam; Wallfahrten zu den Grabmälern von Heiligen prägen die volkstümliche Frömmigkeit. Im Rahmen der traditionellen islamischen Bildung begaben sich Schüler, in ähnlicher

Weise wie die Mystiker, auf die Reise zu verschiedenen Religionsgelehrten und Koranschulen. Und missionierende Prediger verbreiteten den Glauben von den Kernländern aus bis zu den Grenzen der islamischen Welt.

Neben den gebildeten Sufis gibt es bis heute Derwische, die, dem Ideal der Armut verpflichtet, ein völlig freies, heimatloses Wanderleben führen: In Entsprechung zur inneren Reise der Seele zu Gott stellt für sie die Wanderschaft einen äußeren Weg der Heilssuche dar, der quasi eine methodische mystische Übung bildet. Mehr noch sichert diese Lebensweise den „Schreitenden" (*salik*) ein karges Auskommen. Im 11. Jahrhundert bekannte Baba Tahir 'Uryan:

„Ich bin der mystische Wanderer, den man Qalandar nennt;
ich habe weder ein Herdfeuer, noch einen Konvent.
Am Tag wandere ich durch die Welt, und in der Nacht
schlafe ich mit einem Ziegelstein unter meinem Kopf."

Das besondere Emblem des Wanderderwischs ist die Bettelschale, die zum Sammeln von Almosen dient. Als Gefäß symbolisiert sie auch die passive Empfänglichkeit des Mystikers, der bereit ist, Gott in seinem Herzen aufzunehmen. Ein anderer mystischer Gedanke sieht die Seele des Derwisch – wie die bootförmige Schale – auf der Suche nach Allah auf dem gefahrvollen Ozean segelnd.

Das Bild der mystischen Reise wird in einer türkischen Derwischgeschichte besonders einprägsam angesprochen. Die Welt ist danach in Wirklichkeit nichts weiter als eine Karawanserai: Man kommt an, hält einige Zeit an und zieht dann weiter in eine andere Welt.

Die vorliegende Studie stellt den Versuch dar, die Wanderer auf dem Weg zu Gott sowohl im Hinblick auf ihre spirituellen Dimensionen als auch auf ihre tatsächliche Lebenswelt zu verstehen. Der Schwerpunkt liegt dabei auf der gelebten Religiosität der Gegenwart, insbesondere auf dem volkstümlichen Sufismus als einer Form konkreter religiöser Praxis. Es wird nicht der Anspruch einer islamwissenschaftlichen oder historischen Gesamtdarstellung des Phänomens der Mystik erhoben. Vielmehr sollen mit Hilfe von Vergleichen zu benachbarten Religionen und Kulturen in erster Linie die ethnologischen Aspekte des Sufismus und Der wischwesens in den Vordergrund gestellt und im Rahmen eines Überblicks für einen breiteren Leserkreis erörtert werden. Als Quellen dienen neben der Fachliteratur auch Ergebnisse von Feldforschungen in Südasien und von zahlreichen Reisen in verschiedene Länder des islamischen Orients.

Sufismus – Die Grundlage des Derwischwesens

In den öffentlichen Medien der westlichen Welt wird der Islam fast nur mit seiner offiziellen, normativen Erscheinungsform – dem orthodoxen Gesetzesislam – identifiziert. Dabei unterschätzen oder übersehen diese meist die Bedeutung des parallel dazu existierenden volkstümlichen Islam, insbesondere der populären Ausprägung des Sufismus[1] und der damit eng verknüpften Heiligenverehrung.

Der Sufismus – die islamische Mystik (*tasawwuf*) – ist zutiefst eine religiöse Strömung der Hingabe und Ergriffenheit. Ihr Gegenstand sind die inneren Aspekte des Islam, die spirituellen Dimensionen (*'ilm al-batin* – das „Wissen vom Inneren"), für die religiöse Erfahrung von wesentlicher Bedeutung ist. Mit seinen verschiedenen Erscheinungsformen ist der Sufismus integraler Bestandteil des Islam, wobei er sowohl zur Facette des offiziellen, normativen Islam als auch zum Volksglauben der islamisch geprägten Länder gehört.[2] Der seit dem 10. Jahrhundert allgemein verbreitete Begriff Sufi wird zumeist von dem Wort *suf* für Wolle abgeleitet, da die frühen islamischen Asketen nach dem Vorbild des Propheten einen Mantel aus grobem weißen Wollstoff trugen.

Grundlage der Mystik ist der lebensbestimmende Glaube an Gott. Mystiker sind von Gott berührt und ergriffen, vom Bewußtsein Gottes durchdrungen. Ihr Leben ist ganz auf Gott hin ausgerichtet. Sie besitzen das unbedingte Vertrauen (*tawakkul*) auf Ihn, der für jeden sorgt. Die Praxis der Askese allein führt den Sufi jedoch nicht zu der ersehnten Annäherung an die Gegenwart Gottes. Als viel wichtiger erweist sich die Liebe zu dem Einen und Wirklichen, die selbst als eine Gnadengabe Gottes gilt. Der Sufi sucht den göttlichen Freund und Geliebten unmittelbar zu erfahren. Er sieht Ihn in allen Dingen, er erkennt alles auf Ihn bezogen, außerhalb des Göttlichen gibt es nichts. Die Anerkenntnis

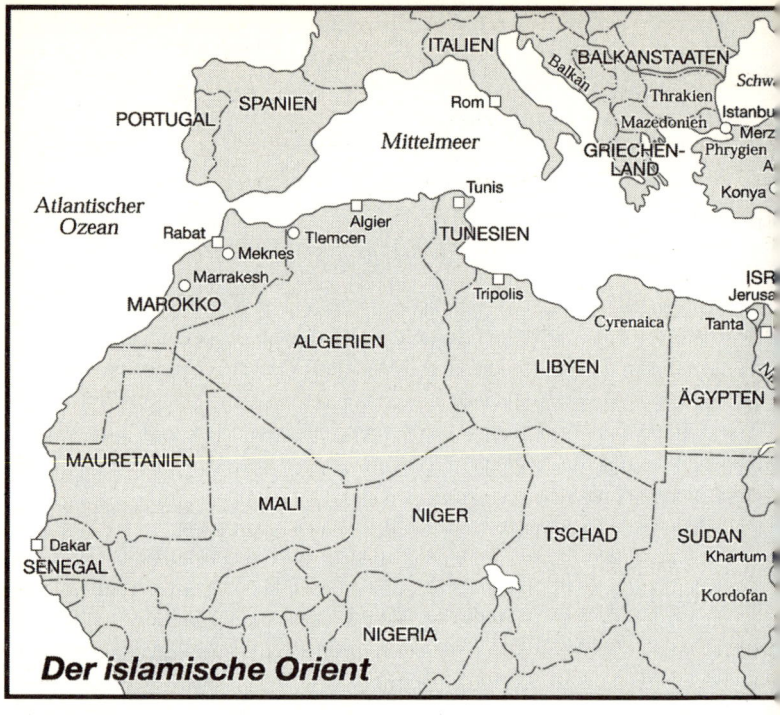

Der islamische Orient

der absoluten Einheit und Einzigkeit Gottes (*tauhid*) bildet den weltanschaulichen Kernpunkt des Sufismus. Das mystische System Ibn ʿArabis (1165–1240) entwickelte die Einheitserklärung schließlich weiter zur theosophisch angelegten Konzeption der „Einheit des Seins" (*wahdat al-wujud*), die ab 1300 das Denken der Sufis dominierte. Der Mystiker sieht und erkennt Gott danach in allen Dingen – Gott manifestiert sich selbst in den kleinsten Teilchen seiner Schöpfung.

Der mystische Weg (*tariqa*) zur Einheitserfahrung führt zum eigenen Herzen hin, in dem man Gott findet. „Im Herz der Liebenden, dort ist Dein Platz", sagt der persische Mystiker Farid ud-Din ʿAttar (gest. um 1220) in seinem „Ilahi-nama". Häufig wird das Herz als Spiegel versinnbildlicht, in dem der Gläubige – erst nachdem der Metallspiegel poliert wurde – Gott schauen kann. Die Reinheit des Herzens bildet die Voraussetzung für das Gebet und die mystische Vereinigung mit Gott. Für den Sufi ist

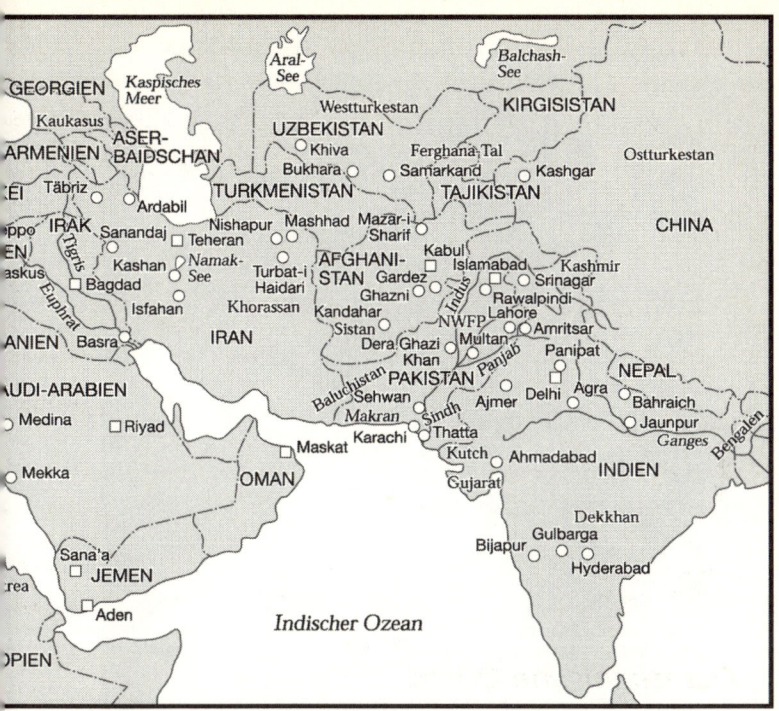

sie noch wichtiger als die äußerliche rituelle Reinheit, die sich etwa in den vorgeschriebenen religiösen Waschungen manifestiert. Gott enthüllt sein Wesen nur dem innerlich Reinen, äußerlicher Schmutz oder die geflickte Kleidung des Mystikers beeinträchtigen die innere Reinheit nicht, zeugen vielmehr von der Ergriffenheit durch den Einen und sind Zeichen der Abkehr von der diesseitigen Welt, die als schlecht und verabscheuenswert, als nicht wirklich gilt und nur dem Ungläubigen paradiesisch erscheint. Der „Gottsucher", der den mystischen Pfad verfolgt, bemüht sich um seine Vervollkommnung. Mystische Übungen auf dem stufenweise betretenen geistigen Weg bestimmen ein Leben der liebenden Hingabe zu Gott. Zum Charakterideal des Sufi gehören Einfachheit, Genügsamkeit, Ehrlichkeit und Gastfreundschaft. Er achtet nicht auf Äußerlichkeiten und behandelt jeden gleich.

Wird der Mystiker endlich – oft erst nach vielen Ängsten, Qualen und Leiden – von Gott berührt und ergriffen, der in seinem

Abb. 1: Iranischer Derwisch, historische Aufnahme

seinem Herzen Wohnung genommen hat, so ist er überwältigt von dessen Größe und Fülle. Die mystischen Erlebnisse können so mächtig sein, daß sie ihn entrücken und in Ekstase versetzen. Nicht selten ist der Gott-Trunkene auch verwirrt und bestürzt angesichts der göttlichen Gegenwart. Er hat das Ziel seines mystischen Weges erreicht – das Ent-werden (*fanaʿ*) –, die Vereinigung mit dem göttlichen Geliebten. Der Mystiker lebt nur noch in Gott, sein niederes Selbst, seinen eigenen Willen und seine persönlichen Wünsche und Bedürfnisse hat er aufgegeben und vernichtet. Oft hat man versucht, das Ineinsfließen von Mensch und

Gott (*annihilatio*) in poetischen Bildern wiederzugeben, so etwa in dem des Falters, der in der Flamme den Liebestod sucht und findet, oder in dem Verschwinden der Seele im Meer des göttlichen Lichts. Der Tod des Mystikers gilt als das eigentliche Tor zum Leben in Gott. Damit ist sowohl das freiwillige mystische Sterben gemeint als auch der physische Tod, der als „heilige Hochzeit" ('*urs*) mit Gott aufgefaßt wird, als geistige Vereinigung der Liebenden, die fortdauert und erst das wirkliche Leben bedeutet.

Die Anfänge des Sufismus liegen in Khorassan, dem heutigen Nordostiran, sowie in Teilen Afghanistans und Mittelasiens; aus diesen Regionen stammen zahlreiche bedeutende Mystiker, die das religiöse Leben in anderen Gebieten des islamischen Orients stark beeinflußten. Seit seiner Herausbildung im 8. und 9. Jahrhundert stellt der Sufismus mit seiner Betonung charismatischer Autorität eine Alternative zum skripturalen Gesetzesislam dar. Er verkörpert in besonderer Weise die Ideale der Toleranz und des Humanismus im Islam. Gottes- und Menschenliebe sowie die Wertschätzung der mystischen Erfahrungen anderer Religionen haben die Sufis zu einer liberalen und toleranten Einstellung gegenüber Nicht-Muslimen geführt. Als bemerkenswertes Beispiel seien das gute Einvernehmen und die engen Beziehungen zwischen islamischen Mystikern und Hindus in Indo-Pakistan genannt.

Sufis und Derwische

Sufisches Gedankengut bildet die Grundlage des Derwischwesens. Es waren Derwische, die den Sufismus verbreiteten, ihn popularisierten, aber auch spirituell vertieften. Bis heute prägen Derwischbruderschaften vielerorts die Volksfrömmigkeit.

Sufis (*ahl-i tasawwuf*) lieferten bedeutende Beiträge zur Literatur, Kunst und Geistesgeschichte des islamischen Orients; Orientalisten, Religionswissenschaftler und Historiker studierten eingehend Handschriften und Texte sowie die Organisationsformen und Riten verschiedener Bruderschaften. Weniger untersucht wurde hingegen der *gelebte* volkstümliche Sufismus, das alltägliche Verhalten einfacher Derwische, ihre Lebenswelt, Kleidung und Ausrüstung. Den Ethnologen interessieren vor allem die

„Sufis als Derwische" und das Derwischwesen als eine „Religion der Straße".[3] Er bemüht sich, das zu verstehen und zu deuten, was Richard Hartmann einmal – nicht gerade unvoreingenommen – als „schmutzig realistische Mystik" und die „Niederungen des einfachen Derwischtums" bezeichnet hat (1915: 54).

Zum westlichen Mythos vom Orient gehört das in der Kolonialzeit konstruierte, exotisch geprägte Bild von „Derwischen" und „Fakiren": Die „tanzenden" und „heulenden" Derwische boten seit dem 17. Jahrhundert besonders den Malern ein beliebtes Sujet. In der Literatur sind wandernde Derwische als halbnackte, zerlumpte, mit Schmutz bedeckte Ekstatiker und Landstreicher dargestellt worden. So bezeichnen etwa Reisebeschreibungen des 19. Jahrhunderts muslimische Fakire (heterodoxe Derwische) in Indien als „ekelhafte schmutzige Narren", „Wahnsinnige", „verabscheuungswürdiges Gesindel" und „stinkfaule Heuchler". Und von mittelasiatischen Wanderderwischen wird berichtet: „... ein gemeineres, unverschämteres und widerlicheres Pack als die Duwanas kann man sich schwerlich vorstellen" (Schwarz 1900: 196).

Das Mißtrauen gegenüber Derwischen ist groß: Man sagt ihnen sexuelle Perversionen und orgiastische Praktiken nach, äußert sich anrüchig über ihr Betteln, Wanderleben und ihren Drogengebrauch, betrachtet sie als Schurken, Verbrecher, Scharlatane und Parasiten oder als skurrile, lächerliche Figuren. Ein negatives Zerrbild, das nicht nur in der westlichen Literatur weit verbreitet ist – etwa in den Orientromanen Karl Mays und selbst im wissenschaftlichen Schrifttum der Orientalisten[4] –, sondern auch in der islamischen Welt: in der modernen Gegenwartsliteratur, in Karikaturen, Zeitschriften sowie in Sprichworten. In Afghanistan sagt man im Volk zum Beispiel *ruz malang, shab palang* – „Tagsüber ein (frommer) Derwisch, nachts ein Leopard". Wandernde Derwische beim Bettelgang wurden in Iran oft geringschätzig „Spatzen" genannt, die alles Eßbare aufpicken. Der kritische Umgang mit ihnen beschränkte sich jedoch nicht auf den Spott allein. Seit der Frühzeit des Islam haben Vertreter der konservativen orthodoxen Geistlichkeit die Mystiker immer wieder als Teufel oder falsche Propheten verurteilt und ihnen vorgeworfen, die religiösen Gesetze und Regeln offen zu mißachten.[5] Deren Denken wurde als „Aberglaube" verunglimpft, und den Sufi-Heiligen sprach man vielfach auch die Fähigkeit ab, Wunder zu wirken.

Besonders unter der iranischen Dynastie der Safawiden waren Derwische – obwohl sie sich bemühten, ihre Lehren und Riten geheimzuhalten – Verfolgungen ausgesetzt, und viele emigrierten damals nach Indien. Die Intoleranz ging so weit, sie als Häretiker und Ungläubige zu foltern oder gar zu töten. Die Verketzerung der Sufis und Derwische in Iran ging vor allem auf orthodoxe Rechtsgelehrte ('ulama) zurück, die aus Arabien stammten, und noch heute wenden sich einzelne streng orthodoxe Gruppierungen, wie etwa die arabischen Wahhabi, vehement gegen Heiligenverehrung und Derwischpraktiken – eine Auffassung, die auch manche orthodoxen Sufis, etwa die Anhänger der Naqshbandi-Bruderschaft, teilen. In der Konsequenz gilt auch die Beschäftigung des Wissenschaftlers mit Sufismus und Derwischwesen in den Augen der 'ulama als reine Zeitverschwendung, da man sich – um den „wahren Islam" zu finden – auf den heiligen Koran besinnen sollte.

Besonders heftige Kritik und Ablehnung haben also seit jeher die frei und ungebunden lebenden Sufis erfahren, die oft keiner organisierten Bruderschaft angehören. Diese umherziehenden Mystiker und Asketen, im europäischen Sprachgebrauch gewöhnlich als „Derwische" bezeichnet, sind im Orient unter verschiedenen Bezeichnungen wie Qalandar, Malang, Fakir, Majzub und Malamati bekannt. Ihre „Lebensstile in augenfälliger Abkehr vom Establishment" (Eaton 1978: 243) machen sie zu Randfiguren der Gesellschaft und unterscheiden sie von den gemäßigten, der islamischen Orthodoxie eher nahestehenden Sufis. Sucht man die bizarren, eigenartigen und oft zunächst auch völlig unverständlich erscheinenden Phänomene des Derwischwesens zu verstehen und zu deuten, so sollten weder schroffe Ablehnung oder Widerwille noch Sensationslust das Interesse leiten, vielmehr die Bereitschaft, sich diesem Komplex religiöser Ideen und Handlungsweisen möglichst unvoreingenommen anzunähern.

Derwische stehen in der Tradition des Sufismus, dessen Gedanken, Ideale und Verhaltensregeln die Grundlage ihrer Lebenspraxis bilden. In diesem Sinne bezeichnet H. J. Kissling den Sufismus als den „psychologischen Mutterboden der Derwischorden" (1959: 2). Das Derwischwesen selbst betrachten manche Gelehrte in Abgrenzung zur literarisch geprägten Mystik als „vulgären Sufismus".

Das weite Spektrum des Sufismus, der als Bezugsrahmen für teils sehr gegensätzliche religiöse Erscheinungsformen und Typen religiöser Autorität dient, erfordert meines Erachtens begriffliche Differenzierungen. Durch folgende, in unterschiedlichen kulturellen Kontexten begründete Merkmale zum Beispiel lassen sich „Sufi" und „Derwisch" – in einer zugegebenermaßen stark vergröbernden deskriptiven Dichotomie – charakterisieren:

Beide verfolgen den mystischen Weg hin zu Gott: Der Sufi mehr durch philosophisch-theoretische Betrachtungen bei der Suche nach dem spirituellen Sinn der göttlichen Offenbarung. Der Derwisch hingegen lebt und praktiziert den Pfad auch äußerlich: beispielsweise folgt er dem Gebot der freiwilligen Armut, indem er bettelt.[6] Der Sufi, der darauf achtet, die allgemein-islamischen Riten und das religiöse Gesetz (*shari'a*) zu befolgen, kennt den Koran, die Überlieferungen des Propheten sowie die Rechtsquellen. Er verfügt damit über die Autorität der Schriftkenntnis. Unter den frühen marokkanischen Sufi-Heiligen gab es zum Beispiel eine große Zahl von Rechtsexperten. Sufis sind in der Regel gebildet und gehören zum islamischen Gelehrtentum. Als etwa die Familie Jalal ud-Din Rumis (1207–1273) aus ihrer Heimat im nordafghanischen Balkh auszog, soll sie 30 mit Büchern beladene Kamele mit sich geführt haben. In Afghanistan unterrichteten viele hochangesehene Sufis als *'ulama* an Koranschulen, sind also in dieser Rolle Hüter des heiligen Textes und seiner Auslegungen.[7] Ferner haben Sufis ihre Gedanken und Erfahrungen häufig in mystischer Poesie ausgedrückt. Ihre Meister verfaßten teils umfangreiche Traktate und Abhandlungen, die als Wegleitungen für die Schüler dienten. Wichtig ist, daß die Buchgelehrsamkeit der Sufis durch ihr persönliches Charisma ergänzt wurde.

Derwische und die ihnen in Südasien entsprechenden Fakire repräsentieren dagegen in vielen Fällen einen einfacheren Typ des Mystikers, der gewöhnlich über eine geringere Bildung verfügt. Unter ihnen finden sich bis heute – gerade bei den wandernden Derwischen – zahlreiche Analphabeten, die im übrigen damit dem Beispiel des Propheten folgen. In der Vermittlung des Islam als der „Religion des Buches" an eine weitgehend illiterate Bevölkerung haben sie zur Tradierung der religiösen Inhalte eher mündliche Methoden – wie Gesang und Erzählungen – benutzt. Einschränkend sei jedoch angemerkt, daß sich selbst unter den

Abb. 2: Badshah Sain aus Lahore

Derwischen der antinomischen, „marginalen" Richtung gerade
zwischen dem 13. und 16. Jahrhundert immer wieder einzelne
Poeten und gelehrte Persönlichkeiten befanden. Die Ausübung
magischer Praktiken stellt ein weiteres Merkmal der Wanderderwische dar.

Natürlich kann ein Mystiker die Charakteristika eines Sufi und
eines Derwisch in sich vereinen (wie z. B. der berühmte pashtuni-
sche Heilige Rahman Baba), allerdings ist zu bedenken, daß sich

die heterodoxen Vorstellungen und Praktiken einiger Derwisch-bruderschaften teils weit von dem entfernt haben, was gewöhnlich unter Sufismus verstanden wird. Tatsächlich ist der Sufismus ein äußerst facettenreiches und dynamisches Phänomen, die Spanne zwischen verschiedenen Mystikertypen kann beträchtlich sein. Im Falle des ekstatischen Majzub etwa hat man von „radikalem Sufismus" gesprochen. Einen Gegenpol zum ehrbaren, gelehrten, in einem institutionellen Rahmen wirkenden „mainstream"–Sufi bilden beispielsweise auch die schwarzen Sidi-Fakire in Indien, die als heilige Narren und Clowns fungieren und Ehrlosigkeit verkörpern. Deutlich werden die Unterschiede schließlich im Fall eines eng miteinander befreundeten, jedoch sehr gegensätzlichen Paares: des Sufi-Gelehrten und Predigers Rumi auf der einen und des exzentrischen Wanderderwisch Shams ud-Din Tabrizi (gest. 1248) auf der anderen Seite. In ähnlicher Weise wird in Südasien der *pir* von einem *faqir* unterschieden. So betonte in einem Gespräch der Mystiker Badshah Sain (Abb. 2), der sich am Grab des Heiligen Sayyid Shah Mohammad Gauth Qadri (gest. 1758) in Lahore aufhält: „Gauth Qadri ist ein *pir*, ich bin ein *faqir*!"

Im Unterschied zum „orthodoxen" Sufismus (*tariqat-i shari‘-ati*) ist das Derwischwesen stark von der Armut geprägt, auf die bereits die Begriffe *darwish* (türk. *dervish*) und *faqir* hinweisen. Die Grundbedeutung von *darwish* (persisch) und *faqir* (arabisch) lautet „arm" bzw. „bedürftig" – gemeint sind *homines religiosi*, die in materieller Armut leben und Gott bedürfen. Das neupersische *darwish* wird über das mittelpersische *daryosh* aus dem avestischen *drigu* abgeleitet, einem Begriff, mit dem in Alt-Iran die Mitglieder der Jüngerschar Zarathustras bezeichnet wurden. *Drigu* korrespondiert übrigens in Pali mit *bhikkhu* und in Sanskrit mit *bhiksu*, den in Indien geläufigen Ausdrücken für einen buddhistischen Wandermönch. Der Begriff *darwish* ist wörtlich auf *dar* = „Tür" und *wish* (möglicherweise von *wihtan* = „betteln" abzuleiten) zurückgeführt worden und bezeichnet konkret den von Tür zu Tür gehenden Bettler, im übertragenen Sinne die „Türschwelle" zwischen Diesseits und Jenseits.

Speziell bei den nahöstlichen Bektashi benutzt man den Begriff *darwish* für ein voll eingeweihtes Bruderschaftsmitglied; in Iran steht der Begriff für einen bestimmten Grad, den der Mystiker auf seinem Weg erreicht hat: Ein *darwish* gilt dort, verglichen mit einem heterodoxen Wanderderwisch, als höherstehend. Im zentralen Panjab benutzen die Mystiker in ihren Gesprächen den Ausdruck *darwish* häufiger als *faqir*. Bei den indischen Rifaʿi wird nur derjenige *faqir* genannt, der nach der Schülerschaft zu einem spirituellen Lehrmeister noch eine zweite Initiation in die Fakir-Organisation innerhalb der Bruderschaft erhalten hat.

Mystiker und Heilige im islamischen Orient

Zum Erscheinungsbild der islamischen Volksfrömmigkeit gehört als wesentlicher Bestandteil die Heiligenverehrung. Heilige fungieren als Mittler zwischen den Menschen und dem allmächtigen und transzendenten Allah; sie sind gleichsam Brückenpfeiler zum Göttlichen. Aufgrund ihrer Nähe zu Gott sind sie mit Heil- und Segenskräften (*baraka*) begabt, die sie an die Menschen weitergeben. Bei der praktischen Ausübung ihrer Funktion als Heiler wenden sie vornehmlich die auf den Propheten Muhammad zurückgehende Tradition der Heilkunst (*tibb an-nabi*) an.[8]

Die Heiligen und ihre Grabstätten sind mehr oder weniger eng mit dem Sufismus verbunden, denn häufig handelt es sich bei berühmten Heiligen um Mystiker, die zu Lebzeiten Bruderschaften gründeten. Vielfach werden aber auch einfache Derwische nach ihrem Tod als Heilige verehrt, denen der Volksglaube eher magische und in geringerem Maße charismatische Qualitäten zuschreibt. Zusammen mit Glaubenskämpfern, Märtyrern und Frommen bilden sie die große Menge der oft nur lokal in einem begrenzten Stadtviertel oder Dorf verehrten „kleinen" Heiligen, an die sich die Bevölkerung mit ihren alltäglichen Sorgen und Nöten wendet. Ein Ideal besteht darin, daß islamische Heilige – ob berühmt oder nur regional bekannt – ihre Herkunft auf den Propheten Muhammad zurückführen können. Tatsächlich kommen jedoch die meisten nicht aus der Prophetenfamilie.

Gottesfreunde und spirituelle Führer

Wer durch göttliche Gnade zum Heiligen erhoben wurde, gilt in islamischem Sinne als „vollkommener Mensch" (*insan al-kamil*); in der Regel hat er schon im Diesseits ein eines Heiligen würdiges Leben geführt. Ihm sind Charisma und Segenskraft zu eigen, das Volk verehrt ihn als Wundertäter. Im Islam wird ein Heiliger mit dem arabischen Begriff *wali* (Pl. *auliya*) als jemand, „der Gott nahe ist", als „Gottesfreund" bezeichnet. Eine solche Heilsgestalt ist beispielsweise der Sufi-Lehrmeister, der Schüler auf ihrem spirituellen Weg unterweist und selbst Oberhaupt einer Bruderschaft sein kann. Er trägt den religiösen Titel *sheikh*; im Mittleren Osten und in Südasien auch *pir* und in der Türkei *dede*. Der Begriff *murshid* beschreibt demgegenüber in allgemeinerem Sinne die Funktion eines Seelenführers. In Mittelasien werden Heilige und spirituelle Führer *ishan* genannt. In Nordafrika heißen sie arabisch *murabit* („jemand, der an Gott gebunden oder gefesselt ist") oder *salih* („der Tugendhafte"), in der Sprache der Berber ist der Ausdruck *agurram* (Pl. *igurramen*) gebräuchlich.

Über dem *sheikh* oder *pir*, der einen Konvent führt und dem ein bestimmtes Territorium zugewiesen ist, steht in der Hierarchie einer Derwischbruderschaft als höchste geistliche Instanz der *qutb* („Pol"). Der Pol legitimiert seine Autorität damit, daß er sich in einer – häufig fiktiven – geistigen Ahnenreihe (*silsila*) über frühere Heilige auf die Familie des Propheten zurückführt. Das amtierende Oberhaupt einer Bruderschaft oder eines davon abgespaltenen Zweiges wird oft auch als *sheikh al-sajjada* bezeichnet, d.h. als derjenige Sufi-Meister, der auf dem von seinem Vorgänger ererbten Gebetsteppich sitzt. Dieser Teppich oder dieses Sitzfell symbolisiert gewissermaßen den Thron einer Bruderschaft. Gibt es in einer Stadt mehrere Konvente, so führt häufig ein *sheikh al-masheikh* („Großscheich" oder „Scheich der Scheiche") den Vorsitz, fungiert also in der „Ordens"-Hierarchie als Mittler zwischen *sheikh* und *qutb*.

Die meist permanent an einem Schrein lebenden *sheikh*, *pir*, *ishan* usw. stellen geistliche Autoritäten dar, die Schüler in mystischen Lehren unterweisen, Literatur und Poesie schreiben oder religiöse Reformen propagieren. Demgegenüber sind die eher weltentsagenden Derwische sowohl Wanderer auf dem inneren spirituellen Weg als auch in der diesseitigen äußeren Welt, sie leben den Sufismus, indem sie mit Hilfe ekstatischer Praktiken die Nähe zu Gott suchen.

Islamisierung durch Sufis

Ihre Lebensläufe belegen, daß viele der Heiligen, Sufis und Derwische jahrelange Reisen in verschiedene Länder unternahmen, um dort mystisches Wissen zu erlangen und gleichzeitig zu missionieren. Die warmherzige Frömmigkeit, mit der die Mystiker zu überzeugen wußten, trug dazu bei, daß die Bekehrung der „heidnischen" Bevölkerung zum Islam – in Verbindung mit neu entstehenden muslimischen Staaten – zumeist friedlich verlief. Insbesondere zwischen dem 11. und 14. Jahrhundert verbreiteten sie den Islam mystischer Prägung sowohl in Nordafrika, Anatolien, dem Kaukasus, im iranischen Hochland und den Steppengebieten Mittelasiens als auch in Pakistan und Indien. Einige Beispiele mögen hier genügen: Mu'in ud-Din Chishti (gest. 1236) war vielleicht der berühmteste und wichtigste islamische Missionar auf dem Subkontinent. Der zur selben Bruderschaft, der Chishtiyya, gehörende Heilige Baba Farid ud-Din Shakarganj (gest. 1265) bekehrte große Teile der damals überwiegend hinduistischen Landbevölkerung des südwestlichen Panjab und schickte Sendboten weiter in den Süden bis nach Kutch, Sindh und Makran. Kashmir wurde in erster Linie von Sayyid ʿAli Hamadani (1314–1385) und seinen Begleitern islamisiert.

Sufis und Derwische sind jedoch auch – gerade in den Grenzgebieten der islamischen Welt – immer wieder gewaltsam gegen Ungläubige vorgegangen. So verbanden sie sich vor allem in Nordafrika, Anatolien und – zur Zeit des Safawiden-Herrschers Shah Ismail (reg. 1501–1524) – in Iran und in Turkestan mit den Glaubenskämpfern (*ghazi*). Die Derwische der von Abu Ishaq Kazeruni (963–1034) gegründeten Ishaqi-Bruderschaft missionierten im 15. Jahrhundert in militanter Weise besonders unter Zoroastriern und Juden. Vom Ende des 13. bis Mitte des 14. Jahrhunderts waren es bewaffnete kriegerische Sufis, die – gemeinsam mit muslimischen Armeen – von Nordindien in das südindische Bijapur zogen und dort den *jihad fi sabil Allah* (Krieg im Sinne einer „Anstrengung auf dem Wege Gottes") gegen die Hindus ausriefen.

Berühmte Heilige und mystische Schulen

Welche Heiligen verehrt das Volk besonders, und welche mystischen Richtungen vertreten diese?

Die Liebe zum Propheten Muhammad und die Hingabe, die durch Gebete und Segenswünsche an ihn ausgedrückt wird, sind nicht nur essentiell für den Sufismus, sondern stellen auch den zentralen Pfeiler der Volksfrömmigkeit dar. Muhammad verkörpert das Persönlichkeitsmodell für Muslime schlechthin. Neben dieser herausragenden Stellung des Propheten spielt sein Vetter und Schwiegersohn ʿAli in Sufismus und Derwischwesen eine bedeutende Rolle. ʿAli gilt als der erste Mystiker und *pir* und wird als der islamische Heilige par excellence verehrt. Im Gedankengut und Brauchtum vieler Derwischbruderschaften finden sich auf ihn zurückgehende schiitische Tendenzen und Neigungen. ʿAli, der Begründer der Schia und nach Ansicht seiner Anhänger rechtmäßiger Nachfolger des Propheten, wird vor allem von den türkischen Bektashi-Derwischen hochgeschätzt und steht im Mittelpunkt ihrer Riten: der legendäre Haci (Hajji) Bektaş Veli soll von ʿAli selbst seine Wunderkraft erhalten haben. Die einfachen Gläubigen pilgern zu Heiligtümern, die ʿAli geweiht sind, und erhoffen sich dort Heilung von Krankheiten und Gebrechen: So suchen in Afghanistan viele Blinde und Lahme seine heiligen Stätten in Kabul und Mazar-i Sharif auf.

Bei der Vielzahl der im islamischen Orient verehrten Heiligen unterscheidet man zwischen denen, die „Hilfe jeder Art" spenden, und solchen, die auf die Heilung bestimmter körperlicher Leiden „spezialisiert" sind (etwa Lepra, Gelbsucht, Blindheit, Unfruchtbarkeit, Zahnschmerzen, Schlangenbisse usw.). Handelt es sich um Heilige, die nur in einem Dorf oder in einem eng begrenzten Gebiet bekannt sind, weiß die Bevölkerung häufig mehr über deren Heil- und Segenskräfte zu berichten als über die mystischen Richtungen, denen diese einmal angehört haben mögen.

Berühmtere Heilige hingegen erwähnt die hagiographische Literatur. Oft spielen sie in der Geschichte der Bruderschaften eine bedeutende Rolle und sind darüber hinaus vielfach durch ihre Dichtungen hervorgetreten. Meist lassen sie sich einer der beiden großen, einander entgegengesetzten mystischen Richtungen zuordnen: den

„Iraki" oder den „Khorassani".[9] Die Iraki- (oder Bagdader) Schule tritt für einen gemäßigten und konformen, auf Gottvertrauen basierenden Sufismus ein. Sie geht auf Abu'l-Qasim Junaid (gest. 910) zurück, einen der größten mystischen Führer seiner Zeit, der die Ausrichtung der meisten Bruderschaften prägte. Radikaler und exzentrischer waren die Ansichten des Iraners Abu Yazid (Bayezid) Taifur Bistami (gest. 874), der die Entstehung des Malamati- und Qalandartums entscheidend beeinflußte. Seine asketische Schule ist nach ihrem Kerngebiet im heutigen Nordostiran und Nordafghanistan auch als Khorassani bekannt. Namhafte Bruderschaften, wie die Naqshbandiyya, Khalwatiyya, Yasawiyya und Bektashiyye, führen sich auf diese Tradition zurück.

Wie facettenreich der Sufismus bereits in seiner Frühphase war, zeigt das Beispiel des großen Mystikers und Märtyrers Hussein ibn Mansur al-Hallaj (858–922), der in Bagdad hingerichtet wurde. Sein berühmter ekstatischer Ruf *ana'l-haq* („Ich bin die Wahrheit") im Sinne von „Ich bin Gott" galt als Häresie. In der Chishtiyya und Qadiriyya aber lebt die Tradition von Hallaj weiter, der mit seiner asketischen Lebensweise das extreme Modell der liebenden Hingabe an Gott verkörperte.

Gemäßigter – und den strengen Asketen (im besonderen den Malamati) gegenüber kritisch eingestellt – war der aus dem afghanischen Ghazna stammende Hujwiri. Er starb um 1071 in Lahore, der indischen Hauptstadt der Ghaznawiden, wo er vom Volk seitdem als Data Ganj Bakhsh („der Schätzeverteiler") geachtet und verehrt wird. Bis heute ist Data Sahib einer der bedeutendsten Heiligen Pakistans. Sein Hauptwerk „Kashf al-mahjub" („Die Enthüllung des Verschleierten") schrieb Hujwiri übrigens in Persisch, wohingegen vor ihm mystische Literatur fast ausschließlich in Arabisch verfaßt worden war.

Eher der asketischen Richtung zuzuordnen ist der von Westafrika bis Bengalen wohl populärste und bekannteste Heilige – 'Abdul Qadir Gilani (1088–1166), Gründer der größten Bruderschaft in der islamischen Welt, der Qadiriyya (Abb. 3). In Südasien verehrt ihn das Volk als *qutb* („Pol", „Achse") aller Heiligen. Eine Fülle volkstümlicher Legenden und Wundererzählungen rankt sich um diesen Prediger aus Bagdad.

Neben den reinen Mystikern und Asketen verehrt das Volk aber gerade solche Heilige, die sich als Glaubenskämpfer einen

الشيخ عبد القادر الكيلاني قدس سره

*Abb. 3: ʿAbdul Qadir Gilani, der Begründer der größten
Derwischbruderschaft, der Qadiriyya, ägyptischer Farbdruck*

Ehrennamen erwarben. Zu ihnen gehört ʿAbdullah Shah Ghazi (gest. 768), der Hauptheilige der pakistanischen Hafenstadt Karachi, dessen Grab zahlreiche Derwische aufsuchen. Dieser Urenkel Hassans, des Sohns ʿAlis, lebte und wirkte im südlichen Teil der Provinz Sindh, dem *bab ul-Islam* („Tor des Islam") zum indopakistanischen Subkontinent.

Ein besonders kriegerischer Heiliger war Sipahsalar Masʿud Ghazi, der als Neffe Mahmud von Ghaznas in Nordindien kämpfte und als Märtyrer starb (11. Jh.). An seinem Schrein in Bahraich (Uttar Pradesh) suchen vor allem Leprakranke, Blinde, Lahme und Krüppel Heilung von ihren Leiden. Der Heilige – auch Ghazi Miyan, Bale Miyan oder Ghazi Salar genannt – wird speziell von den wandernden Dafali-Musikern geehrt, die singen und eine kleine Rahmentrommel schlagen.

Heilige mit ausgesprochen kriegerischen Zügen sind ferner aus der islamischen Geschichte Südosteuropas bekannt. Bei den Derwischheiligen Thrakiens und des Balkans handelt es sich nach H. J. Kissling um Personen, die zunächst als Glaubenskämpfer die türkischen Eroberer begleiteten und dann später als Heilige verehrt wurden.

Anhänger des im 12./13. Jahrhundert verstorbenen Sakhi Sarwar sind die Bharai-Fakire, die wie die Dafali-Musiker beim Bettelgang eine Trommel verwenden; sie ziehen umher und preisen in Liedern und Hymnen die Wundertaten ihres Heiligen. Sein Grab liegt in Nigaha bei Dera Ghazi Khan in der Nähe des Indus. Sakhi Sarwar Sultan, einen der populärsten Heiligen des Panjab, verehren die frommen Gläubigen als den „freigebigen Heiligen", als Lakh Data („Geber von Hunderttausenden"). Auffallend ist die große Toleranz, die man an seinem Schrein und dem von Baba Farid in Pakpattan (Panjab) Hindus entgegenbringt.

Als einer der bekanntesten Heiligen West- und Südasiens kann wohl Jalal ud-Din Rumi (1207–1273) gelten, der im nordafghanischen Balkh geborene und im türkischen Konya verstorbene große Mystiker und Dichter. Es heißt, daß Rumi – oft Maulana (Mevlana) oder in Iran auch Maulavi genannt – seine ekstatischen Liebesgedichte in Verzückung diktierte. Er gründete die Mevlevi-Bruderschaft, die von seinem ältesten Sohn Sultan Walad (gest. 1312) institutionalisiert wurde. Die Mevlevi-Derwische vertreten einen gemäßigten Sufismus, der auf Junaid zurückgeht. Bis heute

Abb. 4: Der ägyptische Heilige Ahmad al-Badawi,
ägyptischer Farbdruck

pflegen sie besonders die Lyrik ihres Meisters Jalal ud-Din und die spirituelle Musik.

Die mystische Tradition Junaids beeinflußte auch den turkestanischen Heiligen Yusuf Hamadani (gest. 1140), der sich in einer geistigen Kette auf Bayezid Bistami zurückführte. Hamadanis wichtigster Schüler und Nachfolger war Ahmad Yasawi (gest. 1166), der die Yasawiyya gründete und den Islam unter den Turkvölkern verbreitete. Der in der Stadt Turkestan begrabene Heilige schrieb mystische Verse und Lieder für das einfache Volk, die im türkischen Versmaß gedichtet und als *hikmet* („Weisheit") bekannt sind.

Ein Yasawi-*ishan* war auch Gözli-Ata, ein in der zweiten Hälfte des 14. Jahrhunderts lebender Heiliger, damals einer der wichtigsten *sheikhs* Mittelasiens. Zeitweise zog er als Qalandar-Derwisch umher und bekehrte die Turkmenen und Uzbeken in Khorezm zum Islam. Als typischer Derwisch der Yasawiyya übte er das laute Gottgedenken (*dhikr, zikr*) und tanzte in Ekstase.

Der berühmteste Heilige Ägyptens, Ahmad al-Badawi (1199–1276) aus Tanta im Nil-Delta, läßt sich ebenfalls eher als Yogi-artiger Derwisch und Asket denn als orthodoxer, gesetzeskonformer Sufi charakterisieren (Abb. 4). Nach einem längeren Aufenthalt in Mekka kehrte er nach Ägypten zurück und gründete dort die Badawiyya (auch Ahmadiyya genannt), eine der größten und einflußreichsten Bruderschaften des Landes, die auch in Sudan verbreitet ist. Besonders das einfache Volk liebt heute Sidi Ahmad al-Badawi („den Beduinen", wie der Beiname besagt), und eine Fülle von Legenden überliefert seine Wundertaten.[10] Vor allem Frauen, die Kindersegen erflehen, pilgern zu seinem Grab in Tanta.

Im 13. Jahrhundert wirkte Sheikh ʿUsman Marwandi (gest. 1274), der wichtigste Heilige der Qalandariyya, einer Bruderschaft und Bewegung, die sich in jener Zeit gegen die Verweltlichung des Sufismus wandte. Aus seiner Heimat, Marwand bei Tabriz (Aserbeidschan), wanderte ʿUsman Marwandi nach Osten in den Sindh, wo er sich schließlich in Sehwan niederließ. Es heißt, daß er zunächst außerhalb des Ortes in einem hohlen Baumstamm wohnte, später in einem Prostituiertenviertel. Bekannt ist der vom Malamatitum geprägte Heilige, dem man viele Wunder zuschreibt, unter dem Namen Lal Shahbaz Qalandar. Die Bezeichnung *lal* („rot",

„Rubin") wird einerseits auf die Farbe seines Gewandes zurück-geführt und andererseits mit einer Legende erklärt, nach der er ein Jahr in einem großen Kessel über einem Feuer saß und dadurch eine rote Hautfarbe erhielt. Den Ehrennamen *shahbaz* („Königs-falke") trägt er, da er einst die Gestalt eines Raubvogels annahm, um seinen Freund Sheikh Sadr ud-Din ʿArif, den Sohn des Suh-rawardi-Heiligen Sheikh Baha ud-Din Zakariya (1171–1262), aus den Händen eines ungläubigen Herrschers zu befreien. In die kultische Verehrung Jiwe Lals („lebender Rubin"), wie der Heili-ge zärtlich genannt wird, sind viele hinduistische Elemente einge-gangen; nicht zuletzt befand sich in Sehwan ein bedeutendes Shi-va-Heiligtum. Der Schrein Lal Shahbaz Qalandars bildet heute den Hauptanziehungspunkt für die in Schwarz gekleideten Ma-lang, die aus allen Teilen Pakistans zu ihrem Heiligen pilgern.

Als letztes Beispiel für berühmte volkstümliche Heilige des islamischen Orients sei hier Shah Madar aus Nordindien vorge-stellt. Der konvertierte Jude aus dem syrischen Aleppo hieß eigentlich Shah Badi ud-Din. Einer Quelle zufolge wurde er um das Jahr 1050 geboren, nach einer anderen lebte er von 1315 bis 1434 und starb in Makanpur (Kanpur-Distrikt). Der wie Lal Shahbaz Qalandar zölibatär lebende Heilige steht in der Tradition des Asketen Bayezid Bistami und gilt auf dem indo-pakistani-schen Subkontinent als Schutzpatron der Gaukler. Shah Madar gründete die Bruderschaft der Madari-Derwische, die sich nach seinem Vorbild in Schwarz kleiden. Es handelt sich um eine „freie", außerhalb des religiösen Gesetzes (*bi-sharʿ*) stehende Or-ganisation. Bekannt sind die Madari für ihren Lauf über glühende Holzkohlen, den sie anläßlich des alljährlichen Heiligenfestes durchführen. Shah Madar wird von Muslimen und Hindus glei-chermaßen verehrt. Die Hindus betrachten den als lebend (*zinda*) geltenden Heiligen übrigens als eine Inkarnation des Gottes Lakshmana, in den Mythen der Sohn Vishnus und Bruder Ramas.

Abschließend sei angemerkt, daß es sich bei islamischen Heili-gen keineswegs nur um historische Figuren handelt; wie ethno-graphische Belege vornehmlich aus Ägypten und Indo-Pakistan zeigen, werden dort im 20. Jahrhundert eine Vielzahl von charis-matischen Männern und auch Frauen als Heilige per vox populi anerkannt und verehrt. Diese Heiligen sind entweder, wenn sie vor der Mitte des 20. Jahrhunderts verstarben, bereits vollkommen in die traditionelle Devotion eingebunden, oder die Gläubigen halten sie noch in lebendiger Erinnerung, wenn sie erst vor kurzem starben. Nicht selten begegnet man lebenden Heiligen, deren Verehrung sich durch einen besonderen Charakter von Unmittelbarkeit auszeichnet.[11]

Sufis und das Handwerkertum

Die Beinamen vieler bedeutender Heiliger und Sufis weisen darauf hin, daß sie aus Handwerksberufen stammen. Der Heilige Hallaj etwa war seinem Namen nach ein Baumwollkarder, und Baha ud-Din Naqshband (gest. 1389) – der Gründer der großen Naqshbandiyya – arbeitete als Sticker oder Steingraveur. Bekannt sind auch Abu Hafs al-Haddad („der Schmied"), ein asketischer Heiliger des 9. Jahrhunderts aus Turkestan, und Abu ʿAli al-Daqqaq („der Tuchwalker") aus Turkmenistan (10. Jh.). Es heißt, daß Shams-i Tabriz (13. Jh.), der Freund Rumis, ursprünglich ein *band-baf* war, d.h. er fertigte Hosenkordeln an. Der im 16. Jahrhundert in Nordafrika umherziehende gottbegeisterte Sidi ʿAbdur Rahman arbeitete zeitweise als Mattenflechter. Andere Beinamen verweisen auf Weber, Sattler, Glasschleifer, Bogenmacher, Korbflechter, Baumwollhändler usw.

Die Verflechtung zwischen traditionellem Handwerk und Derwischtum drückte sich zum Beispiel auch in Zunftregeln aus, die besagten, daß bei einzelnen Schritten eines Arbeitsvorganges ganz bestimmte Koranverse zu rezitieren seien.

Bis heute zählen die Mitglieder von Derwischbruderschaften eher zum einfachen Volk; sie stammen aus den älteren Bevölkerungsschichten der Handwerker und Bauern. Vor allem in Iran und im Osmanischen Reich bestanden oft enge Beziehungen zwischen Derwischbruderschaften und Zunftorganisationen der Handwerker und Händler. So kamen die iranischen Khaksar-Derwische überwiegend aus dem Handwerkerbund der *faqr-i ʿajam*, und in Anatolien und auf dem Balkan waren die aus Handwerkern bestehenden *akhi*-Bruderschaften Vorläufer der späteren Mystiker-Korporationen. Derwische und Zunftmitglieder kennen teilweise die gleichen Riten und folgen beide den ritterlichen Idealen der *futuwwa*, wie diese Bünde im Vorderen Orient und

Mittleren Osten allgemein genannt werden. Es handelt sich dabei vor allem um die Tugenden der Treue, Freigebigkeit und Selbstentsagung. Im islamischen Mittelalter traten *futuwwa*-Mitglieder als ausgesprochen gewalttätige Glaubenskämpfer auf, denn auch außergewöhnliche Tapferkeit gehörte zu ihren Idealen. Neben den genannten Khaksar pflegten insbesondere die Derwische der Kubrawi- und Bektashi-Bruderschaften Beziehungen zu Handwerkerbünden und blieben so dem einfachen Volk eng verbunden.

Wundertaten der Heiligen

Heilige, dem Volk oft durch einen handwerklichen Beruf vertraut, werden vor allem wegen ihrer von Gott verliehenen Heil- und Segenskräfte verehrt. Ausdruck und Nachweis dieser besonderen Wirkkräfte sind Wunder (*karamat*), von denen eine Fülle frommer Legenden berichtet. In vielen Fällen mag es fraglich sein, ob die in den Wundererzählungen geschilderten Begebenheiten tatsächlich so geschehen sind, oder ob es sich um unerklärliche Vorgänge gehandelt hat, die sich als visionäre Erscheinungen deuten lassen, hervorgerufen durch Fasten, Schlafentzug, Einnahme von Rauschmitteln und andere Askese- und Ekstasepraktiken. Dabei gibt es jedoch psychische Phänomene, wie etwa Hellsichtigkeit, die als ein Vordringen in Dimensionen verstanden werden können, in denen weder die Gesetze der euklidischen Geometrie noch das Prinzip von Ursache und Wirkung gelten. Da derartige Wundergeschehnisse der gegebenen rationalen Ordnung der Dinge widersprechen, ja das Gesetz oftmals negieren, erscheinen sie in den Augen der Mächtigen und der orthodoxen Geistlichkeit als etwas potentiell Gefährliches, dessen Authentizität man anzweifelt oder leugnet. Nicht umsonst fungieren sie als Waffe oder Zuflucht der Armen und Unterdrückten, die ihre Hoffnungen und Erwartungen mit dem Glauben an göttliche Gnadenerweise verknüpfen. Wunder durchbrechen die Routine des Alltags und offenbaren *batin* – die verborgene „wahre" Realität des Göttlichen.

Beispiele für wundersame Fähigkeiten islamischer Heiliger sind Unsichtbarmachen, wundersame Speisungen, Regenmachen, Er-

weckung von Toten, Hellsehen mit dem „Auge des Herzens"
usw. Das magische Fliegen, bei dem weite Entfernungen in Au-
genblicken überbrückt werden, und die gleichzeitige Anwesenheit
an verschiedenen Orten (*multilocatio*) werden in der Sufi-Ter-
minologie als „Zusammenfalten des Raumes" bzw. „der Zeit" bezeichnet. Ein weiteres äußeres Zeichen der Gottesfreunde ist das
Wandeln auf dem Wasser. Von mehreren berühmten Heiligen erzählt die fromme Überlieferung, daß sie ihren Gebetsteppich auf
dem Wasser ausbreiteten, der dann von Fischen gezogen wurde.
Dieses offenbar christlich beeinflußte Motiv eines Wunders wird
zum Beispiel auf einer Reihe von senegalesischen Hinterglasbil-
dern dargestellt. In indo-pakistanischen Legenden über islamische
Heilige gibt es nicht selten Berichte über Rivalitäten zwischen
wandernden Mystikern und seßhaften *sheikh*s. Dabei beweist der
Peripatetiker als Herausforderer seine übermenschliche Bega-
bung, indem er auf einem Tiger oder Löwen reitet, während sein
Kontrahent sich gar auf einer Mauer reitend fortbewegt.[12]

Der Volksglaube unterscheidet zwischen wundersamen Fähigkeiten und Eigenschaften, die von vielen Sufis und Derwischen
beherrscht werden, und einzelnen übermenschlichen Kräften, die
man nur bestimmten Heiligen zuschreibt: Von Najm ud-Din Kubra (1145–1200), dem Gründer der insbesondere in Turkestan
verbreiteten Kubrawiyya, heißt es, daß er einmal bei einem An-
griff eine ganze Stadt vor den Feinden unsichtbar machte. Von einem weiteren mittelasiatischen Heiligen, dem aus Balkh in Nordafghanistan stammenden Asketen Ahmad Khizruye (gest. 854),
wird in der hagiographischen Literatur berichtet, 1 000 Schüler
seien ihm gefolgt, „die alle 1 000 auf dem Wasser gingen und in
der Luft flogen" (Klappstein 1919: 34). Ein häufiges Motiv ist die
Reise unter der Erde; so soll der in der Nähe von Madras verehrte
Sheikh Farid auf diesem Wege eine Wallfahrt nach Mekka unter-
nommen haben. Heilige, Sufis und Derwische sind auch dafür bekannt, in der Wüste Wasser entdecken und Quellen „riechen" zu
können. Und Baba Farid aus Pakpattan soll die „verborgene
Hand" (*dast-i ghaib*) besessen haben, eine Art magisches Füll-
horn, das ihm alles gab, wonach ihm verlangte. Über Pir Lakha
aus Baluchistan, einen von Lal Shahbaz Qalandar zum Islam be-
kehrten Hindu, berichtet eine fromme Legende, daß seine Hände
die Blätter der Bäume in Brotfladen zu verwandeln vermochte.

Wundertaten, wie etwa das Niederschlagen einer Wand mit einem einzigen Faustschlag oder das Schmelzen von Steinen durch Gebete, werden gerade auch den wandernden Qalandar nachgesagt. Durch den Ruf, magische und übermenschliche Kräfte zu besitzen, traten solche Derwische bei den Nomadenvölkern Mittelasiens die Nachfolge der Schamanen an.

Neben der Verwandlung von Heiligen in Tiergestalt ist auch ihre Vertrautheit mit wilden Tieren ein häufig wiederkehrendes Motiv. Dies gilt beispielsweise für den Berber Bu ʿAzza, einen wandernden Asketen und Heiligen, der im 11./12. Jahrhundert für längere Zeit in den Wäldern Marokkos unter Berglöwen lebte. Von den ägyptischen Rifaʿi- und den türkischen Bektashi-Derwischen erzählt man sich, daß sie auf Löwen reiten können. Das ethnologisch hochinteressante Thema der Beziehungen bestimmter Derwischbruderschaften zu Gauklern und Tierschaustellern wird später noch eingehender erörtert.

Die Zahl der Anhänger eines Heiligen hängt oft nicht allein von seiner Segenskraft und seinen sufischen Tugenden ab, sondern – ähnlich wie bei Schamanen – auch vom Nachweis seiner Wundertaten und der Überlegenheit gegenüber anderen *pir*, *sheikh* oder Hindu-Yogis. So kreisen zahlreiche Legenden um die Rivalitäten und das Kräftemessen der Heiligen, die regelrechte Wettstreite austrugen. Von einem *pir* der Baluch (Südwestpakistan), der um die Jahrhundertwende lebte, erzählt man sich, daß er durch seine magischen Kräfte eine Eisenbahn zum Stehen brachte, in der ihm zuvor ein Sitzplatz verweigert worden war. Erst nach diesem Wunder erwarb er viele Anhänger und wurde als bedeutender *pir* anerkannt.

Nicht alle Bruderschaften akzeptieren Heiligenwunder als Mittel, um die Gläubigen zu Gott zu führen. Die strengen und nüchtern denkenden Naqshbandi-Derwische vergleichen Wunder geringschätzig mit der Menstruation von Frauen. Auch sollte man sich Wundertaten nicht rühmen, da selbst der Satan solche Talente besitze.

Der *pir* und die Institution des Heiligenschreins

Die kultische Verehrung der Heiligen, also eine ausgesprochen institutionalisierte Form des Sufismus, entwickelte sich etwa zwischen dem 13. und 15. Jahrhundert. Sie ersetzte den unmittelbaren Kontakt zu Gott, wie er noch in der reinen Mystik des frühen Islam existierte, durch die Verehrung des *pir* als Mittler zum Absoluten. Im Heiligenkult tritt die spezifische Suche nach mystischen Erfahrungen zurück und wird durch eine praktische Heilssuche im Alltag ersetzt. So entstand eine Massenbewegung der frommen Gläubigen, die mit ihren Sorgen und Leiden zum Schrein kommen, um Trost und Heilung zu finden. Das Grabmal bildet gleichsam eine Konzentration der *baraka* des Heiligen, ein zentrales Areal, von dem positive Energien ausstrahlen. Diese charismatische Kraft wird auf leibliche Nachkommen oder geeignete Nachfolger (*sajjada nishin, gaddi nishin*) des Heiligen übertragen. Der amtierende *pir* erbt die Würde des Verstorbenen und erwirbt selbst den Status eines Heiligen. Die von Gott empfangene und von seinen Vorgängern in einer Kette (*silsila*) weitergegebene Heil- und Segenskraft läßt der *pir* zu den Gläubigen fließen, die ihn verehren. Er ist Fürsprecher der Menschen bei Gott, und daher wird man nach Ansicht der Sufis keine Freundschaft zu Gott eingehen können, so lange man dem *pir* nicht die Hand gereicht hat.

Segen empfangen die Gläubigen durch den direkten Kontakt mit der Kraftquelle des Heiligengrabes und durch ihre enge Bindung zu einem lebenden *pir*. Letzterer leitet seine Anhänger und Schüler (*murid*) auf dem spirituellen Weg, ist Seelsorger, Traumdeuter und erteilt ihnen – vor allem in persönlichen Krisen und Konflikten – lebenspraktische Ratschläge, die wie ein „Schlüssel in einem Schloß" wirken (*piri-muridi*-Beziehung).[13] Als glückverheißend gilt die Namengebung durch einen *pir*. Durch seinen krafthaltigen Blick, seinen Atem sowie durch Berührungen spendet er Segen und Schutz. Zur Symbolsprache der *baraka*-Kraft gehören zum Teil extreme Umkehrungen, bei denen Unreinheit in Reinheit transformiert wird: Beispielsweise trinken Anhänger eines lebenden Heiligen bisweilen dessen Waschwasser, schlucken sogar seinen Speichel und Auswurf oder reiben sich mit dem Dreck ein, den sie von seinen Füßen abkratzen.

Abb. 5: Schrein des Heiligen Farid ud-Din Ganj-i Shakar in Pakpattan (Panjab/Pakistan)

Den größten Anteil der Laienanhänger bilden Frauen, die sich mit alltäglichen Sorgen an ihren *pir* wenden; oft bitten sie ihn um Kindersegen – insbesondere um die Geburt eines Sohnes. Frauen tragen ihren Kinderwunsch allerdings neben berühmten Heiligen und Sufis manchmal auch wandernden Derwischen vor. Die Kinder, die dann geboren werden, heißen häufig Fakir/Fakira oder Qalandarbakhsh („Geschenk des Qalandar").

Doch nicht nur unter der einfachen Bevölkerung ist das Vertrauen auf die Wirkkräfte eines Heiligen verbreitet: Beseelt von dem Wunsch nach einem Sohn suchte der Moghul-Kaiser Akbar (1542–1605) den Sheikh Salim (gest. 1572) auf, einen Sufi der Chishti-Bruderschaft, der auf einem Hügel bei Sikri lebte, einem der zu Agra gehörigen Dörfer. Der *sheikh* versprach dem Herrscher, daß er drei Söhne bekommen werde, von denen der Erstgeborene seinen Namen, Salim, erhalten solle. Die Mutter gebar den Jungen schließlich im Hause des Sufi und nannte ihn Mohammad Salim. Im Jahre 1605 wurde er als Kaiser Jahangir inthronisiert.

Der an einem Heiligenschrein residierende *pir* besitzt zumeist besondere Heilkräfte und ein spezielles Wissen über Magie und Zukunftsdeutung. In Indo-Pakistan fungiert er sogar als Exorzist.

Neben der Heilung von Besessenheit und anderen psychischen Krankheiten – einer Rolle, die er mit dem Schamanen gemeinsam hat – teilt der *pir* auf Wunsch Amulette aus und gibt Anweisungen zur Einnahme bestimmter Heilmittel. Häufig schreibt er heilige Worte des Koran nieder, die dann als Amulett (*ta'wiz*) dienen, im Austausch erhält er von den Gläubigen Geschenke (*futuh*) – an Heiligenschreinen eine weit verbreitete Sitte, die zugleich dem Lebensunterhalt der Derwische dient. – Was man durch den Verkauf von Amuletten unter Umständen erreichen konnte, zeigt das historische Beispiel eines gewissen Shah 'Abdul Ghafur. Dieser Derwisch und Magier stieg in der ersten Hälfte des 18. Jahrhunderts unter der Herrschaft der Moghul-Kaiser Bahadur Shah und Mohammad Shah zu einem einflußreichen Höfling und Noblen auf, der zwölf Jahre lang die Politik des Reiches nachhaltig mitbestimmte. Seine Macht erlangte er vor allem, weil er wirkkräftige Amulette für die Frauen des kaiserlichen Harems anfertigte, aber auch durch Traumdeutung und Zukunftsvoraussagen. Schließlich wurde selbst Nawab Qudsiya, die Mutter Mohammad Shahs, zu seiner Klientin. Shah 'Abdul Ghafur gelangte so zu großem Reichtum, und schon zu seinen Lebzeiten galt er als Heiliger.

Die materielle Bereicherung der seßhaften *pir* und *sheikh* auf Kosten der ihnen ergebenen Gläubigen ist seit jeher verurteilt worden. Auch die Wanderderwische haben die Verweltlichung der „Leute des Konvents" scharf kritisiert. Sprichwörter und Redensarten sind geläufig, welche die an Habsucht grenzende Erwartung von Geschenken verspotten. Bei den Turkmenen etwa sagt man: „Ein *ishan* hat fünf Mägen, einer ist immer leer", und ein Sprichwort aus Ostturkestan lautet: „Geh nicht zu heiligen Personen, wenn du nicht Geschenke mitbringst. Damit sie für dich beten, mußt du wenigstens eine Zwiebel mitbringen." Die Abhängigkeit der einfachen Gläubigen im „Pirismus" (Indo-Pakistan), „Ishanismus" (Mittelasien) oder „Marabutismus" (Nordafrika) ist oft als Degeneration des Sufismus scharf kritisiert worden. Nicht selten hat man dabei übersehen, daß der *pir* erhaltene Gaben großzügig an seine Anhänger weiterverteilt und sie in Notlagen unterstützt. Große Heiligenschreine und bedeutende Derwischkonvente finanzieren sich zum Teil durch umfangreiche religiöse Stiftungen (*waqf*) in Form von Ländereien und Bargeld sowie durch eigene Abgaben der Bruderschaftsmitglieder.

Anhänger eines *pir* zu sein, der gleichzeitig Großmeister einer Derwischbruderschaft ist, impliziert im Grunde stets eine politische Loyalität. Wie später noch weiter ausgeführt wird, sind Heiligenfamilien häufig selbst eng mit politischen Machthabern und Gruppen verbunden, von denen sie gefördert werden. Auf dem indischen Subkontinent wurden *sajjada nishin* sogar direkt in die Administration der Moghul eingebunden. Bis heute unterstützen *pir* häufig die politischen Machthaber, beispielsweise im modernen Pakistan im Falle von Zulfiqar ʿAli Bhutto und Zia ul-Haq. Zu den lokalen Netzwerken der *pir* können jedoch nicht nur Politiker und Mitglieder von Bruderschaften gehören, sondern – wie beispielsweise in Afghanistan – auch die *ʿulama* der Koranschulen. In islamischen Stammesgesellschaften Nordafrikas und des Mittleren Ostens kommt Heiligen die Rolle von Mittlern und Schlichtern bei Konflikten aller Art zu; bei den Berbern überwachen sie zudem die Wahl der Stammesoberhäupter. Als charismatischer politischer Führer war der Gujar ʿUbaidullah (um 1850–1926; genannt Babaji Larvi) – ein der Naqshbandiyya nahestehender Sufi – eng mit der Entstehung der Bakkarwal-Gesellschaft verbunden. Er zog mit seinen Anhängern aus dem Hazara-Distrikt nach Kashmir und erschloß dieser nomadischen Gruppe einen neuen Lebensraum.

Personen mit dem Status eines Heiligen, die den orthodoxen, gesetzestreuen Sufismus vertreten und in Bruderschaften organisiert sind, entstammen gewöhnlich der etablierten Oberschicht und vertreten eine eher konservative Politik. Als Beispiel sei hier nur auf Afghanistan verwiesen, wo die ursprünglich aus Bagdad stammende Heiligenfamilie Gilani (bzw. Jilani), zur gemäßigten orthodoxen Qadiriyya gehörend, vor allem im Osten und Süden des Landes eine äußerst einflußreiche Position innehat. Der jetzige *pir*, Sayyid Ahmad Gilani, ist durch Heirat mit der früheren pashtunischen Herrscherdynastie der Mohammadzai verbunden. Er gründete die *mahaz-i islami* („Islamische Front"), die – wie die *jabha-yi nejat-i milli* („Nationale Befreiungsfront") des Naqshbandi-Führers Sibghatullah Mujaddidi – eine wichtige Rolle im afghanischen Widerstandskampf gespielt hat.

Anders als die Sufi-Familie der Gilani erscheinen die Mujaddidi, Mitglieder eines reformierten indischen Zweigs der Naqshbandiyya, sehr orthodox geprägt. Ihre Mitglieder sind rechtgläubige

Abb. 6: Grabmal des Heiligen Sidi al-Mezri mit Friedhof in Monastir (Tunesien)

Geistliche, die die islamische *shariʿa* (religiöses Gesetz) vertreten. Sowohl in Afghanistan und Indo-Pakistan als auch in der Türkei zur Zeit der Osmanen-Herrschaft läßt sich teilweise keine klare Trennungslinie zwischen orthodoxen Sufis und *ʿulama* ziehen.

Orthodoxe Reformen, die sich etwa gegen die Einflüsse der Hindus und Schiiten richteten, wurden in Nordindien zur Zeit des Moghul-Kaisers Akbar von Sufis der Naqshbandiyya durchgeführt und im 17. Jahrhundert am Hofe des südindischen Bijapur durch Sufis der Qadiriyya. Vom 18. bis zum Anfang des 20. Jahrhunderts formierte sich im pakistanischen und nordindischen Raum, insbesondere im ländlichen Panjab, eine revivalistische Sufi-Bewegung, die von der Chishtiyya ausging und die aktive Förderung und innere Mission des Islam (*tabligh*) zum Hauptziel hatte.

Heiligenschreine und Derwische

Das Zentrum der Heiligenverehrung bildet der Schrein (*dargah, ziyarat*): Er ist Ort der Begegnung des Menschen mit der Wirklichkeit des Numinosen. „An den Sufi-Schreinen ist der Schatten

41

Allahs allgegenwärtig, alles durchdringend; dort führen alle Wege zum Ewigen ...", wie Abida Parveen, die berühmte pakistanische Sängerin mystischer Musik einmal sagte.

Zu Heiligenschreinen gehören neben der eigentlichen Grabstätte vielfach auch Moschee, Derwischkonvent, Freiküche und zum Teil ein Hospital. Als religiöse und soziale Institutionen spielen sie im Alltagsleben eine bedeutende Rolle. Dabei sind sie nicht nur für einen elitären Kreis von Sufis und Derwischen bestimmt, sondern stehen der Masse der Gläubigen, den Laienanhängern, offen. Diese bezeichnen sich selbst als *murid* („Liebender") und besuchen den Schrein ihres Heiligen regelmäßig.

Innerhalb der nomadisch oder seßhaft lebenden Gesellschaften Nordafrikas sowie Mittel- und Südwestasiens bekennen sich oft Verwandtschafts- und Berufsgruppen, Stämme und Dorfbewohner kollektiv als *murid* eines Heiligen. Sie gelten damit als Anhänger seiner Bruderschaft; so gehören beispielsweise ägyptische Fischer und nomadische Durrani-Pashtunen in Afghanistan zur Qadiriyya. Im Unterschied zu den Laien widmen sich Sufis und Derwische völlig einem religiös geprägten Leben und der Verehrung der Heiligen. Derwische sind entweder seßhaft und leben an einem bestimmten Schrein, Wallfahrtsort oder Konvent, oder sie ziehen wandernd umher.

Durch die zahlreichen Pilgerfahrten der gläubigen Laien und Derwische wird der Volksislam auch räumlich wirksam; entsprechend der Verbreitungsdichte von Heiligengräbern kann man in Pakistan und Nordindien geradezu von einer „Schreinlandschaft" sprechen.

Derwische halten sich jedoch an den verschiedenen Grabmälern und Wallfahrtsorten nicht mit gleicher Häufigkeit auf. Es hängt vor allem mit der Lebensgeschichte der Heiligen, ihrer Zugehörigkeit zu einer bestimmten Bruderschaft und allgemein dem „Klima" an einem Schrein zusammen, ob dieser mehr oder weniger frequentiert wird. Golra Sharif etwa, ein Heiligenschrein am Rande der pakistanischen Hauptstadt Islamabad, wird fast nur von Laienanhängern besucht; in dem benachbarten Nurpur Shahan dagegen trifft man zahlreiche Derwische, die zum Teil ständig dort leben. Der Grund liegt darin, daß es sich bei Pir Mehr ʿAli Shah (1859–1937) von Golra um einen orthodoxen Mystiker der Qadiriyya-Chishtiyya handelt; Sayyid ʿAbdul Latif (1617–1705/06), der Heilige von Nurpur, auch volkstümlich bekannt als Barri Imam, gehörte jedoch zur Qadiriyya-Qalandariyya und gilt als ekstatischer Majzub. In Pakistan, zusammen mit Nordindien, Ägypten, Sudan und Marokko bis heute das Kernland des Derwischwesens, findet man ekstatische Mystiker und Asketen überwiegend an den vielen Heiligenschreinen in Lahore, Multan und Karachi sowie in Sehwan, Bhit Shah (beide in der südlichen Provinz Sindh gelegen), Lahut Sharif (Las Bela-Distrikt/Baluchistan) und am Grabmal Sakhi Ghulam Qadirs bei Pakpattan (Panjab).

Alltag der Derwische und Formen
des Lebensunterhalts

Die Mehrheit der zu orthodoxen Bruderschaften gehörenden Derwische verdient sich ihren Lebensunterhalt als Bauer, Handwerker oder in einem anderen Beruf. Amadu Bamba (um 1850–1927), der in der zweiten Hälfte des 19. Jahrhunderts bei den Wolof im Senegal die Muridiyya gründete, hat in seiner Lehre die Feldarbeit als ethische Verpflichtung nachdrücklich empfohlen. Das asketische Mittel der Arbeit wird hier geradezu als eine mit religiöser Heilsgewißheit verknüpfte „Berufsethik" aufgefaßt. Im Jenseits wird man also nur das ernten, was man im Diesseits gesät hat. Positive Einstellungen zur Arbeit bei Mystikern finden sich auch in anderen Teilen der islamischen Welt: In Iran, in der Türkei und in Nordafrika leben Derwische häufig unauffällig als Bauern, Handwerker oder Händler. Zu den klosterartigen Konventen der Bektashi-Derwische gehörten in osmanischer Zeit beispielsweise Felder, Obst- und Gemüsegärten, Wassermühlen und Viehweiden. Ländereien wurden sowohl eigenhändig bewirtschaftet als auch verpachtet. Die Bektashi widmeten sich außerdem der Pferdezucht. Anders war die Situation bei den seßhaften Derwischen (türk. *hücrenişin*) etwa im Istanbul der osmanischen Zeit: Sie erhielten Stiftungsgelder auf geregelter Basis und außerdem zu bestimmten Anlässen Geschenke vom Herrscher und von hohen Würdenträgern. Die Sanusi-Derwische in der Cyrenaika lebten in ihren Konventen von Einkünften aus Stiftungen, Ackerbau und Transportgeschäft sowie von Geld- und Güterspenden.

Ein anderes Bild vermittelt der Alltag der Derwische, die zu den heterodoxen, den sogenannten *bi-shar'*-Bruderschaften zählen: Neben Betteln und Amulettverkauf sichern u. a. Gaben, die sie für verschiedene religiöse Dienste (*khidmat*) an Heiligengräbern erhalten, ihren Lebensunterhalt. Auf dem indo-pakistanischen Subkontinent, in Afghanistan und Mittelasien bewachen sie Grabstätten, fegen und säubern den Schrein und spenden Segenswünsche.[14] Einzelne sind in pakistanischen Städten als Cheraghwala tätig, die jeden Tag gemäß einem festen Turnus an mehreren Schreinen Öllämpchen entzünden. Diese Dienste versehen Derwische zum Teil auch an Orten, an die sich der Heilige zu längeren Phasen der Kontemplation und Askese zurückzog (*chilla*-Plätze). So wird die Wallfahrtsstätte am *chilla*-Felsen des Heiligen Barri Imam in den Margalla-Bergen (bei der pakistanischen Hauptstadt Islamabad) von sechs bis acht Derwischen geführt und unterhalten, die allerdings etwa die Hälfte ihrer Zeit noch einer anderen Tätigkeit – wie der Arbeit als Lastenträger – nachgehen. Gegen Entgelt weisen Derwische auch Bestattungsplätze an und führen manchmal Begräbniszüge, wobei sie fromme Lieder singen und im Anschluß an ein Begräbnis Kleider, Decken, Korn, Brot, Salz, Geld usw. erhalten. Ebenfalls auf Nordindien bezieht sich der Hinweis, daß die Familie des Toten am neunten Tag nach der Bestattung eine Mahlzeit zubereitet, von der auch der Derwisch des Friedhofs seinen Anteil erhält.

Der länger dauernde oder sogar ständige Aufenthalt des Derwischs an einem Schrein dient sicherlich nicht allein der Sicherung des Lebensunterhalts, sondern erfüllt ihm zusätzlich den Wunsch, am Grab seines verehrten Heiligen verweilen, ja dort sterben zu können und schließlich beigesetzt zu werden. Als Obdach dient ihm in vielen Fällen – wie etwa in Afghanistan – die Dorfmoschee.

Bei besonderen Festtagen, an denen die frommen Gläubigen oft in Massen zu Heiligenschreinen wallfahren, erhalten Derwische großzügigere Spenden und Almosen. Derartige Anlässe sind die jährlich stattfindenden Heiligenfeste (in Indo-Pakistan *'urs*, im Maghreb *mausim*, in Ägypten *mulid* genannt), das Neujahrsfest (*nauroz*), der Geburtstag des Propheten (*milad*, *maulud*), das Fest des Fastenbrechens (*'id ul-fitr*), die schiitischen *muharram*-Feierlichkeiten usw.

Der Begriff ʿurs bedeutet – wie schon früher erwähnt – so viel wie „heilige Hochzeit" und meint damit den Todestag des Heiligen, seine Vereinigung mit Gott. Dieser Gedenktag, der dem *dies natalis* eines christlichen Heiligen und dem *jatra* eines Hindu-Heiligen vergleichbar ist, bildet einen wesentlichen Bestandteil der islamischen Heiligenverehrung. Zu den ʿurs, *mausim* und *mulid* berühmter Heiliger kommen – auf mehrere Tage verteilt – oft Hunderttausende Besucher. Derwische nutzen dieses Fest zum Verkauf von Amuletten und Heilmitteln und machen sich nützlich, indem sie beispielsweise in Indo-Pakistan den Pilgern am Schrein mit großen Wedeln (*pankha*) Luft zufächeln. Letzteres ist in der Regel jedoch nur bei großen Heiligenfesten zu beobachten. Der Moghul-Kaiser Jahangir (reg. 1605–1627) beschenkte Derwische und andere Bedürftige am ʿurs von Muʿin ud-Din Chishti in Ajmer mit Geld, Ehrenkleidern und kostbaren Gebetsketten. Anläßlich des ʿurs von Sheikh Wajih ud-Din in Ahmadabad verteilte er allein 1500 Rupien an die anwesenden Fakire. In Südasien ziehen Derwische in Prozessionen oft aus weit entfernt liegenden Gegenden zum Heiligtum, um den ʿurs zu feiern. Dabei tragen sie manchmal modellartige Nachbildungen des Schreins und Grabtücher als Weihegaben mit sich; auf ihrem Weg machen sie an Orten Station, die mit der Lebensgeschichte des verehrten Heiligen in Verbindung stehen. Während der Wallfahrt werden den Derwischen von der Bevölkerung Nahrung und Nachtlager bereitgestellt. Neben den Derwischen wandern häufig auch Bettler von einem ʿurs zum andern, nutzen die Freiküchen (*langar*) und die Großzügigkeit der Pilger. In Kleidung und Verhalten sind sie manchmal kaum von Malang oder sonstigen Fakiren zu unterschieden. Sowohl auf dem Subkontinent als auch in Nordafrika sind Heiligenfeste in vielen Fällen mit einem Jahrmarkt verbunden. In Pakistan finden dabei Ringerwettkämpfe, Schwerttänze, Lanzenstechen und dergleichen statt, und die anwesenden Derwische tanzen in Ekstase oft bis zum Zusammenbruch. In Ägypten treten bei derartigen Festen mitunter die Mitglieder einer Bruderschaft geschlossen auf und führen ekstatische Übungen durch. In Marokko fungieren Angehörige volkstümlicher Derwischbruderschaften als Gaukler und unterhalten die Besucher mit Musik, Tanz und Schlangenbeschwörungen.

Es ist wichtig, darauf hinzuweisen, daß Derwische zwar häufig untergeordnete Funktionen an großen Schreinen ausüben und bei den jährlichen Festen vielfach lediglich Dienstleistungen anbieten, doch organisieren sie manchmal selbst den ʿurs. Dies geschieht meist bei kleineren, nur lokal bedeutsamen Heiligtümern, manchmal aber auch bei weithin bekannten, wie im Falle von Shah Madar. In Zentralnepal organisierten Fakire ursprünglich auch selbst das *muharram*-Fest. In Bengalen fungieren sie als Kultoffizianten besonders an *pir*-Gräbern, die in der Wildnis liegen.

Die periodischen Feste an den Heiligenschreinen bieten den Derwischen zwar neben dem Betteln am ehesten Gelegenheit, ihren täglichen Lebensunterhalt zu sichern, doch finden sich darüber hinaus noch weitere Anlässe, Almosen zu empfangen. Manche Herrscher – hier ist wiederum vor allem der Großmoghul Jahangir zu nennen – ließen größere Geldbeträge, Kleidung usw. an Arme und Derwische verteilen. Im Panjab ist es bei Muslimen Brauch, im siebten Monat der Schwangerschaft einer Frau im Laufe der *satwahan*-Riten an Derwische Reis auszuteilen, der mit Zucker gekocht wurde. Vor allem aus Iran wird berichtet, daß Derwische gegen Entgelt fromme Geschichten, Lieder und auch Gedichte vortragen sowie Andachtsbilder verkaufen. Sie tun dies in Teehäusern, in privaten Räumlichkeiten, bei religiösen Versammlungen oder auch öffentlich bei den schiitischen Trauerfeiern im Monat *muharram*. Bei solchen wandernden Sängern und Rezitatoren denkt man unwillkürlich an die in „Tausend und eine Nacht" von Scheherezade als Märchenerzähler erwähnten Kalender (Qalandar)-Derwische (42.–49. u. 51.–59. Nacht). Zum einen führen Derwische tatsächlich in vielen Fällen ein Leben als fahrende Sänger und Musikanten – dafür sprechen zahlreiche Hinweise etwa aus Marokko und Indo-Pakistan –, andererseits verwechselte man wohl die Derwische oft mit professionellen Musikern, beispielsweise den *maddah*-Sängern Nordafghanistans. In anderen Teilen Afghanistans entsprechen den *maddah* die *sadu*, eine Persisch sprechende, peripatetische Gruppe, deren Angehörige umherziehen und insbesondere historische Erzählungen und Märchen vortragen.

Wie die *pir* und *sheikh* an den Schreinen, so wirken die einfachen Derwische bisweilen ebenfalls als Heiler. Sie werden zu Kranken gerufen, sprechen Gebete, deuten Träume, spenden Segen (für Menschen, Tiere und den Boden), schreiben Amulette

Abb. 7: Metin Dede, ein Mevlevi-Derwisch, in Eyüp (bei Istanbul)

und sind als Wahrsager tätig. Am Todestag Imam Husseins verteilen Derwische der Ahmadiyya an verschiedenen Heiligenschreinen Kairos haltbares Brot an die Gläubigen, dessen Mehl
mit heiliger Erde vom Grab Ahmad al-Badawis vermischt wurde.
Dieses Brot dient als Schutzmittel und wird auch zur Heilung von
Krankheiten gegessen. Derwischen und hinduistischen Samnyasin
sagt man gemeinhin ein Spezialwissen auf den Gebieten der Magie
und der Medizin nach. Von ihnen verkaufte Drogen und Heil-

mittel, die sozusagen aus der Apotheke der Wildnis – außerhalb der menschlichen Kultur – stammen, haben daher einen eigenen Stellenwert und gelten als besonders wirksam. In der pakistanischen Hafenstadt Karachi geben sich einige Straßenverkäufer durch ihr Äußeres – etwa Flickenjacke, Derwischmütze und Halsketten – deutlich als Derwische zu erkennen. Unter ihren auf einem Handkarren ausgelegten Heilmitteln findet sich beispielsweise auch ein „Darweshi-Zahnpulver". Außerdem sind indopakistanische Malang als Experten für die Wirkung von Edelsteinen bekannt, die sie auf Gehsteigen oder an Heiligenschreinen zusammen mit Fingerringen verkaufen. Im Wallfahrtsort Eyüp bei Istanbul führt der Mevlevi-Derwisch Metin Dede (Abb. 7) seit über 50 Jahren ein Tee- und Kaffeehaus, wobei er auf Wunsch auch jungen Frauen die Zukunft aus dem Kaffeesatz voraussagt (ähnlich wie dies Zigeunerfrauen tun).

Gelegentlich haben Derwische noch auf andere Weise ihren Lebensunterhalt bestritten: So waren einige in Bagdad als Nachtwächter tätig, und in Nordafrika geleiteten Mitglieder der marokkanischen Ziyaniyya Karawanen sicher durch die Sahara und schützten sie vor Räubern. Die tunesischen Madani-Derwische schließlich vollzogen auf Einladung bei der Fertigstellung und Einweihung eines neuen Hauses, der Beschneidungsfeier oder der Rückkehr von der Pilgerfahrt nach Mekka besondere glückverheißende Riten, etwa des Gottgedenkens.

Sufis als Künstler und Kalligraphen

Wir haben festgestellt, daß viele Sufis und Derwische entweder ein Handwerk erlernen, einem ambulanten Gewerbe nachgehen oder verschiedenste Dienstleistungen anbieten. Daneben gibt es Mystiker, die aus gebildeten Bevölkerungsschichten kommen und vielfach künstlerische bzw. kunsthandwerkliche Berufe ausüben, für die besondere Kenntnisse und Fertigkeiten erforderlich sind: So begannen zum Beispiel Mevlevi-Derwische in Istanbul im 18. Jahrhundert mit der Anfertigung von Uhren. Der osmanische Sultan Selim III. (1761–1808), der selbst ein Mevlevi war, schickte den Mevlevi-Derwisch Mehmet Dede nach Italien, um dort die Kunst der Glasherstellung zu erlernen. Nach seiner Rückkehr

Abb. 8: Wandfliese mit der Anrufung hu – „Er" (spiegelbildlich komponierte Kalligraphie) im Karagümrük Dergah, einem Konvent der Halveti-Jerrahi in Istanbul

begründete dieser in Beykoz auf der asiatischen Seite des Bosporus eine berühmte Glasmanufaktur.

Überhaupt gingen Sufismus und Kunst in den Kernländern des Islam eine fruchtbare Synthese ein: Unter der Herrschaft der Osmanen, Safawiden und Moghul sowie deren Nachfolgern und zum Beispiel auch in der traditionellen Kultur Afghanistans wurden Künstler gefördert, die vielfach mystischen Bruderschaften angehörten. So begegnen uns Sufis, die als Musiker, Dichter, Miniaturmaler, vor allem aber als Kalligraphen (*khattat*) beschäftigt waren.[15] Da die arabische Schriftkunst mit ihrer Buchstaben- und Zahlensymbolik in der islamischen Mystik eine hervorragende Rolle spielt, fühlten sich viele Kalligraphen zu den esoterischen Sufi-Lehren hingezogen. Dadurch wurde die Kalligraphie *die* Kunstform der Sufis schlechthin. Ihre Meister gaben an, von ʿAli oder Khizr in die Kunst eingeführt worden zu sein. In der osmanischen Türkei wurden die spirituellen Aspekte der Kalligraphie nicht nur von den Mevlevi betont, sondern auch von anderen Bruderschaften. Innerhalb der Bektashiyye entwickelte sich schließlich eine ganz eigene, von schiitischen Inhalten geprägte Bildkunst, bei der Schriftzüge mit figürlichen Motiven verbunden werden. Auch die Scherenschnittkunst wurde seit Mitte des 16. Jahrhunderts besonders in türkischen Derwischkreisen bei den Mevlevi gepflegt. Beliebte Motive sind Blumenbouquets in Vasen, einzelne Blütensträuße und Ranken sowie kalligraphische Schriftzüge und geometrische Muster.

Orthodoxe Derwischbruderschaften (*ba-sharʿ*)

Entwicklung der Bruderschaften

Der arabische Begriff *tariqa* („Weg") bezeichnet einerseits den mystischen Pfad der Gottsuche, andererseits „Bruderschaften" oder „Orden" von Sufis und Derwischen, die es im Grunde in allen islamischen Ländern von Westafrika bis Indonesien gibt. Bei diesen Bruderschaften handelt es sich um hierarchisch aufgebaute Bünde (in erster Linie von Männern) mit Zügen von Mysteriengemeinden, deren Mitgliederzahl jedoch der von Massenorganisationen entspricht. Sie sind keine „Orden" mit Mönchen im christlichen Sinne, sondern religiöse, um einen Meister gebildete Gemeinschaften, von denen eine enorme integrative Kraft ausgeht. In den orthodoxen (genauer: orthopraxen) Bruderschaften finden sich Menschen aus allen Bevölkerungsschichten: neben Bauern, Kaufleuten, Handwerkern und anderen Angehörigen des Kleinbürgertums oft auch Beamte, Offiziere und Künstler, die einen höheren sozialen Status besitzen.

Die einzelnen Bruderschaften zeigen äußerst vielfältige Erscheinungsformen: Sie können eine fromme oder militante, eine theologische oder mehr ekstatische Ausrichtung haben; manche sind in der Unterschicht verwurzelt, andere eher mit der religiösen und sozialen Oberschicht verbunden; einige Bruderschaften pflegen insbesondere Gelehrsamkeit, Kunst und Poesie, andere wiederum sind eher volkstümlich geprägt. Von wesentlicher Bedeutung ist auch, daß es Bruderschaften gibt, deren Anhänger sich überwiegend aus der Stadtbevölkerung rekrutieren, und Bruderschaften, die sich hauptsächlich aus der Landbevölkerung entwickelt haben. So sind die Mitglieder der Qadiriyya, Shaziliyya, Tijaniyya oder Mevleviyye häufig Städter, wohingegen die Bektashi-Derwische vor allem aus dem Bauerntum stammen.

Derwischbruderschaften gab es zwar in Ansätzen bereits im 10./11. Jahrhundert, doch entwickelten sie sich erst zwischen dem 12. und 14. Jahrhundert zu ausgeprägten Institutionen mit Vorschriften, denen sich ihre Anhänger zu unterwerfen hatten. J. S. Trimingham nennt diese formative Phase, die an die „goldene" Frühzeit der islamischen Mystik anschloß, die *tariqa*-Stufe.[16] In dieser Zeit wurden die Unterschiede zwischen den einzelnen Sufi-Richtungen und Bruderschaften zunehmend deutlicher; das gilt sowohl für die mystischen Lehren als auch für spezielle Riten und die Tracht. Ein Derwisch konnte von dieser Zeit an mehreren Korporationen gleichzeitig angehören; auch heute identifiziert er sich oft nicht nur mit den Regeln *einer* Bruderschaft. In der späten *tariqa*-Phase breiteten sich die Bruderschaften bis in die Grenzgebiete der islamischen Ökumene aus, so beispielsweise in das südindische Bijapur.

Als Merkmal der etwa ab dem 15. Jahrhundert beginnenden und bis heute währenden *taʾifa*-Stufe hebt Trimingham die Unterwerfung des Gläubigen unter einen Heiligen hervor. Seit dem 15. Jahrhundert haben sich die einzelnen Bruderschaften weiter aufgespalten, so daß zahlreiche Untergruppen (*taʾifa*) entstanden. Allein für Istanbul sind in einem kompilierten Verzeichnis 159 Derwischkonvente nachgewiesen, die dort im 18. und 19. Jahrhundert bestanden; in Bukhara soll es zur gleichen Zeit etwa 60 Bruderschaften bzw. Zweige von ihnen gegeben haben.

Wichtige *ba-sharʿ*-Bruderschaften

Die im folgenden kurz vorgestellten Bruderschaften gehören zur Gruppe der *ba-sharʿ*, die „mit dem religiösen Gesetz" konform gehen und der skripturalen Tradition des Islam – vereinfacht gesagt: der „Religion der Moschee" – nahestehen. Sie alle vertreten einen gemäßigten Sufismus, der entweder ethische Elemente betont (wie in der Iraki- oder Bagdad-Schule) oder aber danach strebt, durch ekstatische Visionen zur Gotteserfahrung zu gelangen, wobei gnostische Ideen, Kontemplation und Askese eine große Rolle spielen.

Die beiden wohl größten Derwischbruderschaften, die Qadiriyya und Suhrawardiyya, sind in diesem Sinne orthodox ausgerichtet. Die Qadiriyya, von ʿAbdul Qadir Gilani gegründet, verbreitete sich seit dem 12. Jahrhundert von Irak aus nach Westen bis Marokko und Schwarzafrika und nach Osten bis Indonesien.

Es handelt sich um eine sehr populäre, insbesondere mit der städtischen Kultur verbundene Bruderschaft, die ihre arabisch-mittelöstliche Prägung zu bewahren wußte. Als ähnlich einflußreich erweist sich die von ʿAbdul Qahir Abu Najib as-Suhrawardi (gest. 1168) gegründete Suhrawardiyya, deren Anhänger vor allem im Mittleren Osten und in Südasien zu finden sind. Der Stifter dieser Bruderschaft wird auch als Pol der Dahabi verehrt, einer der wichtigsten Bruderschaften im heutigen Iran. Aus der Suhrawardiyya ging im iranischen Ardabil schließlich die Safawiyya hervor, von der sich die Dynastie der Safawiden (1501–1737) ableitete. Von grundlegender Bedeutung für die Geschichte und Entwicklung der weitverzweigten Bruderschaft aber war ihre Ausbreitung auf dem indo-pakistanischen Subkontinent, gefördert von dem Neffen des Gründers, ʿUmar as-Suhrawardi (1145–1234). Die eher nüchterne Suhrawardiyya, deren Mitglieder Dichtung, Musik und Tanz als Quelle religiöser Erfahrung ablehnen, ist für ihre engen und loyalen Beziehungen zu den jeweiligen Herrschern bekannt.

Ebenfalls seit dem 12. Jahrhundert existiert die Kubrawiyya. Von ihrem Ursprungszentrum in Khorezm (Mittelasien) gelang es ihr, ihren Wirkungskreis bis in die Türkei und nach Indien auszudehnen. Ihr Stifter Najm ud-Din Kubra (1145–1220), der übrigens verheiratet und Vater war, ist als einer der wichtigsten Sufis der vormongolischen Zeit bekannt und verfaßte eine Reihe bedeutender mystischer Werke (etwa über Farbsymbolik und Novizenregeln). Charakteristisch für die Kubrawiyya sind ihre engen Verflechtungen mit traditionellen Handwerkergilden.

Im Westen der islamischen Welt spielt bis heute die von Abu'l-Hassan ash-Shazili (1196–1258) begründete und im 15. Jahrhundert von al-Jazuli erneuerte Shaziliyya eine wichtige Rolle. Sie verbreitete sich von Tunis aus über Nordafrika bis in den Sudan und auf die Arabische Halbinsel. Es handelt sich um eine von ihrem Wesen her eher nüchterne Bruderschaft, deren Mitglieder das Betteln ablehnen und besonderen Wert auf Verinnerlichung und rechte Lebensführung legen. Ein Grundgedanke in ihrer mystischen Lehre ist die Dankbarkeit gegenüber Gott. Die Hamidiyya, ein neuer, erst in den 1930er Jahren in Ägypten gegründeter, reformistisch orientierter Zweig dieser Bruderschaft, bemüht sich – nicht zuletzt durch eine Art Bürokratisierung ihrer Organisation – um Respekt und Akzeptanz in der modernen, zunehmend von der islamischen Orthodoxie bestimmten Welt. Sie hat in neuerer Zeit viele Gebildete, darunter auch Europäer und Amerikaner, angezogen.

Eine größere, in der Türkei sowie im syrischen Damaskus und Aleppo verbreitete Bruderschaft ist die von dem bedeutenden Sufi und Dichter Jalal ud-Din Rumi (gest. 1273) gegründete Mevleviyye (Maulaviyye). Ihre Anhänger sind wegen ihrer reigenartigen Drehbewegungen beim *zikr* in Europa als „tanzende Derwische" bekanntgeworden. Die von ihrem Zentrum im anatolischen Konya aus wirkenden Mevlevi gelten als tolerant und Christen gegenüber freundlich gesinnt. Im Vergleich zu Mitgliedern volkstümlicher Bruderschaften treten sie eher vornehm auf und pflegen die Kontemplation. Die Künste – insbesondere die von der klassischen persischen Literatur beeinflußte Poesie – spielen bei ihnen eine wichtige Rolle.

In Mittelasien entstand im 12. Jahrhundert die Yasawiyya, der zahlreiche wandernde Derwische angehörten. Einer von ihnen war der von wundersamen Legenden umrankte weitgereiste Sari Saltuk (14. Jh.), der offenbar neben dem frühchristlichen Bischof Nikolaus von Myra ein historisches Vorbild für die Figur des Weihnachtsmannes wurde. Die heute nicht mehr bestehende Yasawiyya beeinflußte später gegründete, ebenfalls vornehmlich unter Turkvölkern beheimatete Bruderschaften wie die Naqshbandiyya und Bektashiyye. So verbreitete sich die auf Baha ud-Din Naqshband (1318–1389) zurückgehende, eng an der sunnitischen Tradition orientierte Naqshbandi-Bruderschaft über ihre Zentren in Bukhara und Ostturkestan hinaus bis nach Nordafrika, Anatolien, in den Kaukasus, nach Afghanistan, Indo-Pakistan und Indonesien. Sie ist bis heute eine der größten und wichtigsten Korporationen überhaupt.[17] Die Naqshbandi-Derwische vertreten eine nüchterne mystische Richtung, sie legen Wert auf Meditation und stilles Gottgedenken. In der Moghul-Zeit etwa wandten sie sich streng gegen die gefühlsbetonte, vom Hinduismus beeinflußte indo-islamische Mystik und den von Kaiser Akbar vertretenen Synkretismus. Heiligenfeste sind ihnen bis heute ein Greuel.

Asketische Züge – in der Tradition der Malamati – finden sich auch bei der Entstehung der Khalwatiyya (Türk. Halvetiyye), deren Anhänger sich zur *khalwa*, d.h. zur Kontemplation an einem ruhigen, abgeschiedenen Ort zurückziehen. Seit dem 14. Jahrhundert hat sich diese vorwiegend im städtischen Milieu wurzelnde bedeutende Bruderschaft von ihren ursprünglichen Zentren in Anatolien, dem Kaukasus und Aserbeidschan aus weit verbreitet und vielfach verzweigt. Sie ist u. a. auch in Ägypten beheimatet (Abb. 31 zeigt den Khalwati-Sheikh Ahmad at-Tayyib [ca. 1850–1955] aus Luxor, der viele Jahre an der al-Azhar-Universität in Kairo studierte). Einen neueren Zweig bildet die türkische, durch ihre *zikr*-Praxis bekannte Jerrahiyye. Als weitere Abspaltung der Khalwatiyya gilt die in der Neuzeit politisch besonderes aktive Tijaniyya, die der Marokkaner Sayyid Ahmad at-Tijani (1737–1815) im Maghreb gründete und die sich von dort bis nach Westafrika und in den Sudan ausdehnte.

Die bis heute größte und bedeutendste Derwischbruderschaft des Iran ist die rein schiitische Ni'matullahiyya, die auf den im Jahre 1431 verstorbenen Shah Ni'matullah-i Wali zurückgeht. Seit dem 15. Jahrhundert in Indien beheimatet, brachte sie der in Hyderabad lebende 31. Pol Ma'sum 'Alishah-i Dakani gegen Ende des 18. Jahrhunderts nach Iran. Ihre Anhängerschaft nahm im Vergleich zu anderen iranischen Bruderschaften wie den Dahabi und Khaksar im 19. Jahrhundert stark zu. Berühmt ist Nur 'Alishah-i Isfahani (um 1760–1797/98), der vor allem in Kirman und Shiraz wirkende 32. Pol der Ni'matullahi. Er trat durch zahlreiche mystische Schriften hervor und führte bedeutende Schüler auf dem mystischen Weg. Als schöner Jüngling dargestellt – mit mädchenhaften Zügen idealisiert –, findet sich sein Bildnis in der qajarischen Kunst oft auf Ölbildern, Aquarellen, Hinterglasmalereien und Teppichen aus der zweiten Hälfte des 19. Jahrhunderts.

Die Chishtiyya ist „wohl die typischste ‚indische' *tariqa*" (Schimmel 1990b: 227), die sich allerdings bis nach Herat im westlichen Afghanistan verbreitet hat. Sie ist im Laufe ihrer Entwicklung zumeist *ba-shar'* gewesen, doch entsprangen aus ihren Reihen immer Persönlichkeiten, die eigene Wege gingen und von den religiösen Gesetzen abwichen. Charakteristische Ideale der Chishtiyya sind die Armut der Derwische und ihr absolutes Gottvertrauen. Die eher ländliche und apolitisch orientierte Chishtiyya – von Kaiser Akbar (reg. 1556–1605) sehr gefördert – hatte auf dem indo-pakistanischen Subkontinent besonderen Erfolg, da sie hinduistische Vorstellungen und Gebräuche aufnahm: Musik und ekstatischer Tanz spielen bei ihren Riten eine wichtige Rolle. Hinduistische Yoga-Lehren haben speziell den Zweig der Sabiriyya beeinflußt. Die von Mu'in ud-Din Chishti (1142–1236) in Indien eingeführte mystische Richtung bildete sein Nachfolger Baba Farid (gest. 1265) schließlich als organisierte Bruderschaft aus.

Eine weitere kleine indo-pakistanische Bruderschaft, die viele nicht-islamische Traditionen aufnahm, ist die Shattariyya. Sheikh 'Abdullah Shattari (gest. 1485) brachte sie aus Iran auf den Subkontinent, wo sie im 15. und 16. Jahrhundert in Malwa und Gujarat ihre Blütezeit erlebte. Die von Yoga-Lehren beeinflußten Shattari-Derwische sind für ihre ekstatischen Riten bekannt.

Derwischkonvente – Das Leben in der Gemeinschaft

Klosterartige Konvente für Derwische, die zumeist mit dem persischen Begriff *khanqah* bezeichnet werden, entwickelten sich seit dem 9.–12. Jahrhundert in der gesamten islamischen Welt, insbesondere bei orthodoxen Bruderschaften. Sie werden von einem Sufi-Meister (*sheikh*, *pir*) geleitet, der selbst in die Hierarchie der Bruderschaft eingebunden ist. Das Gemeinschaftsleben im *khanqah* ist gemäß den Regeln der jeweiligen Bruderschaft oft streng reglementiert und mit vorgeschriebenen Gebeten, Koranrezitationen, Andachtsübungen und täglichen Pflichten ausgefüllt. Es konzentriert sich um den *sheikh* oder *pir*, der Novizen aufnimmt und prüft, Sitzungen und Gastmähler veranstaltet, die Finanzen verwaltet, eine Bibliothek unterhält usw. Richard Gramlich bemerkt zur heutigen Situation in den schiitischen Bruderschaften in Iran: „Mit der geistlichen Führung der Novizen, die nach traditioneller Auffassung die wichtigste Aufgabe des Meisters ist, beschäftigen sich die Scheiche heute kaum mehr. Die Sufik ist nach den Stadien des Lehrens und Erziehens längst in eine dritte Phase eingetreten, die man als ritualisiertes Sufitum bezeichnen könnte. Leitung und Überwachung der Riten sind jetzt die Hauptaufgabe der Scheiche" (1976: 188).

Der Konvent dient jedoch nach wie vor wandernden Derwischen als Herberge, in der sie verköstigt werden und Meinungen und Erfahrungen austauschen. Die Freiküchen der *khanqah* stehen

Abb. 9: Galata Mevlevihane, ein Konvent der Mevlevi in Istanbul

in Indo-Pakistan seit jeher auch Hindus offen, die dort gemeinsam mit Muslimen essen können und so ein völlig neues – nicht durch Kastenschranken und Speisetabus verhindertes – Gemeinschaftsleben erfahren. In diesem Zusammenhang sei für Ägypten angemerkt, daß dort Sufis während des Fastenmonats und bei anderen besonderen Anlässen *saha* unterhalten, d.h. lange Tische mit Bänken, an denen Arme bewirtet werden.

Für die Aufnahme von Wanderderwischen im *khanqah* gibt es oft eigene Vorschriften. So verlangt die indische Suhrawardiyya von einem Qalandar, der ihre Gastfreundschaft sucht, daß er zwei Gebetsübungen verrichtet und dann die Anwesenden grüßt; bleibt er länger als drei Tage, so muß er tägliche Aufgaben und Arbeiten übernehmen. Bei den Bektashi wird ein Gast ebenfalls drei Tage und drei Nächte betreut. Dies erinnert ein wenig an das in Südasien gebräuchliche Urdu-Sprichwort *do din mehman, tisra din bi-aman* („Zwei Tage lang Gast, am dritten Tag schutzlos"). Im Hinblick auf Indo-Pakistan heißt es auch, daß Wanderderwische einen Konvent möglichst vor dem Nachmittagsgebet erreichen sollen, anderenfalls müssen sie in einer Moschee übernachten. Ständig leben im *khanqah* nur die „Vollderwische", die den „inneren Kreis" der Bruderschaft bilden; im Istanbul osmanischer

Zeit lag ihre Zahl im Durchschnitt zwischen fünf und zehn, bei größeren Konventen etwa zwischen 20 und 30. Zum „äußeren Kreis" gehören die zahlreichen Laienanhänger, die in der Regel nur zu bestimmten Anlässen den Konvent aufsuchen.

Der im östlichen Islam mit dem Begriff *khanqah* (oder *khana-qah* bzw. *khanagah*) bezeichnete Derwischkonvent hat sich möglicherweise in Khorassan und Mittelasien aus dem buddhistischen und manichäischen Klostergebäude entwickelt. Vom Grundriß her folgen die Derwischkonvente mit ihren um einen Innenhof gruppierten zellenartigen Räumen dem Aufbau eines buddhistischen Klosters. Vorbild waren wohl ferner die im 10. Jahrhundert in derselben Region von der asketischen Karrami-Sekte gegründeten Einsiedeleien und Konvente. Deren aus Sistan stammender Gründer Abu ʿAbdullah Mohammad ibn Karram (806–869) war im übrigen kein Mystiker, sondern ein Theologe. Häufig stifteten Gläubige die *khanqah*-Gebäude und versahen sie nicht selten zusätzlich mit Ländereien, Viehbestand und weiteren Gütern.

Konvente konnten so klein sein wie eine einfache Klause, aber ebenso aus großen Baukomplexen bestehen, die sich dann auf dem Subkontinent zur *dargah*-Institution (Heiligenschrein mit Moschee, Konvent, Armenküche, Hospital usw.) weiterentwikkelten. Das *khanqah* kann – wie in Iran – durchaus ein normales Wohnhaus sein, in dem der *sheikh* auch selbst lebt. In vielen Fällen liegt es in unmittelbarer Nähe eines Heiligengrabes oder ist direkt über einem solchen errichtet. Den indo-pakistanischen Chishti-Derwischen genügt in der Regel ein schlichter großer Raum, in dem sie beten, mystische Übungen durchführen und schlafen. In Ostturkestan dient diesem Zweck eine fensterlose Lehmhütte mit Flachdach. Wichtig ist, daß Räumlichkeiten, in denen rituelles Gottgedenken oder Meditationsübungen stattfinden, weitgehend leer – also ohne Mobiliar – bleiben.

Im Vorderen Orient, besonders in der Türkei, ist der Begriff *tekke* für einen Konvent – gleich welcher Größe – gebräuchlich. So gehören zum *tekke* der Bektashi neben dem eigentlichen Hauptgebäude mit Räumen für Kulthandlungen auch Küche, Bäckerei, Gästehaus und Wohnungen für Frauen. Allein in Istanbul gab es im 19. Jahrhundert durchschnittlich 160 Konvente unterschiedlicher Größe. Im ländlichen Bereich der Türkei bildeten Konvente bis zu jener Zeit wirtschaftliche Einheiten, die durch die Erträge der selbst bebauten oder verpachteten Ländereien ihren Unterhalt sichern konnten.

Im Ägypten der Mamluken (1250–1517) entwickelten sich die *khanqah* zu wohlorganisierten Einrichtungen mit Bad, Küche und Wohnhaus für einen *sheikh* sowie gegebenenfalls mit einer Zisterne und einem Friedhof. Hier konnten Derwische ihre Riten und Versammlungen gemeinschaftlich unter Ausschluß der Öffentlichkeit durchführen. In der Regel handelt es sich bei diesen *khanqah* um architektonisch aufwendigere Gebäude, gestiftet von den Mamluken-Herrschern. Oft ist ihnen eine Koranschule angegliedert.

In Nordafrika benutzt man für Derwischkonvente hauptsächlich die Begriffe *zawiya* und *ribat*. Mit *zawiya* („Winkel") bezeichnet man ursprünglich einen kleineren zellenartigen Aufenthaltsort, in den sich Derwische und andere Fromme zur Meditation und Versenkung zurückziehen können. Größere *zawiya* sind über einem Heiligengrab errichtet und ähnlich organisiert wie die *khanqah* der östlichen islamischen Welt. Bei vielen Bruderschaften im Maghreb bilden Konvente hierarchische Netzwerke, bei denen einer zentralen *zawiya* eine Reihe kleinerer Konvente untergeordnet ist. – *Ribat* nennt man burgartige Festungen, die bis zum 12. Jahrhundert in erster Linie militärisch genutzt wurden. Sie finden sich vor allem in den Grenzgebieten des westlichen Islam, an den Küsten Nordafrikas und Südspaniens. Sie dienten als Stützpunkte für die freiwilligen Glaubenskämpfer, die von hier aus in den „äußeren heiligen Krieg" gegen die Ungläubigen zogen; zugleich waren sie Aufenthaltsorte für Sufis und Derwische, die den „inneren heiligen Krieg" gegen die eigene Triebseele führten. Nach dem 12. Jahrhundert wurden die *ribat* verstärkt religiös genutzt: Man betete, übte das Gottgedenken und führte gelehrte Studien durch. Diese ehemaligen Festungen, mit Gästeräumen und gelegentlich auch einer Bibliothek ausgestattet, liegen häufig in der Nähe einer Moschee oder eines Wallfahrtsortes.

Frauen in Sufismus und Derwischwesen

Sicherlich sind Konvente zunächst Versammlungsorte von Männerbünden. Doch nehmen einige Derwischbruderschaften auch Frauen auf, die zu rituellen Anlässen in der Regel in separaten

Abb. 10: Malangni Fakhr Bibi in Agra

Gebäuden und Räumlichkeiten zusammenkommen. Möglicherweise aufgrund christlicher Einflüsse gab es etwa im 12. und
13. Jahrhundert in Kairo, Aleppo, Bagdad und Mekka eigene
klosterartige Konvente für weibliche Derwische unter der Leitung einer *sheikha*. Manche der Frauen trugen dann auch das charakteristische Flickenkleid der Derwische. Der schwedische Missionar J. E. Lundahl berichtet aus den ostturkestanischen Städten
Kashgar und Yengi Hissar von eigenen Frauenkonventen, die von

Abb. 11: Junge Qalandar-Heilige in Nordpakistan

einer *ayem* oder *bua* geleitet werden.[18] (Solche Konvente bestanden bis Anfang des 20. Jahrhunderts.) Er beobachtete, wie die
Frauen dort den *zikr* („rituelles Gottgedenken") durchführten,
indem sie das islamische Glaubensbekenntnis immer wieder
laut wiederholten. Dabei beugten sie Kopf und Oberkörper
rhythmisch nach vorne; die Bewegungen wurden heftiger, und
einige Frauen tanzten schließlich in Ekstase, bis sie kataleptisch
zu Boden fielen. Der *zikr* endete mit einem gemeinsamen Mahl.

Ergänzend berichtet Lundahl, daß eine Frau per Handschlag zur Schülerin (*murid*) einer *ayem* wurde und dadurch mit ihr bis zum Tode verbunden blieb. Beim Begräbnis wusch die *ayem* selbst den Leichnam ihrer Anhängerin und hüllte sie in das Leichentuch.

Heute treffen sich Frauen – etwa in Nordindien – zum *zikr* in den ihnen vorbehaltenen Gemächern eines Privathauses.

In manchen Teilen des islamischen Orients – so in Nordafrika und Sindh – verehrt das Volk auch weibliche Heilige. Natürlich erscheinen sie gerade den Frauen als geeignete Mittler zu Gott und als Vorbilder für Frömmigkeit und Tugendhaftigkeit. Zumeist eignen diesen weiblichen Heiligen ausgeprägte asketische Züge. Hervorzuheben ist die große Mystikerin Rabiʿa al-Adawiya (gest. 801) aus dem irakischen Basra. Sie verwirklichte in ihrem Leben die sufischen Ideale der reinen Gottesliebe und der persönlichen Zwiesprache mit Gott. Ihre Liebe zu Gott war absolut und vollkommen. Eine ähnliche Lebensweise und hohe Gelehrsamkeit werden der 762/63 in Mekka geborenen Nafisa zugeschrieben, die aus der Familie des Prophetenenkels Hassan stammte. Für besonders strenge körperliche Askese war die marokkanische Mystikerin Munya bint Maymun (gest. 1199) bekannt, die sich regelmäßig in einem *ribat* westlich von Marrakesch aufhielt. Im 20. Jahrhundert ist in Äypten Hagga (Hajja) Zakiyya (1899–1982) aus Kairo hervorzuheben, die in Schwarz gekleidete „Mutter des Mitleids". Diese neuzeitliche asketische Heilige kümmerte sich selbstlos um Arme und Bedürftige, für die sie u. a. eine ständige *saha*-Freiküche unterhielt.

Bei manchen Bruderschaften bilden Frauen eigene Fraktionen (also affiliierte „Schwesternschaften"), so beispielsweise nach dem Zweiten Weltkrieg in Daghestan (Kaukasus) bei der Qadiriyya und Naqshbandiyya; ebenso bei den Hairy Ishan, einem radikalen Zweig der mittelasiatischen Yasawiyya, und bei der kurdischen Qadiriyya. Weiterhin ist bekannt, daß die nordafrikanischen ʿIsawi und Haddawa sowie die iranische Niʿmatullahiyya Frauen initiieren; bei den türkischen Bektashi nehmen sie an bestimmten Riten teil. In Ägypten stellen sie bei den Riten der Sufi-Korporationen einen großen Teil der informellen Teilnehmer.

Auch die heterodoxen Bruderschaften scheinen Frauen in ihre Reihen aufzunehmen. Für das 19. Jahrhundert wird aus Sindh berichtet, daß dort weibliche Derwische – *faqirani* genannt – zum Kreis eines weiblichen *murshid* oder eines männlichen *pir* gehörten. Zu diesen *faqirani* zählten sowohl verheiratete Frauen als auch Unverheiratete und Witwen; äußerlich waren sie durch ein grünes Gewand und das Tragen einer Gebetskette als Derwische erkennbar. Im Panjab traf ich selbst mehrmals *malangni*, d.h. weibliche Malang, die neben dem grünen oder roten Derwischkleid auch Qalandar-Kappe, Bettelschale und Halsketten trugen. Um eine lebende siebzehnjährige Qalandar-Heilige bildet sich in einer Region Nordpakistans derzeit ein Kult, den ich begonnen habe zu studieren (Abb. 11).

Anders als die aus Frauen bestehenden Korporationen waren die orthodoxen Bruderschaften der männlichen Derwische, wie im folgenden Kapitel gezeigt wird, oft politisch einflußreich.

Sultan und Sufi
Die politische Rolle der Bruderschaften

„Herrscher und Mystiker" stehen seit jeher in einem Wettbewerb um Autorität. Die Beziehungen zwischen den „Sultanen der Welt" und den „Sultanen des Herzens" sind generell von Kalkül geprägt, es gibt sowohl gegenseitige Anschuldigungen als auch Huldigungen. Vertreter der politischen Macht sehen sich mit ihren Herrschaftsansprüchen in Konfrontation mit den Trägern moralischer Autorität, die die göttliche Macht vertreten. Wie in der Dichtung sowie auf Miniaturen und Fliesenbildern der iranischen Welt bezeugt, fungieren Sufis und Derwische in diesem komplexen Beziehungsgefüge vielfach als Ratgeber der Herrscher. Dabei weist der in der islamischen Kunst dargestellte Topos darauf hin, daß Macht und Reichtum des Herrschers vergänglich sind. Wie die Naqshbandi sagen, ist der Wert der diesseitigen Welt geringer als der Flügelschlag einer Mücke. Nur das Streben nach Vereinigung mit Gott bedeutet wahres Königtum. Politische Macht dagegen korrumpiert, und Mystiker sollten daher nicht von *din* („Religion") zu *dunya* („Welt") hinüberwechseln. Innerhalb der Religion gibt es, wie mir ein junger Mystiker in Lahore erklärte, eine eigene wahre und ewige Herrschaft, ein *ruhani hukumat*: Gott ist dabei der Höchste und der Prophet fungiert als sein Wesir. Dann folgen die großen Heiligen als die „eigentlichen Sufis" und darunter erst die Derwische, Fakire und Malangs.

Wie vielschichtig die Beziehungen zwischen den *ahl-i batin* („Leute des Inneren", d. h. der inneren Bedeutungsdimensionen des Islam) und den *ahl-i zahir* („Leute des Äußeren") sind, zeigen die folgenden Beispiele aus der Geschichte:

Eine deutliche Distanz zum Herrschertum hielt die indische Chishtiyya, die sich – zumindest zeitweilig – im 13. Jahrhundert bis zum Beginn des 14. Jahrhunderts von der offiziellen Politik und allen weltlichen Angelegenheiten zurückzog. Von ihrem großen Heiligen Nizam ud-Din Auliya (1239–1325) ist der berühmte Ausspruch überliefert, mit dem er dem mächtigen Herrscher ʿAla ud-Din Khilji (reg. 1296–1316) antwortete: „Mein Zimmer hat zwei Türen; wenn der Sultan durch die eine Tür kommt, gehe ich zur anderen hinaus." Bis heute gilt die Ablehnung jeglichen Kontaktes mit politischen Machthabern als Kennzeichen eines wahren Mystikers. So schrieb zum Beispiel der senegalesische Sufi Amadu Bamba im Jahre 1875 an den Herrscher Lat Dior: „Ein Weiser am Hofe eines Königs gleicht einer Fliege auf Exkrementen."

Dennoch verhielten sich viele Sufis und Derwische im Rahmen von Bruderschaften weltzugewandter: Ihre Beteiligung an Glaubenskriegen – etwa gegen Christen und Hindus – wurde bereits erwähnt. Bekannt ist im besonderen die Verbindung zwischen den Bektashi-Derwischen und dem Janitscharen-Korps, der Kerntruppe des orthodox-sunnitischen Osmanen-Staates. Die Bektashi nahmen als Feldprediger an türkischen Eroberungszügen teil und erfüllten seelsorgerische Aufgaben. Ihr höchster *sheikh* hatte seit dem 16. Jahrhundert den Ehrenrang eines Janitscharen-Oberst inne. Einschränkend sei jedoch darauf hingewiesen, daß die Bektashiyye lediglich im städtischen Milieu von den osmanischen Herrschern gefördert wurde. Im osmanischen Thronbesteigungszeremoniell empfing der neue Sultan das Schwert seines Ahnherrn aus der Hand eines Mevlevi-*sheikh*. In Mittelasien konnte die Naqshbandiyya religiöse Macht und Autorität unter der Timuriden-Herrschaft (13.–15. Jh.) weitgehend monopolisieren. Auf dem Dekkhan-Hochland unterhielten die Chishti-Sufis enge Beziehungen zu den Herrschern der Bahmani-Dynastie. Ihr erster Sultan wurde im Jahre 1347 von seinem spirituellen Lehrmeister Sheikh Mohammad Rukn ud-Din Junaidi (1271–1380) in der großen Moschee von Daulatabad gekrönt. Die seßhaften *pir*-Familien der großen Heiligenschreine auf dem Subkontinent standen ebenfalls in engem Kontakt zu den Moghul (16.–19. Jh.) sowie später zur britischen Kolonialmacht. Ihre enorme politisch-ökonomische Macht ist bis heute ungebrochen. Zwar unterstützten die jeweiligen Herrscher viele Bruderschaften zwischen Marokko und Bengalen regelmäßig durch die Gewährung von Privilegien (z.B. Steuerfreiheit), Stiftungen und sonstige finanzielle Zuwendungen, andere aber wurden zu bestimmten Zeiten verfolgt oder lehnten sich selbst gegen tyrannische Regime auf. So kam es im Jahre 1240 zu dem großen Aufstand der Derwische um Baba Ilyas-i Khorassani und seinen Stellvertreter Baba Ishaq (Vefaiyye). Sie mobilisierten die nomadischen Turkmenen Anatoliens gegen die Herrschaft der Seldschuken. Sie forderten die Erneuerung des Islam und der türkischen Sitten und Gebräuche. Eine weitere, von Sheikh Badr ud-Din Anfang des 15. Jahrhunderts angeführte Derwischrevolte richtete sich gegen die Osmanen aufgrund der Not, die das Volk nach dem Einfall der Mongolen litt. Der *sheikh* trat im übrigen nachdrücklich für die Zusammenarbeit von Muslimen und Christen ein. In den Jahren 1526/27 erhoben sich – türkischen Historikern zufolge – 20000 bis 30000 Bektashi, ʿAbdal, Qalandar und andere Derwische gegen die Herren (*bey*) der Provinz Karamania; die Gründe dieser Revolte blieben unbekannt. Gegen Ende des 16. Jahrhunderts rief Yahya ibn Yahya as-Suwaydi in Tripolis zum Kampf gegen die kolonialistische Herrschaft der Osmanen auf. Er sah sich als *mahdi*, als der im Verborgenen lebende Heilbringer und zwölfte Imam der Schiiten. In ähnlicher Weise lehnte sich im 16. und 17. Jahrhundert unter den Pashtunen die von dem charismatischen Bayazid Ansari (ca. 1525–1585) angeführte Roshaniyya-Bewegung gegen die Fremdherrschaft der Moghul auf.

Besonders in der modernen Zeit wendeten sich zahlreiche von Sufis und Derwischen angeführte religiöse Erneuerungsbewegungen gegen die Kolonialmächte der Briten, Franzosen und Italiener. Sie richteten sich gegen die wachsende Überfremdung durch die westliche Zivilisation und suchten zu einem „wahren", „reinen" Islam, dem Modell einer authentischen islamischen Ordnung zurückzukehren. Hinzu trat ein messianisches Element: Ihre charismatischen Führer erwarteten einen Heilbringer, der die soziale

Gerechtigkeit und die als ideal empfundene islamische Ordnung wiederherstellen würde. Als kriegerische Heilige predigten sie den „äußeren" *jihad* gegen die feindlichen Kolonialmächte. Die von Gott ergriffenen Kämpfer wähnten sich unverletzbar und bewiesen oft besonderen Mut und enorme Durchschlagskraft.

Die wohl bedeutendste dieser Bewegungen war die des *mahdi* in Sudan. Mohammad Ahmad (um 1843/44–1885), ursprünglich ein Mitglied der Sammaniyya, der dann die militärisch orientierte Mahdiyya gründete, trat als *mahdi al-muntazar* („erwarteter *mahdi*") auf. In den achtziger Jahren des 19. Jahrhunderts erhob er sich gegen die „ungläubigen" Osmanen. Nach Kordofan eroberte er 1885 sogar Khartum, bei dessen Verteidigung General Gordon ums Leben kam; 1898 schließlich unterlag er General Kitchener. Die *mahdi*-Bewegung richtete sich sowohl gegen die Last der Steuern unter der von den Briten gestürzten Osmanen-Herrschaft und das Verbot des Sklavenhandels als auch gegen einen allzu „lauen" Islam, der den Genuß von Tabak und Wein tolerierte.

Militante und zumeist erst spät, im 19. Jahrhundert, entstandene Bruderschaften, wie die Mahdiyya, zeigen in ihrer puritanischen Ablehnung von Musik, Tanz, Genußmitteln und Heiligenverehrung deutliche Züge des heute so virulenten Islamismus. Dies gilt auch für die in Libyen, dem westlichen Ägypten, in Sudan und im Sahara-Raum verbreitete Sanusiyya, die 1838 von dem Algerier Mohammad ibn ʿAli as-Sanusi (1787–1859) gegründet wurde. Sie vereinigte die arabischen Beduinen der Cyrenaica gegen die italienische Kolonialmacht. Politisch aktiv und militant wurde die orthodoxe Bruderschaft, als die Italiener mit der Zerstörung ihrer Konvente begannen. Aus ähnlichem Grund kämpfte im Senegal die Muridiyya – von Amadu Bamba in den achtziger Jahren des 19. Jahrhunderts gegründet – gegen die französische Kolonialherrschaft, nachdem die traditionellen Wolof-Staaten zusammengebrochen waren.

Die durch die Kolonialmächte hervorgerufenen krisenhaften Zustände führten auch in anderen Teilen des islamischen Orients zur Entstehung revolutionärer Bewegungen, welche die als gottlos empfundene neue Ordnung umzustürzen versuchten. Gerade in Mittelasien kam es im 19. Jahrhundert und Anfang des 20. Jahrhunderts zu zahlreichen Aufständen gegen die Herrschaft des russischen Zaren und der Sowjets, die überwiegend von Derwischen der Naqshbandiyya und Qadiriyya angeführt wurden. Berühmt ist der kaukasische Volksheld Sheikh Shamil (1796–1871), der vor allem in den dreißiger Jahren des 19. Jahrhunderts mit den Lesghiern in zahlreichen Schlachten gegen die Russen kämpfte. Erst 1859 gelang es diesen, Shamil zu besiegen und gefangenzunehmen. Der Naqshbandi-*sheikh* stammte aus Daghestan, einer Region, in der Rechtsgelehrte, Sufis und überhaupt islamische Funktionsträger für den gesamten Gebirgsraum des Kaukasus ausgebildet wurden. Gemäß der orthodoxen Ausrichtung des dortigen Islam gründete sich seine *jihad*-Bewegung und die von ihr ausgeübte Herrschaft auf der *shari'a*. Die Bruderschaften im nördlichen Kaukasus waren seit jeher anti-russisch und anti-kommunistisch eingestellt, aber auch weiter im Osten, in Andijan, kam es im Jahre 1897 zu einer größeren Revolte unter dem *ishan* Madali. Viele Mitglieder der von Enwer Pasha (gest. 1922) angeführten Basmachi-Bewegung (1918–1929) gegen die Sowjets gehörten entweder zur Naqshbandiyya oder hatten zumindest enge Beziehungen zu einzelnen *ishan*. Nach der Zerschlagung des Aufstands verfolgte und tötete man viele Derwische und löste die Bruderschaften offiziell auf.

Vor allem in Pakistan gab es im 19. Jahrhundert eine Reihe revivalistischer Bewegungen, deren Führer – Sufis, Derwische und *mullah*s – den *jihad* gegen die Briten ausriefen. Eine wichtige Rolle spielte etwa der Akhond von Swat (gest. 1877), mit eigentlichem Namen 'Abdul Ghafur, ein Naqshbandi-Sufi, der als Gujar-Hirte seinen Lebensunterhalt verdient hatte. Er vereinte die Pashtunen des Swat-Tales und führte sie in den Krieg gegen Sikhs und Briten. Ebenfalls zunächst gegen die Sikhs (1829–1831) kämpften die Hur, treu ergebene Anhänger des Pir Pagaro (Pir-jo-Goth/Sindh). Am Ende des 19. Jahrhunderts und in den vierziger Jahren des 20. Jahrhunderts richtete sich ihr Kampf gegen die britische Kolonialmacht. Die Hur, an ihrem grünen Gewand und einem speziellen Turban zu erkennen, bilden eine eigene Bruderschaft. Sie nahmen Hindus in ihre Reihen auf, aber ebenso Banditen, die für Diebstähle und Morde bekannt waren. Die als *murid* (Schüler) des Pir Pagaro eng zusammengeschlossenen Hur sind in zwölf *sangat* („Zweige") eingeteilt, die ihrerseits jeweils aus zehn *salimi*- und zwei *farqi*-Gruppen bestehen. Die *farqi*-Gruppen bilden dabei den „inneren Kreis" der Bruderschaft. Jeder *sangat* hat nach einem Rotationsprinzip für einen Monat eine bestimmte Anzahl von Männern für Dienstleistungen zu stellen. Die absolute Loyalität der *farqi*-Hur zu ihrem *pir* sowie ihre Sonderstellung wird auch in folgenden Worten deutlich: „Sie essen nur mit ihren Farqi-Brüdern zusammen, grüßen niemand anderen als ihren Pir und grüßen sich untereinander, indem sie ihre Arme über der Brust kreuzen" (Mayne 1956: 107). Noch in der gegenwärtigen pakistanischen Politik übt der amtierende *pir* der Heiligenfamilie Pagaro, Shah Mardan Shah, großen Einfluß aus; so zählt der frühere Premierminister Mohammad Junejo zu seinen Anhängern.

Abschließend sei eine weitere bemerkenswerte Figur des Abwehrkampfes gegen die britische Kolonialmacht erwähnt: der berühmte „Fakir von Ipi" (gest. 1960), ein Turi-Pashtune namens Mirza ʿAli Khan, der als Eremit in den Bergen an der Grenze zu Afghanistan lebte und von 1936 an mehrere Jahre lang in Waziristan erfolgreich gegen die Briten kämpfte. Die britische Armee war schließlich gezwungen, drei Divisionen mit über 50 000 Soldaten gegen den Derwisch und seine Krieger einzusetzen. Nach der Staatsgründung Pakistans im Jahre 1947 verließen ihn einige seiner treuesten Anhänger; kurz vor seinem Tode ernannte er seinen Neffen Niaz ʿAli aus Gurwekht zu seinem Nachfolger.

„Freie" Derwischbruderschaften (*bi-shar'*) und Ekstatiker

Die Mehrheit der Mystiker gehört zur Hauptströmung der großen, wohlorganisierten und orthodox geprägten Bruderschaften, die einen gemäßigten Sufismus vertreten. Demgegenüber bilden die „freien" Bruderschaften, deren Mitglieder sich von den Zwängen und der Strenggläubigkeit des normativen Gesetzesislam gelöst haben, eine Minderheit. Sie verkörpern eine ganz eigenständige Form von Religiosität, in der auch Elemente des „Volksislam" sowie des „populären Sufismus" aufscheinen.

Diese heterodoxen (genauer: heteropraxen) Derwische – auf dem Subkontinent auch Fakire genannt – führen ein freies, ungebundenes Leben mit Drogengenuß, Musik, Tanz und außergewöhnlichen Formen der Ekstase. Viele von ihnen ziehen als Wanderderwische durch die Straßen und verdienen sich ihren Lebensunterhalt durch Betteln. Wegen ihrer Offenheit gegenüber Magie, die im Volksglauben eine wichtige Rolle spielt, hat sie – zumindest in der Vergangenheit – gerade die ländliche Bevölkerung und die städtische Unterschicht akzeptiert.

Die Herkunft vieler Gruppen von „freien" Derwischen, auch als *bi-shar'* („ohne das Gesetz", d.h. außerhalb der islamischen Rechtsordnung stehend) bezeichnet, läßt sich historisch kaum mehr klären. Neben genuinen Bewegungen, die im iranisch-mittelasiatischen Raum ihren Ausgang nahmen, handelt es sich bei einigen Gruppen wohl um Abspaltungen oder Sonderentwicklungen überwiegend orthodoxer Bruderschaften; es gibt also Korporationen, die sowohl aus *ba-shar'*- als auch aus *bi-shar'*-Gruppen bestehen. Die vor allem in den Ländern des östlichen Islam gebräuchliche *bi-shar'*-Zuordnung wird von den orthodoxen Vertretern der islamischen Mystik in einem pejorativen Sinn gebraucht, ähnlich wie der Ausdruck *bi-pir* („ohne Meister") gegenüber den mittelasiatischen Uvaysi-Sufis. Der Begriff stellt im Grunde den Vorwurf der Häresie und des Unglaubens dar.[19] Zudem unterstellt man den *bi-shar'*-Derwischen „sittliche Anarchie"

*Abb. 12: Wanderderwisch mit Wasserpfeife, iranisches Aquarell,
Ende 19./Anfang 20. Jahrhundert*

und bezeichnet ihr Verhalten und ihr Äußeres als abstoßend und schockierend. Aber sind die sonderbaren antinomischen Umgangsformen der Derwische und Fakire nicht vielmehr Ausdruck einer Distanzierung und Trotzhaltung gegenüber den etablierten Institutionen des Islam, verkörpern sie nicht eine „Anti-Struktur" im Sinne Victor Turners? Und kann die Vernachlässigung ihrer äußeren Erscheinung nicht als Zeichen der Weltabkehr gedeutet werden? *Bi-sharʿ*-Derwische und -Fakire lehnen ja im Gegensatz zu den *ba-sharʿ*-Sufis und -Derwischen, die oft ein quasi bürgerliches Leben mit Familie und festem Wohnsitz führen, die äußere Welt mit ihren sozialen Werten und Formalismen ab und suchen sich dieser materiell geprägten, durch das religiöse Gesetz geordneten Welt zu entziehen. Sie müssen sich von ihr auch nicht – durch die strikte Befolgung der *shariʿa*-Gebote – reinigen, weil sie sich ihrer Vorstellung nach gar nicht verunreinigen: alle Dinge reflektieren gleichermaßen Gott und dessen Attribute, daher gibt es nichts Unreines. Sie fühlen sich daher von den Gesetzen entbunden, suchen die Grenzen des „Normalen" aufzulösen und nehmen nur Befehle (*hukm*) von Gott selbst, vom Propheten oder von einem Heiligen an. Solche Anordnungen kann ein Derwisch auch im Traum von einem toten *pir* empfangen. Abschließend ist festzustellen, daß sich die deutlichen Unterschiede im „spirituellen Stil" und in der Lebensweise zwischen den Mystikern des „mainstream" und den Randseitern mit Hilfe der Begriffe *ba-sharʿ* und *bi-sharʿ* zumindest für die östliche islamische Welt recht zutreffend bezeichnen lassen.

Der radikale innere Weg einer extrem subjektiven Mystik, den insbesondere der Wanderderwisch eingeschlagen hat, findet Entsprechung in der äußeren Seinsweise. Seine Lebensform könnte man als „idiorhythmisch" bezeichnen – sie kennt keine strenge Regelung des Tagesablaufes, sondern bleibt frei und ungebunden. Anders als ein orthodoxer Gläubiger oder ein Vertreter des klassischen Sufismus ist ein Derwisch dieser Richtung ein ausgesprochener Randseiter, der vielfach ohne familiäre Bindungen lebt und nicht in festen Häusern wohnt. Er kommt vielfach (aber nicht durchweg) aus den unteren Schichten der Gesellschaft – im Gegensatz zu den *pir*, die beispielsweise auf dem indo-pakistanischen Subkontinent aus den noblen Familien der Oberschicht (*ashraf*) kommen; meist handelt es sich um Sayyid- oder Qureshi-

Familien. Immer wieder gibt es jedoch unter den Angehörigen der „freien" Bruderschaften unkonventionelle Individualisten, die aus der kulturellen Elite stammen und zeitweise oder permanent ein Leben als Wanderderwisch führen. In Einzelfällen haben sich auch Mitglieder angesehener orthodoxer Bruderschaften – wie etwa der Naqshbandi-Sheikh ʿAbdullah Nidai (1688/89–1760) aus dem ostturkestanischen Kashgar – mit Bettelschale und Stock auf die Wanderschaft begeben, um das Gebot der Armut zu praktizieren.

Für Südasien ist ergänzend auf den besonderen Umstand hinzuweisen, daß muslimische Fakire beispielsweise in Indien und Nepal zum Teil eine regelrechte Kaste bilden, in der das Derwisch- bzw. Fakirtum vom Vater auf den Sohn vererbt wird. Sie steht am Ende der als rein geltenden Kasten, an der Schwelle zu den Unreinen und Unberührbaren und etwa ranggleich mit den Barbieren. Diese marginale Position der Derwisch- und Fakirgruppen innerhalb der sozialen Hierarchie kann zumindest für den indo-pakistanischen Subkontinent als kennzeichnendes Merkmal gelten.

Mitglieder „freier" Bruderschaften haben die Ordnung des institutionalisierten Sufismus häufig umgekehrt: Sie legen kaum Wert auf mystische Lehren, die von einem Meister vermittelt werden, vernachlässigen das rituelle Gottgedenken und ignorieren die Pilgerfahrt nach Mekka. Ihre Einstellung zum täglichen Pflichtgebet verdeutlicht die Aussage eines pakistanischen Wanderderwischs: „Wenn ein Malang eine Moschee betreten würde, um zu beten, würden die Minarette einstürzen, aus Scham darüber, daß er sich neigt und sie nicht." Trotzdem sollte man die *bi-sharʿ*-Derwische nicht als pseudo-religiös bezeichnen; vielmehr stellen sie aufgrund ihrer besonderen mystischen und asketischen Praktiken einen ganz eigenen Frömmigkeitstypus dar. Dabei spielen Träume, Visionen, direkte Inspirationen durch den Geist des Propheten oder eines berühmten Heiligen und die rauschhafte Identifizierung mit den Attributen Gottes eine wichtige Rolle. Sich dem Allmächtigen ganz anvertrauend, suchen sie ihn in seiner unmittelbaren, magisch-wunderbaren Präsenz zu erleben. Auch der Erwerb magischer Kräfte gehört zu diesem Typus religiöser Erfahrung.

Vom äußeren Erscheinungsbild her mag es manchmal nicht leicht sein zu entscheiden, ob es sich um „wahre" Mystiker und

Ekstatiker handelt oder um Scharlatane, Gaukler oder einfache Straßenbettler. Auch mental Gestörte, von denen man annimmt, daß sie in besonderer Nähe zu Gott stehen, werden zum Kreis der *homines religiosi* gerechnet. H. J. Kissling hat im Hinblick auf gewisse Khalwatiyya-Derwische von einer „fließenden Grenze zwischen Ungewöhnlichkeit und Geistesgestörtheit" gesprochen (1953: 236). – In den zahlreichen Begegnungen mit pakistanischen und indischen Derwischen haben mich ihre einfache und genügsame Lebensweise, ihre Menschlichkeit und die Echtheit ihrer religiösen Gefühle immer wieder stark beeindruckt. Dabei beziehe ich mich vor allem auf die wandernden und die seßhaften Malang, die ein Leben der tiefen Hingabe zu Gott und den Heiligen führen.

Manche der „freien", sich nur von Gott abhängig fühlenden Derwische halten sich für längere Zeit an einem Ort auf – häufig in der Nähe eines Heiligenschreins. Dort leben sie in Hütten, Höhlen oder einfachsten, mit Stöcken und Tuchfetzen errichteten Unterkünften. Innerhalb des Schreinbezirks halten sie sich in der Regel außerhalb des inneren Sanktuariums (eigentlicher Grabraum) und der Vorhalle (*diwan khana*) auf, sitzen unter einem Sonnendach oder um ein Feuer herum. In diesem offenen Bereich des Schreinkomplexes wird auch mystische *qawwali*-Musik gespielt und ekstatisch getanzt.

Die meisten der heterodoxen Derwische führen jedoch – zumindest für einen gewissen Zeitraum – ein völlig freies Wanderleben. Zwar führt ihre Reise sie manchmal zu einem bestimmten Ziel, etwa zu einem Heiligenfest, oft aber sind sie gänzlich ungebunden, schlagen keinen bestimmten Weg ein und lassen sich nur von ihrem Schutzpatron, dem heiligen Khizr, leiten. In Entsprechung zur inneren Reise der Seele zu Gott stellt für sie die Wanderschaft den äußeren Weg dar, der ihre Lebensführung prägt und quasi eine methodische Sufi-Übung bildet. Von vielen berühmten Heiligen und Sufis ist bekannt, daß auch sie auf ausgedehnte Reisen gingen. Dies gilt vor allem für die Frühzeit des Sufismus, später – etwa unter der Osmanen-Herrschaft im 16. Jahrhundert – wurden die religiösen Wanderer wegen ihrer Lebensweise immer mehr zu Randseitern. Viele der Derwische, die man noch im 19. Jahrhundert im Vorderen Orient antraf, kamen aus Mittelasien oder Indien. Auf dem Vertrauen in Gott (*tawakkul*) gründend, führten sie ein asketisches Leben und folgten dem überlieferten Wort des Propheten „Meine Armut ist meine Zierde" (*al-faqir fakhri*). Anders als die seßhaften Derwische praktizierten die Wanderderwische ihre asketischen Übungen zumeist in der Wildnis, einige von ihnen lebten auch als Eremiten. Dadurch entsprachen sie dem Ideal, sich direkt aus der unberührten Natur zu ernähren, von Dingen, die nicht mit der verunreinigenden Hand eines Menschen in Berührung gekommen waren. Heute trifft man allerdings auch auf dem Subkontinent nur noch sehr selten Derwische, die als Einsiedler leben.

Wichtig für das Verständnis der islamischen Ekstatiker auf dem indo-pakistanischen Subkontinent erscheint ihre zum Teil starke Affinität zum Hinduismus. Vom Panjab bis nach Bengalen haben Derwische aus den tantrischen Lehren Indiens geschöpft, und ihre Aktivitäten gleichen denen der wandernden Hindu-Samnyasin und Yogi. Von ihnen übernahmen sie spezielle Atemtechniken und andere Yoga-Praktiken sowie volkstümliche Formen der Verehrung und magisches Wissen. Wie Annemarie Schimmel berichtet, wurde Allah sogar gelegentlich mit indischen Namen wie Gosain, Ishvara oder Kartar bezeichnet.[20] Besonders bei den umherziehenden Qalandar-Derwischen zeigt sich ein starker Einfluß des populären, seit dem 13. Jahrhundert von Nordbengalen aus verbreiteten shivaitischen Nath-Kults. Der legendäre Heilige Gorakh-Nath, der als Erscheinungsform Shivas und als Schüler des berühmten Matsyendra-Nath angesehen wird, gilt als Gründer der Bewegung der Natha- oder Kanphata-Yogi, bei denen Hathayoga, Alchemie und verschiedene tantrische Praktiken eine wichtige Rolle spielen. Im Panjab wird Gorakh-Nath von den Muslimen der Unterschicht weithin als Gugga Pir verehrt. Ebenso identifiziert man Baba Ratan, dessen Heiligenschrein in Bhatinda (Patiala) liegt, mit Gorakh-Nath.

Vor der Besprechung einzelner „freier" Derwischbruderschaften wird mit den religiösen Sondertypen des Malamati und des Majzub zunächst auf eine Art „horizontales" (also enthierarchisiertes) Phänomen[21] eingegangen: Es handelt sich um Ekstatiker, die nicht unbedingt mit einer religiösen Korporation assoziiert sind, sondern als *homines religiosi* einen ganz eigenen Weg der Mystik beschreiten. In manchen Fällen sind sie jedoch von Anhängern volkstümlicher Bruderschaften in ihre Riten miteingebunden worden. Jedenfalls hat es seit den frühen muslimischen Asketen immer religiöse Individualisten gegeben, die sich von dem gruppenorientierten und hierarchisierten „*tariqa*-Sufismus" mehr oder weniger absetzten. Wie am Beispiel des südasiatischen Malang noch gezeigt wird, scheinen die Grenzen dabei oft zu verschwimmen.

Malamati

Viele „freie" Derwischbruderschaften wurden außer vom indischen Hinduismus in wesentlichen Zügen gerade auch von der Malamatiyya beeinflußt, einer mystischen Geisteshaltung, die während des 9.–11. Jahrhunderts im nordostiranischen Nishapur entstand. Dabei handelt es sich um eine asketische Richtung der islamischen Mystik und nicht um eine organisierte Bruderschaft. Sie wurde insbesondere in Khorassan und Turkestan gelehrt und von dort bis nach Indien, in die Türkei, den Balkan und nach Nordafrika verbreitet. Ihre Vertreter, die Malamati („Leute des Tadels"), übertraten in der Regel ganz bewußt religiöse Gesetze – sind also als *bi-shar'* einzuordnen – und erregten öffentliches Ärgernis. In der marokkanischen Malamatiyya-Tradition trat dieser Akzent jedoch in den Hintergrund, charakteristischer war dort der politische Dissens zu den Machthabern. – Malamati-Derwische gab es vor allem in der Frühzeit des Islam; später wurde ihre spezifische Geisteshaltung von einigen anderen Derwischgruppen – etwa den Qalandar – übernommen.

Das Heil der Malamati liegt in der Geringschätzung und Demütigung durch die Mitmenschen. Sie verachten und erniedrigen sich selbst und suchen den Tadel (*malama*), indem sie zum Beispiel – um andere herauszufordern – eine brüske und rüde Sprache verwenden. In ihrem Verhalten demonstrieren sie offen schlechte Eigenschaften bis hin zu perversen Handlungen. Oft suchen sie die Nähe von Verachteten und sozial Stigmatisierten, wie etwa der Panjabi-Mystiker Bullhe Shah (gest. 1758), der nach der Überlieferung zwölf Jahre als Diener bei Tanzmädchen arbeitete. Den Hintergrund des Malamatitums bildet der innere Kampf gegen Eitelkeit, Eigenliebe und Selbstgefälligkeit, der bis zur Selbstbestrafung und -verstümmelung führen kann. Unbedingte Aufrichtigkeit, die auch ein Ideal der sufischen *futuwwa* darstellt, Selbsttadel und das Verbergen der eigenen Frömmigkeit und guten Eigenschaften verstehen die Malamati als Zeichen der wahren Liebe zu Gott. Je mehr sich der Malamati von den Menschen und der diesseitigen Welt entfernt, desto mehr nähert er sich Gott. In dem von Sulami (941–1021) aus Nishapur verfaßten Traktat „Risalat al-malamatiyya" wird der frühe Sufi Abu Hafs al-Haddad (gest. 880/81 oder 883/84) zitiert, der die Malamati-Derwische wie folgt charakterisiert: „… sie halten also die Erweisungen Gottes an ihnen geheim, indem sie ihre prinzipielle Selbstverweisung und Selbstbekämpfung zur Schau tragen und die Menschen sehen lassen, was sie abstößt, auf daß diese sie ablehnen und ihnen ihr Zustand gegenüber Gott bewahrt bleibt. Das ist der Pfad (*Tarīk*) der ʿAhl al-Malāma" (Hartmann 1918: 160f.).

Die Malamati besitzen keine spezielle Tracht, gehen aber barfuß und tragen ihr Haar lang, unordentlich und ohne Bedeckung. Der Religionswissenschaftler Geo Widengren hat auf eine Parallele bei syrischen Wandermönchen und Asketen hingewiesen, die ebenfalls das Prinzip der Selbstverachtung (*shituta*) kannten. Er schreibt dazu: „… man soll einen *šātiā*, einen blödsinnigen oder verrückten Menschen darstellen, einen halb Mitleid, halb Verachtung erweckenden Dummkopf" (1953: 50). Hervorzuheben ist, daß die Malamati in der Regel nicht betteln, sondern für ihren Lebensunterhalt körperlich arbeiten. Ihre Ideale selbstloser Freigebigkeit und redlichen Teilens, ohne Dank zu erwarten, sind der ritterlichen Gesinnung der *futuwwa* verwandt. Im Hinblick auf das Gedankengut der Malamati gibt Annemarie Schimmel jedoch mit Recht kritisch zu bedenken: „Doch konnte diese an sich löbliche Haltung, die als Mittel gegen die schlimmste Herzenskrankheit, die Heuchelei, gedacht war, auf längere Sicht auch zu äußerlicher Zurschaustellung führen: dann war das exzentrische Benehmen nicht mehr eine Schutzhaltung, um Seelenreinheit zu bewahren, sondern eine eigene Lebensform" (1990b: 177).[22]

Besonders die Qalandar- und Naqshbandi-Derwische fühlen sich der Malamatiyya-Tradition verbunden. Einzelne Untergruppen von Malamati-Derwischen finden sich auch innerhalb der indischen Suhrawardiyya und Qadiriyya.

Majzub

Entweder unabhängig oder zu einer Bruderschaft gehörend und zwischen den Extremen von Askese und Lebensgenuß pendelnd, verkörpert der Majzub einen weiteren, ganz speziellen Typ des Ekstatikers. Von dem bei Rufaʿa in Sudan lebenden Majzub namens Salman at-Tiwali heißt es, daß er einen mit Glöckchen besetzten Frauengürtel trug und zur Trommel tanzte, die seine Sklavenmädchen schlugen. So versetzte er sich in einen Zustand der göttlichen Anziehung und Verzückung (*jazb*), in dem er ekstatische Rufe ausstieß. Nach hagiographischen Quellen umgab sich der Majzub Nur ud-Din Ishaq Qadiri aus dem südindischen Bijapur-Distrikt mit Tanzmädchen und pflegte den Tag mit ihnen zu verbringen. Der türkische, zur Bektashi-Tradition gehörende Heilige Piri Baba, der wahrscheinlich in der zweiten Hälfte des 15. Jahrhunderts lebte und ebenfalls als Majzub galt, hielt sich der Legende nach tagsüber im Heißraum (*külhan*) des Eski Hamam von Merzifon auf. Dort soll er als Badediener die Frauen mit Seife und Frottiertuch abgerieben haben. Ähnlich wird schon im Kontext des byzantinischen Christentums von dem „heiligen Narren" Symeon Salos (6. Jh.) berichtet, er sei nach seinem Aufenthalt in der Wüste in die syrische Stadt Emesa zurückgekehrt und habe dort nackt das Frauenbad aufgesucht – dank seiner abgeklärten asketischen Haltung vollkommen unbeeindruckt von weiblichen Reizen.

Solch ungesetzliches Verhalten, das die gesellschaftliche Ordnung umkehrte, wurde in der älteren Literatur immer wieder heftig kritisiert; so schrieben Burton und im gleichen Wortlaut auch Jaʿfar Sharif: „Der Majzub ist gewöhnlich ein ausgesprochener Wüstling und ein erfolgreicher Bettler" (Burton 1851: 218; Jaʿfar Sharif 1921: 294). Oft werden Majzub auch pejorativ als gewöhnliche „Wahnsinnige", „Verrückte" oder „gefährliche Heilige" angesehen. Meine eigenen Erfahrungen mit dem Majzub Gul Waris – genannt Mama Ji Sarkar – aus Rawalpindi, den ich 1988 kennenlernte und der Anfang 1991 verstarb, können dieses Bild nicht bestätigen (Abb. 13). Er war ein sanfter, Gott innig liebender Heiliger; manchmal erschien er geistesabwesend, zu anderen Zeiten gab er den ständig an seiner Bettstatt anwesenden Gläubigen

*Abb. 13: Der Majzub Mama Ji Sarkar aus Rawalpindi (Pakistan),
pakistanisches Heiligenbild/Aquarell*

Ratschläge, spendete ihnen Trost und predigte in einfachen, aber
sehr eindringlichen Worten die Liebe zu Gott und die Liebe zwischen den Menschen. Eine besondere Eigenart dieses Qalandar-
Qadiri-Heiligen, die sich auch bei anderen Majzub findet, war die
Erziehung und Heilung durch Blicke.[23] Die im Persischen als *na-
zarbazi* („Spiel mit Blicken") bezeichnete mystische Praxis ist in
Iran vor allem von den Khaksar-Derwischen bekannt. Daß Augen
tatsächlich Fenster der Seele sein können, zeigt auch der Gebrauch von Andachtsbildern – speziell Heiligenporträts – im
Rahmen des volkstümlichen Sufismus in Indo-Pakistan: Mit ihrer
Hilfe kann der *murid* in Augenkontakt zu seinem *sheikh* treten.

Geistesgestörte und Narren werden im islamischen Orient gemeinhin als Günstlinge Gottes angesehen. Die Irrsinnigen und
„weisen Narren" (*'uqala᾽ al-majanin*) gelten als durch Gott selbst
vom religiösen Gesetz befreit; sie besitzen die „Narrenfreiheit des
religiös Verstörten". Der bedeutendste dieser oft nur scheinbar
verrückten Narren und Mahner ist der aus zahlreichen Legenden
bekannte Buhlul al-Majnun aus Marokko, der Anfang des 9. Jahrhunderts verstarb. Auch Shudhi al-Halwi, ein im 12. Jahrhundert
im algerischen Tlemcen lebender Richter, gehört zum Kreis der

weisen Narren. Er gab plötzlich sein Amt auf und zog fortan als tanzender Derwisch durch die Straßen und verteilte Süßigkeiten (*halwa*) an die Kinder. Al-Halwi beeinflußte mehrere Sufis seiner Zeit nachhaltig. Ferner verkörperte Sidi ʿAbdur Rahman al-Majzub (gest. 1674/75) Weisheit und Narrentum in einer Person. Der Schutzpatron der marokkanischen Metzger und verehrte Heilige der Haddawa lebte wie ein antiker Kyniker, war unverheiratet, liebte die Frauen jedoch leidenschaftlich.

Innerhalb der Religionsgeschichte ist „die charismatische Qualität der ‚reinen Torheit'... in vielen Sekten-Bewegungen bezeugt" (Mühlmann 1961: 259). Ernst Benz hat dem ungewöhnlichen Frömmigkeitstyp des „heiligen Narren" im orientalischen Christentum eine eingehendere Studie gewidmet (Benz 1938). Neben Symeon von Emesa nennt er insbesondere den heiligen Andreas (gest. um 947 in Konstantinopel) als heiligen Narren. Nach Benz war dessen Lebensweise, mit der er sein vorheriges frommes Leben fortsetzte (das er als Asket in der Wüste verbrachte), „die höchste Form der Selbsterniedrigung und Selbstentäußerung" (1938: 7) vor Gott. Der heilige Narr kann sich unter dem Schutz der Narrenfreiheit an die Leute auf der Straße wenden und nicht zuletzt die Randseiter der Gesellschaft aufsuchen – Tanzmädchen, Prostituierte usw. –, also jene seelsorgerisch betreuen, die von den Vertretern der offiziellen Religion nicht erreicht werden. Da er die diesseitige Ordnung selbst als verrückt und dämonisch erkennt, sucht er durch Provokationen „die Narrheit der Welt dadurch aufzudecken, daß man ihr überall gegen den Strich redet und handelt. Es ist also der Gedanke von der verkehrten Welt, der zum Aufgreifen der Narrenrolle führt" (Benz 1938: 10). Das Narrenspiel erscheint als Beruf und Kunstfertigkeit mit spezifischen Verhaltensweisen und deutlichen Bezügen zum Gauklertum; so heißt es u.a., daß heilige Narren Schlangen und Skorpione berühren können, ohne dabei vergiftet zu werden.

Diagnosen der westlichen Medizin würden wohl ergeben, daß es sich bei manchen Majzub um Schizophrene, Hysteriker, Paralytiker oder um Epileptiker handelt. In einigen Fällen könnte man wohl auch Formen des Autismus feststellen. Aber wird man mit derartigen pathologischen Zuweisungen dem Erscheinungsbild und Wirken der Majzub und anderer Ekstatiker (etwa der Mast Babas in Indien) gerecht? Ich denke, man sollte gerade hier die emische Perspektive berücksichtigen, die Innenansicht der Kultur. Im Orient und in Südasien begegnen die Menschen auch wirklichen Geisteskranken mit einer bemerkenswerten Duldsamkeit und Nachsicht, da man ihr Krankheitsbild oft als Erscheinungen des Göttlichen begreift. Das außergewöhnliche Verhalten der Ekstatiker als simple Geistesgestörtheit zu interpretieren, verhilft sicher nicht zu seinem Verständnis. Können das Aufschreien der Majzub und ihre Eigenart, in Paradoxien zu sprechen, nicht spontaner Ausdruck der starken Ergriffenheit durch Gott sein? Ist das, was wir als mentale Verwirrung zu erkennen glauben, nicht vielmehr Zeichen mystischer Erfahrung und Erkenntnis – eine besondere göttliche Geistesgabe? Immerhin bezeichnete sich auch der Prophet Muhammad nach seiner ersten Vision als „verrückt". Dem Verstehen der betreffenden Phänomene dient auch ein Ausspruch des ägyptischen Shazili-Mystikers Ibn ʿAta Allah (um 1252–1309): „Wenn Er dich entfremdet von seinen Geschöpfen, so wisse, daß Er die Tür der Vertrautheit mit Sich auftun will." Meines Erachtens können wir in diesem Sinne bei den Majzub – ähnlich wie bei den Schamanen – eher von einer „Überwachheit des Bewußtseins" (J. Zutt) oder einer „Bewußtseins-Helligkeit" (K. Schneider) sprechen. So kann die Ekstase durchaus das Ergebnis einer spontanen Erleuchtung sein, welche von den Mitmenschen als segenbringend geachtet wird, und das exzentrische Verhalten der Majzub Ausdruck wirklicher Demut und Askese.

In diesem Zusammenhang ist auch der „religiöse Wahnsinn" (*divyonmada*) bengalischer Heiliger zu erwähnen, der in die *bhakti*-Tradition eingebettet ist. Ausdruck ihres Wahnsinns ist ein ekstatischer Zustand (*bhava*), in dem sich der Heilige (*bhakta siddha*) nach Gott sehnt, ihn in voller Hingabe liebt und zu einer seiner Erscheinungsformen wird. Die zur Vaishnava-Richtung gehörenden Ekstatiker erkennen *bhava* als Gnadengabe Krishnas und dessen Liebe als flüssig und daher trinkbar. Heilige der *shakta*-Tradition sehen sich demgegenüber als Kinder der Göttin Devi.

Sowohl für die bengalischen Mystiker als auch für andere Ekstatiker gilt jedoch, daß nicht jedes wahnsinnige oder exzentrische Verhalten den Betreffenden per se zu einem Heiligen erhebt. So wird Hajji Gul, den ich mehrere Male bei verschiedenen Aufenthalten in Peshawar traf, als geistesgestörter und exzentrischer Malang eingestuft, nicht jedoch als Majzub. Der aus einer guten Familie stammende Afridi-Pashtune spricht wirr und wird daher von anderen auch als *mastana* („berauscht", „wahnsinnig") bezeichnet.

Aufgrund ihres Zustands der Ergriffenheit haben Majzub ihre mystischen Erfahrungen fast nie in Texten ausgedrückt, so daß sich Orientalisten kaum näher mit ihnen auseinandersetzten. Dem Verständnis dieser von Gott Verwirrten dient die Etymologie des Wortes, mit dem sie von den Muslimen bezeichnet werden. Der arabische Begriff *majzub* ist von dem Verb *yazaba* – umgangssprachlich *jazaba* – abgeleitet (die Wurzel lautet *jzb*), das so viel bedeutet wie „hingezogen sein", „herangezogen sein". Ein Majzub wird also zu Gott „gezogen", er folgt seinem Ruf, sein Herz ist ganz von Gott gefangengenommen. Man erkennt das „Gezogenwerden" an ihm, das „Sich-öffnen-Lassen" zu Gott hin, d.h. wesentliche Elemente der Ekstase. Er hat das Licht Gottes sozusagen im Übermaß empfangen. Die mentalen Störungen zeigen, daß seine Seele davon überquillt und er von Gott absorbiert wurde. Es handelt sich mithin um eine Qualität oder einen Zustand der außerordentlichen Erwähltheit durch Gott – um eine Gnadengabe. Diese umfängt den Mystiker in der Regel permanent, doch gibt es auch Fälle, in denen der Betreffende nur für eine gewisse Zeit als Majzub lebt. So befand sich zum Beispiel der indische Sufi Ubaidullah Durrani (1907–1990) für die Dauer von zwei Jahren in einem *jazb*-Zustand, nachdem sein Meister Baba Taj ud-Din (gest. 1925) aus Nagpur ihm liebevoll auf den Rücken geklopft hatte.

Die Heiligenviten erwähnen zahlreiche Wundertaten der Majzub. Weiterhin erfährt man, daß sie oft nackt durch die Straßen wanderten, sangen und tanzten und Almosen an Bedürftige verteilten. So ging beispielsweise Mohammad Ji Barahua, ein *sheikh* der Shattariyya, der in der zweiten Hälfte des 16. Jahrhunderts im indischen Ahmadabad lebte, nackt umher. Auf die Nacktheit (Urdu/Hindi *nanga/nangi* = „nackt"), ein zumindest in Indo-Pakistan wohl von hinduistischen Asketen übernommenes Charakteristikum, verweisen bisweilen sogar die Namen der Ekstatiker: so etwa bei Shah Nangi Majzub oder Nanga Baba. In Ägypten werden nackte Majzub, deren Genitalien teils sichtbar sind, als *melbus* bezeichnet. Ein berühmter Majzub, der das „Kleid der Nacktheit" anlegte, war der begabte Dichter Mohammad Saʿid Sarmad (gest. 1661), von Hause aus ein wohlhabender armenischer Jude und Geschäftsmann aus Kashan (Iran), der sich unter dem Einfluß der Sufis zum Islam bekehrte. Auf einer Handelsreise 1632/33 verliebte er sich in einen Hindu-Jungen aus Thatta (Sindh), doch blieb seine Liebe zunächst unerfüllt. Fortan zog er nackt umher. Prinz Dara Shikoh (1615–1659), der Bruder des späteren Moghul-Kaisers Aurangzeb, wurde zum Schüler dieses nackten Ekstatikers. Von ihm ist der Vers überliefert: „Die Mißgebildeten hat Er bekleidet, dem Unbefleckten gab Er das Gewand der Nacktheit" (Schimmel 1985: 512). Die Nacktheit mancher Mystiker und Asketen kann als Erniedrigung vor Gott und als „vertrauensvolle Hingabe" (Goldammer 1960: 373) an den Höchsten gedeutet werden. (Auch im christlichen Kontext können Erwählte und Erlöste ein „Lichtkleid" tragen.) Solche Ekstatiker fühlen sich in Gott geborgen, sie benötigen nichts anderes als die Nähe zu Ihm. Dies erinnert an eine Vision vollkommener Entwerdung bei dem persischen Mystiker Ruzbihan Baqli (1128–1209), in der er sich – wie Moses – in der Wüste nackt tausendmal vor Gott im Staub rollt.

Ilah-Din (gest. 1557), ein Majzub aus dem nordwestindischen Narnaul, zog in alten und zerrissenen Kleidern umher, trug eiserne Ringe an den Füßen und sprach zu den Vorübergehenden immer wieder die Worte „Oh Gott komm! Oh Gott geh! Oh Gott setz dich!" Stundenlang stand er bewegungslos in Abfallhaufen. Sah er Gefangene, die zur Strafe mit den Beinen in den Stock geschlossen waren, so befreite er sie und fesselte sich selbst. Von dem Jerusalemer Heiligen Sheikh Dahud erzählt man, daß er sich von Tierkadavern ernährte; das Fleisch, daß er abschnitt, wurde auf wunderbare Weise sauber, warm und appetitlich. Sonderbar erscheint auch das Verhalten des Majzub Sayyid ʿAli (gest. 1499/1500), Schüler eines Chishti-Heiligen aus Jaunpur (Nordindien), der mit vier Frauen verheiratet war und manchmal das Flickengewand des Sufi trug und ein anderes Mal eine Soldatenuniform. Außergewöhnliches erfuhr ich von einem Majzub namens Qabal Istos (gest. in den 1980er Jahren), einem Waziri-Pashtunen, der in einer Koranschule studiert hatte und der nie seine täglichen Gebete versäumt haben soll. Es heißt, daß er mehrfach – unter Beobachtung von Zuschauermassen – auf Hochspannungsmasten geklettert sei, um dort mit bloßen Händen Elektrokabel aneinanderzuhalten, bis die Funken sprühten.

Wie die Begegnung mit solchen Ekstatikern verlaufen konnte, beschreibt Sayyid Athar Abbas Rizvi: „Im allgemeinen ignorierten die Majzub ihre Besucher oder schalten sie aus, beschimpften sie und bewarfen sie mit Steinen und Dreck; in ihrer Hingabe ertrugen die Anhänger diese exzentrischen Ausbrüche jedoch" (1983: 470). So war auch der Majzub und Malamati Sheikh Kamal (gest. 1573), der sich zur Qadiriyya zählte und in der Nähe von Sirhind lebte, bekannt dafür, Schaulustige mit Steinen zu bewerfen. Auf gleiche Weise wies ein im 16. Jahrhundert in Lahore wohnender Majzub den Naqshbandi-Sufi Khwaja Mohammad Baqi zurück, der bei ihm spirituelle Unterweisung suchte. Solch spontane, gewaltsame Reaktionen mögen wohl vorgekommen sein, doch werden sie in Gesprächen, die ich in Pakistan und Nordindien mit Sufis und Derwischen führte, nicht unbedingt mit Majzub in Verbindung gebracht, sondern eher mit Bettlern oder Geistesgestörten, die als *pagal* oder *mast* eingestuft werden.

Ein Majzub ist entweder bereits von Geburt an „entrückt", oder er hat – wie Annemarie Schimmel schreibt – „unter dem Schock einer mystischen Vision oder irgendeines anderen seelischen Erlebnisses seinen Verstand verloren" (1985: 39). Ein Beispiel hierfür gibt die Lebensgeschichte des Shah Birdi Bayat, eines bekannten indischen Majzub. Unter Prinz Kamran, Bruder des Moghul-Kaisers Humayun (reg. 1530–1556), bekleidete er einen hohen militärischen Posten in Gardez (Ostafghanistan). Die Beschneidung des künftigen Thronfolgers Akbar im März 1546 veränderte seine Psyche schlagartig: Er gab sein Amt auf, wurde zu einem Ekstatiker und begann, in den Straßen Kabuls kostenlos Wasser an Durstige auszuschenken. Er nannte sich fortan Bahram Saqqa, der „Wasserträger". Das Tragen und die Bereitstellung von Wasser ist im übrigen eine geradezu klassische Übung der Mildtätigkeit von Derwischen, die ebenso von maghrebinischen Mystikern, ägyptischen Derwischen und türkischen Mevlevi bekannt ist. Nachdem er nach Delhi gezogen war, lebte Bahram dort nahe dem Grab des Chishti-Heiligen Nizam ud-Din Auliya. Er schenkte weiterhin Wasser an Vorübergehende aus und begann, Gedichte zu schreiben. Ein Jahr später begab er sich nach Agra und stiftete ein *saqqa-khana* („Brunnenhaus mit frischem Wasser"). Dort war auch Kaiser Akbar häufiger zu Gast und lauschte seinen Gedichten. Bahram starb 1562/63 in Bengalen. – Manch einer ist wohl auch durch eine unglückliche Liebe verwirrt worden, gab dann alles Irdische auf und wählte das Dasein eines Majzub. Als Beispiel dafür stehen etwa Ranjha und Mahinwal, die Heroen aus zwei der populärsten Epen des Panjab. Andere wieder mögen durch die Erfahrung von Intoleranz und Unduldsamkeit seitens der Orthodoxen zum Majzub geworden sein. Was immer im jeweiligen Fall der Wendepunkt im Leben gewesen sein mag, wesentlich ist die tiefe Erfülltheit durch Gott, die den Verwirrten in den Augen seiner Mitmenschen als Majzub erscheinen läßt.

Viele der Derwische, die sich im 17. und 18. Jahrhundert im südindischen Bijapur aufhielten, werden in der hagiographischen Literatur als Majzub bezeichnet. Die meisten sind namentlich bekannt, und einiges ist aus ihrer Lebensgeschichte und ihrem Wirken überliefert worden. Ein populärer, zur Chishtiyya gehöriger Majzub war Shah Amin ud-Din 'Ala (1597–1675), der als *sajjada-nishin* von Miranji Shams ul-'Ushshaq (gest. 1499) den Derwischkonvent auf dem Shahpur-Hügel bei Bijapur leitete. Als gebildeter, aus dem ländlichen Milieu stammender Sufi zog er neben Muslimen auch viele Hindus an, unter ihnen vor allem Lingayat-Asketen. Die Worte, die er in Ekstase ausrief, schrieben seine Schüler teilweise nieder. Ähnlich wie Hallaj verurteilte man ihn aufgrund seiner Äußerung, er habe an der Göttlichkeit Allahs Anteil, als Häretiker. In seinem – in Dakhni verfaßten – „Risala-yi wujudiya" kann man seine „ketzerischen" Worte, die ihn mit Allah gleichstellen, nachlesen: „Du hast mein Licht (Seele) zu einem Spiegel deines Selbst gemacht. Und dieses Licht hast Du mit Deinen Eigenschaften gefüllt – als ein verborgener Schatz. Die Eigenschaften sind mir gegeben worden, das Lob gilt jedoch Dir. Wie kann ich dann zwischen Dir und mir unterscheiden?" (Eaton 1978: 247)

Majzub gab und gibt es selbstverständlich nicht nur in der östlichen islamischen Welt, sondern auch im Westen (vor allem in Marokko und Ägypten). Berühmt ist der Marokkaner Sidi 'Abdur Rahman (1503–1565), ein Majzub und wandernder Dichter, der durch zahlreiche bittere und sarkastische Verse auffiel. Im ägyptischen Assiut lebte im 19. Jahrhundert Sheikh Saqqa, auch Saqqa al-Majzub genannt, der keiner Bruderschaft angehörte. Es heißt, er sei ein ordentlicher und sauber gekleideter Mann gewesen, der wenig sprach, sich ganz von der Welt zurückzog und niemals das *kanabah* („Kanapee") in seinem Haus verließ. Andere, zum Teil auffällig gekleidete Majzub in Nordägypten, vor allem in Tanta, sind für ihr ekstatisches Körperverhalten (Keuchen, ruckartiges Zurückwerfen des Kopfes, Augenrollen etc.) bekannt, das von Rufen wie *Allah* und *madad* („Hilfe!") begleitet wird. Catherine Mayeur-Jaouen hat über den dort lebenden wundertätigen Sayyid al-Askari (gest. 1979) berichtet, der durch seine Nacktheit (außer einem weiten Umhang trug er kein weiteres Kleidungsstück) und durch sein ganzes Verhalten (er umarmte Frauen auf der Straße) schockierte.[24]

Wie die einzelnen Beispiele von Majzub gezeigt haben, gibt es im Erscheinungsbild und Verhalten dieser zu Gott hingezogenen Ekstatiker und Charismatiker beträchtliche Unterschiede. Gemeinsam ist ihnen jedoch, daß ihre Umgangsformen und Anschauungen fast immer dem religiösen Gesetz widersprechen und sie oft Rauschmittel wie Opium, Haschisch und Wein zu sich nehmen. Der Majzub verkörpert ein Extrem innerhalb des Spektrums sufischer Erfahrungswelten: Jemand, der permanent in diesem Zustand lebt, hält auf dem mystischen Wege an und schreitet nicht mehr fort. Daher wird innerhalb der Bruderschaften vielfach davor gewarnt, einen Majzub zu seinem spirituellen Führer zu nehmen.

Im folgenden wenden wir uns nun einzelnen *bi-sharʿ*-Bruderschaften zu, in denen eine auffallende Nähe zum Malamatitum und zum Frömmigkeitstypus des Majzub deutlich wird.

Qalandar

Das *malamat*-Prinzip wurde insbesondere von den Qalandar-Derwischen übernommen und wird noch heute von ihnen gelebt. Ihre Bruderschaft, die Qalandariyya (Kalenderiyya), stellt – wie die übrigen „freien" Derwischgruppen – eine Bewegung gegen die etablierten Sufi-Bruderschaften, die großen Schreine orthodoxer

Heiliger und allgemein gegen die dominante soziale und politische Ordnung mit den ihnen eigenen Normen und Werten dar.[25] Ihre provozierende Haltung, gegen alle herrschenden Konventionen gerichtet, wird auch in einem Vers Sana'is (gest. 1131) deutlich: „Auf dem Weg der Qalandar ist der Schaden ein Nutzen; Askese, Vorsicht und Gebet Schall und Rauch" (Haas 1988: 33). Die meisten Qalandar ziehen als Wanderderwische durch die Lande, leben zölibatär und suchen ekstatische Erfahrungen, berauscht von der Liebe Gottes.

Die Qalandar-Bewegung entstand vermutlich im ostiranisch-mittelasiatischen Raum. Zum ersten Mal trat sie im frühen 13. Jahrhundert in Damaskus in Erscheinung – während der Mongoleneinfälle in West- und Mittelasien, also einer Zeit der Zerrüttung und Kriegswirren. Verschiedene zeitgenössische Quellen nennen als Gründer die beiden *sheikh*s Jamal ud-Din (gest. 1218) und Mohammad ibn Yunus (gest. 1232), die aus dem iranischen Sawa vor den Mongolen geflohen waren. Sie verbreiteten die Qalandar-Ideen in der zweiten Dekade des 13. Jahrhunderts. Daneben wird auch der spanische Araber Yusuf al-Andalusi (gest. 1323/24) erwähnt, der ursprünglich zur Bektashiyye gehörte, jedoch, von dieser ausgestoßen, in der Türkei eine eigene Qalandar-Bewegung aufbaute. Im Laufe des 13. Jahrhunderts tauchten die ersten Qalandar-Derwische in Anatolien, Iran und Mittelasien auf. Dort scheinen sie extreme schiitische Ideen, wie etwa die Vergöttlichung 'Alis, verbreitet zu haben. Zur gleichen Zeit gründete der Iraner Hassan al-Jawaliqi einen Qalandar-Konvent in Kairo. Bereits unter der Regierung Iltutmishs, des Sultans von Delhi (reg. 1211–1236), soll Kizr Rumi, ein Schüler des Mohammad ibn Yunus, die Qalandariyya aus Anatolien nach Nordwestindien gebracht haben. Andere Quellen nennen im Hinblick auf die Verbreitung der Bewegung in Indien noch 'Abdul 'Aziz Makki und Rumis Schüler Sayyid Najm ud-Din Ghaus Qalandar, der zugleich ein Anhänger des Chishti-Heiligen Nizam ud-Din Auliya (1239–1325) war und vor allem in der Umgebung von Jaunpur wirkte. Khizr Rumi entwickelte enge Beziehungen zu dem Chishti-*sheikh* Qutb ud-Din Bakhtiyar Kaki (gest. 1235), und in der Folge wurden viele Qalandar-Derwische in die einheimische Chishti-Bruderschaft aufgenommen. Als wohl berühmtester Vertreter dieser Richtung gilt schließlich Sheikh Bu 'Ali Qalandar (gest. 1324) aus Panipat, der seit seinem 60. Lebensjahr innerhalb der Chishtiyya ein Qalandar-Leben führte; er soll von Khizr Rumi und Najm ud-Din Ghaus Qalandar selbst in das Qalandartum eingeführt worden sein. Auf dem Subkontinent etablierte sich die Qalandariyya als Bruderschaft mit deutlich schiitischen oder besser alidischen Zügen; so verwendeten die Derwische seit Qutb ud-Din Sarandaz Jaunpuri (gest. 1518), dem vierten Nachfolger Khizr Rumis, als *zikr*-Formel die Anrufung an die fünfköpfige heilige Familie. In der Türkei wurden besonders von der Mitte des 15. Jahrhunderts bis in die erste Hälfte des 16. Jahrhunderts zahlreiche *kalenderhane*, Qalandar-Konvente, gestiftet. Damals unterstützten offenbar die Mevlevi-Derwische die Qalandar-Bewegung. Klaus Kreiser bemerkt dazu: „Jedenfalls scheinen die Qalandar-Derwische eine Zeitlang so etwas wie einen radikalasketischen, das heißt natürlich auch zölibatären Zweig oder Flügel der *mevlewiyye* … gebildet zu haben" (1990: 209). In Mittelasien blühte die Qalandar-Bewegung insbesondere unter deren Führer Sheikh Safa aus Samarkand.

Zu den berühmtesten Heiligen Pakistans gehört Lal Shahbaz Qalandar, der die Geisteshaltung des Malamatitums vertrat und als Qalandar lebte. Das Herz trunken und berauscht von der Liebe Gottes, vermochte er nicht zwischen gesetzlich Erlaubtem und Verbotenem zu unterscheiden. Die auf ihn zurückgehende Lal Shahbaziyya gilt mitunter als *bi-sharʿ*-Zweig der orthodoxen Suhrawardiyya, da man den Heiligen auch als Schüler des Suhrawardi-Meisters Baha ud-Din Zakariya (1171–1262) aus Multan ansieht. Weil er überdies in einem freundschaftlichen Verhältnis zu Jalal ud-Din Surkhposh Bukhari (1192–1291) stand, zieht sein Heiligtum in Sehwan (Sindh) auch die Jalali-Derwische an.

Qalandar erreichen den spirituellen Zustand nicht durch die im institutionalisierten Sufismus üblichen mystischen Übungen, sondern durch unmittelbare göttliche Erleuchtung. Völlig hingegeben in die Betrachtung Gottes, seiner Schönheit und Herrlichkeit, ertrinken sie gleichsam in Gott und halten sich nicht für das verantwortlich, was sie tun. Tadel oder Lob kümmern sie nicht. Bei diesen Wanderderwischen par excellence hat man auch von einer „Vergnügtheit des Herzens" (*tibat qulubihim*) gesprochen, die schon Omar Khayyam (gest. 1132) und Farid ud-Din ʿAttar (gest. um 1220) in ihren Gedichten als Wesenszug umherziehender Mystiker nannten. Es heißt, daß sie unbekümmert in den Tag hinein leben, ihr Dasein genießen, Wein trinken und sich nicht selten auch der körperlichen Liebe bedenkenlos hingeben. – In der persönlichen Begegnung mit Qalandar-Derwischen sind mir allerdings Zweifel an der Gültigkeit einer solch allgemeinen Charakterisierung gekommen, die ja primär auf ältere mystische Schriften und Gedichte zurückgeht. Die Gemeinsamkeiten beschränken sich – zumindest heute – auf die provozierende, anti-orthodoxe Qalandar-Haltung, das ungebundene Leben als Wanderderwisch und die äußerliche Tracht. Die Ausprägungen des „ungebundenen" Verhaltens der Derwische können stark differieren. Jedenfalls traf ich häufig Qalandar, die asexuell leben, etwa die Mitglieder der Barri Imamiyya.

Ihre Tradition geht auf den in Nurpur bei Islamabad (Panjab) begrabenen Heiligen Barri Imam zurück, der eigentlich Sayyid ‘Abdul Latif Shah (1617–1705/06) hieß. Er gilt als Majzub und gehört von seiner mystischen Orientierung her zur Qadiriyya und Qalandariyya. Der Legende nach zog er im Alter von zwölf Jahren mit seinen Eltern von seinem Geburtsort Morsakharsal (bei Chakwal/Potohar-Region) nach Bagh-i Kalan (innerhalb des heutigen Islamabad). Als Hirte hütete er das Vieh in den Wäldern der Umgebung. Sein Vater erkannte schließlich die spirituellen Neigungen des Sohnes und ließ ihn religiös weiterbilden. Nach ausgedehnten Reisen im Nahen und Mittleren Osten kehrte er in die Berge bei Nurpur zurück, wo er als Qalandar lebte und asketische Übungen durchführte. Zusätzlich zu den bekannten vierzigtägigen Fastenperioden verbrachte er zwölf Jahre stehend im Wasser des Neelum-Flusses, wobei er zum Skelett abmagerte. Danach traf er seinen Lehrer Zinda Pir (ein im Panjab üblicher Begriff für den Heiligen Khizr), der ihn als *pir* anerkannte. Die Art dieser bemerkenswerten *chilla*-Übung und die Bestätigung durch einen übernatürlichen Heiligen wie Khizr, dem Züge einer Wasser- und Vegetationsgottheit eignen, unterstreichen hier das Qalandartum Barri Imams.

Ein Grund für die fehlende Einheitlichkeit im Verhalten der Qalandar-Derwische mag auch in der erwähnten Verbindung zu anderen Bruderschaften wie der Chishtiyya, Suhrawardiyya oder der Qadiriyya liegen. Bei Derwischen, die einer dieser Richtungen angehören und gleichzeitig als Qalandar leben, habe ich oft

warmherzige Menschlichkeit und ausgesprochenen Gemein-
schaftssinn erfahren. Andererseits spürt man bei manchen der allein umherziehenden Qalandar-Derwische noch etwas von der
Ablehnung und Verdrießlichkeit, ja Unnahbarkeit, die den frühen
Asketen des Islam nachgesagt wird. Letztere lebten einsam und
sprachen mit Abscheu und Verachtung vom Diesseits, so ist von
ihnen der Ausspruch überliefert: „Die Welt ist eine Latrine. Zu
einem solchen Platz geht man nur, wenn man dazu gezwungen
ist" (Andrae 1960: 84). Die heutigen Qalandar, etwa in Indo-
Pakistan, führen ein Leben zwischen Genuß und asketischer
Weltabkehr, manche in überzeugender Einfachheit und Selbstlo-
sigkeit, durchdrungen von der Liebe zu Gott. Andererseits trifft
man auch auf „Scheinderwische", denen das Qalandar-Gewand
als Deckmantel für kriminelle Handlungen dient und denen man
mißtrauen sollte. Allerdings habe ich selbst nie erlebt, daß Qalandar-Derwische „menschliche Lebensformen überhaupt völlig
vernachlässigen", wie F. Babinger im „Handwörterbuch des Islam" unter dem Stichwort Kalenderiya vermerkt.[26]
Das von der Norm abweichende Verhalten und die sonderbare
Kleidung der Qalandar, Malang und anderer Ekstatiker haben jedoch noch eine andere Konsequenz: In den Augen der Bevölkerung gelten sie oft als gefährlich oder gar kriminell. Sie sind allgemein bekannt für ihren erheblichen Wortschatz an Flüchen und
für ihre Verwünschungen. Man fürchtet, daß sie – bei einer gegen
sie ausgesprochenen Beleidigung – Schadensmagie anwenden
und Unheil heraufbeschwören. Beschwörungsformeln sowie be-
schwörende Gebete sind gerade von den Gründern und Heiligen
„freier" Derwischbruderschaften überliefert. Zahlreiche Geschichten erzählen, wie Herrscher, die Derwische beleidigten, von
Unglück, Krankheit oder Tod heimgesucht wurden. So brach
etwa unter Sultan Jalal ud-Din Feroz Khilji (reg. 1290–1296) in
Indien landesweit Dürre und Hungersnot aus, nachdem der berühmte Derwisch Sidi Maula aufgrund einer falschen Anschuldi-
gung zum Tode verurteilt und auf königliche Anweisung von
Elefanten niedergetrampelt worden war. Bekannt ist ferner der
Fall von Mohammad Amin Khan, dem Wesir des Moghul-Kaisers
Mohammad Shah, der am 27. Januar 1721 eines plötzlichen und
unerklärlichen Todes starb, nachdem er einige Tage zuvor einen
muslimischen Fakir namens Naranjan hatte brutal mit Schlägen

bestrafen lassen, obwohl dessen Vergehen – den Herrscher ver-
höhnt zu haben – keineswegs erwiesen war.

Manche der wandernden Qalandar-Derwische wirken unge-
wöhnlich und befremdlich, erscheinen von ihrem Auftreten her
düster und angsteinflößend. Gerade solche Menschen gelten jedoch als kraftbegabt und prädestiniert für magisches Handeln. Sie
verkörpern das Unheimliche, mitunter sogar Grauenvolle, das er-
schauern läßt, aber eben auch einen Aspekt des Göttlichen und
Heiligen darstellt. Magische Kräfte können sowohl von göttlichen
Gestalten ausgehen – wie häufig in mythischen Erzählungen berichtet wird – als auch von einfachen Derwischen, mental Gestörten oder Angehörigen zigeunerähnlicher peripatetischer Gruppen. Immer wieder sind es gerade die Wandernden und Fahrenden, denen das Befremdliche eignet und denen Schwarze Magie
nachgesagt wird.

Was sind nun die äußeren Zeichen dieser bizarren Qalandar-
Derwische, und was wissen wir über ihre alltägliche Lebensweise?

Allgemein bekannt ist, daß die meisten Qalandar als bettelnde
Wanderderwische durch die Straßen ziehen und manche von ihnen auch Heiligenschreine hüten, um ihrem *pir* zu dienen. Völlig
auf Gott vertrauend, leben sie sorglos in den Tag hinein, konsumieren Drogen und provozieren ihre gesetzestreuen Mitmenschen. Genauere Beschreibungen liegen von Reisenden aus Mittelasien vor. So heißt es in einer atmosphärischen Schilderung des
Straßenlebens von Samarkand: „Überall ein Lärmen und Surren in
der Luft, dazwischen der eigenartige, langgezogene Gesang der
herumziehenden Derwische, die bettelnd durch die Straßen gehen. Sie tragen kunstvoll gestickte phrygische Mützen mit einem
Rand aus zottigem Schafpelz ...“ (Willfort 1930: 37). Ergänzend
dazu bemerkt Heinrich Moser 1888 aus Bukhara: „Ein zerlump-
ter, mit Fetzen verschiedenfarbiger Stoffe ausgeflickter Chalat ist
ihr Kleid; der Hals bleibt nackt, das Hemd fehlt gewöhnlich ganz;
die nackten Beine stecken in unglaublichen Pantoffeln und eine
spitze Mütze deckt den Kopf; an einem über die Brust geschlungenen Gurt tragen sie eine Kokosnuß oder einen Kürbis zur Aufnahme der Gaben der Gläubigen, bei welchen sie in hohem Ansehen stehen. Mit langen Stöcken bewaffnet durchwandern sie die
Bazars, brandschatzen alles, was ihnen in den Weg kommt und
unterbrechen nie ihre betäubenden Anrufungen“ (1888: 164).

Neben der typischen Derwischtracht – bestehend aus Flicken-mantel, Mütze und Bettelschale – sind gerade die rasierten Kör-perhaare – sowohl Haupthaar als auch Bart, Augenbrauen usw. – charakteristische Merkmale der Qalandar. Mit der Rasur des Haupt- und Barthaars entsprechen sie im übrigen ganz dem Glatzkopf, einem besonderen Typ des antiken Mimenschauspie-lers (Lat. *mimus calvus*). Das Abscheren des Kopfhaars als Zei-chen absoluter Askese findet sich auch bei buddhistischen Heili-gen und in der Tonsur christlicher Mönche. Es verweist deutlich auf das zölibatäre Leben des Asketen: „Er muß die Sterilität des alten Mannes nachahmen, dessen Haar ausgefallen ist und der nicht länger ein Verbindungsglied in der Kette der Generationen ist" (Zimmer 1972: 175). Karl Gottlob Schelle deutet schon 1797 in seiner „Geschichte des männlichen Bartes" darauf hin (225–230, Kap. 10), daß seit der Antike sowohl im Orient als auch in Europa das Abrasieren des Bartes die größte Beleidigung dar-stellte und den Betreffenden dem öffentlichen Spott aussetzte. Die Qalandar haben also auf diese Weise ein Malamati-Ideal verwirk-licht. Angeblich gehen solche Bräuche, die gegen die orthodoxen religiösen Vorschriften verstoßen, auf Sheikh Jamal ud-Din von Sawa zurück und wurden offenbar auch von den Bektashi über-nommen. Der attraktive Jamal ud-Din, der zu Beginn des 13. Jahr-hunderts in Damaskus studierte, soll sich damals durch eine derartige Rasur dem heftigen Liebeswerben einer Frau entzogen haben, die sich bei seinem Anblick entsetzt abwandte und ihn aus ihrem Haus werfen ließ.

Befremdlicher noch als die Rasur der Augenbrauen, die sich auch bei Malang und Angehörigen anderer „freier" Bruderschaf-ten findet, erscheint das Durchstechen der Hände, Ohren und selbst des männlichen Gliedes, um eiserne Ringe hindurchzufüh-ren. Diese Zeichen der Buße und Keuschheit, die wahrscheinlich nur einige extreme Qalandar-Gruppen oder einzelne Ekstatiker trugen, bezeugten vermutlich einen höheren Grad der Initiation. Wenn die durch den Penis gezogenen eisernen Ringe tatsächlich so dick waren, wie auf den spätmittelalterlichen Derwischbildern dargestellt, dann müssen sie auch durch Harnröhre und Schwell-körper gebohrt worden sein und damit Erektion und Geschlechts-verkehr unmöglich gemacht haben. Bei den von europäischen Malern hergestellten Stichen ist jedoch wohl gerade bei diesem pikanten Detail mit erheblichen Übertreibungen zu rechnen. Ein geschickter Spezialist – üblicherweise der *hajjam* (Barbier und Chirurg) – konnte durchaus einen Eisenring von einer etwas geringeren Dicke so durch die Faszien zwischen Urethra und Corpus cavernosum bohren, daß die Erektionsfähigkeit nicht beeinträchtigt wurde.[27]

Richard Burton erwähnt jedoch bei seiner Beschreibung eines Initiationsritus, der Mitte des 19. Jahrhunderts am Schrein von Lal Shahbaz Qalandar in Sehwan stattfand, keine Anbringung solcher eisernen Ringe am Körper des Neophyten.[28] Er berichtet, daß die Schreinwärter (*mujawer*) nach der obligatorischen Rasur der Körperhaare das Gesicht des Initianten schwärzten und ihm eine Schnur um den Hals banden. Dann reichten sie ihm einen Spiegel und fragten ihn, wie ihm sein Aussehen gefalle. Er antwortete: „Sehr gut." Als nächstes brannten sie mit einem glühenden Eisen ein Mal auf seine Schulter, zogen ihn nackt aus und rieben seinen Körper mit der Asche von Kuhdung ein. Darauf trugen sie ihm auf, in die Welt hinauszuziehen und sich sein Brot fortan zu erbetteln. – Es heißt, daß sich gelegentlich auch geachtete Bürger in dieser Weise initiieren ließen, um etwa zur Erfüllung eines Gelübdes für einen bestimmten Zeitraum als Qalandar zu wandern.

Wie O. Olufsen berichtet, führten die mittelasiatischen Qalandar-Derwische um die Jahrhundertwende ein für „freie" Bruderschaften relativ geordnetes Leben und beachteten das Zölibat.[29] In Städten wie Khiva oder Bukhara besaßen sie am Ortsrand in Friedhofsnähe einen eigenen Konvent (*qalandar-khana*). Der Novize mußte eine fünf- bis sechsmonatige Probezeit einhalten, die er nachts betend und wachend an einem Heiligengrab verbrachte. Erwies er sich als zum Derwisch geeignet, so legte ihm der *qalandar-baba* die Derwischtracht an. Sie bestand aus einem Gewand aus Kamelhaar, einer spitzen Mütze, Bettelschale und breitem Gürtel sowie einer schwarzen Schnur, die um den Kopf gewunden wurde. Der neue Derwisch schloß sich einer der singenden und bettelnden Qalandar-Gruppen an und zog mit dieser umher; abends mußten sie die erhaltenen Almosen dem Oberhaupt des Konvents abliefern.

Khaksar/Haidari und Jalali

Die Mitglieder der volkstümlichen iranischen Derwischbruderschaften der Khaksar bzw. Haidari bilden den iranischen Zweig der Qalandariyya und bezeichnen sich selbst auch als Qalandar. Sie haben mit ihrer qalandarhaften Lebensführung das heutige Bild des Haschisch und Opium rauchenden, mit seiner Bettelschale umherwandernden Derwischs in Iran entscheidend geprägt. Nach Richard Gramlich sind es diejenigen, die in der Vergangenheit „mit ihren Streichen die Leute belustigten oder belästigten, die den Kranken für teures Geld ihre Wundermittel aufdrängten und selten weiterzogen, ohne aus dem Aberglauben und der Wundersucht des Volkes ihren Nutzen gezogen und ein paar Betrogene zurückgelassen zu haben, die man aber immer wieder gern kommen sah, weil sie in die Eintönigkeit des Alltags ihre heitere Abwechslung brachten" (1965: 70). Gramlich betont, dieses Bild der gauklerhaften Khaksar sei inzwischen veraltet; es treffe lediglich bis in die ersten Jahrzehnte des 20. Jahrhunderts zu, heute fänden sich höchstens noch Reste davon. In Verhalten und Aussehen haben sich die Khaksar in der Neuzeit den übrigen schiitischen Derwischbruderschaften des Iran angeglichen.

Die Khaksar-Derwische führen nicht nur Haidari als Beiname, sondern nennen sich zum Teil auch Jalali. Es ist anzunehmen, daß sie ursprünglich eine Verbindung zu dem in Uchch (Südpanjab) begrabenen Sheikh Jalal ud-Din Surkhposh Bukhari hatten, der den Jalali-Zweig der Suhrawardiyya begründete. Die Khaksar selbst führen diese Bezeichnung auf ihren Pol Sultan Jalal ud-Din Haidar zurück, über den jedoch keine genaueren historischen Daten vorliegen; wahrscheinlich lebte er im 18. Jahrhundert. Der Begriff Haidari ist anscheinend älter, denn unter diesem Namen ist seit dem 13. Jahrhundert der stark schiitisch geprägte, in erster Linie iranische Zweig der Qalandariyya bekannt.

Als Gründer der Haidariyya wird ein turkstämmiger Heiliger namens Qutb ud-Din Haidar (gest. ca. 1221/22) erwähnt, der sich in Sawa, dem späteren Turbat-i Haidari, aufhielt und dort auch begraben wurde. Eine Legende berichtet, daß er im Sommer durch ein Feuer wandelte und im Winter im Schnee zu stehen pflegte. In Ekstase soll er mit bloßen Händen rotglühende Eisenstäbe zu Halsreifen und Armbändern gebogen haben. Manche Haidari-Derwische tragen daher eiserne Ringe in den Ohren – ähnlich den shivaitischen Kanphata-Yogi – sowie in den Händen und dem Glied. Da beide Enden des durch den Penis gezogenen Ringes mit einem Siegel versehen wurden, nannte man diesen *sikh-i muhr* („versiegelter Eisenspieß").

Als bedeutender Haidari-Heiliger in Indien gilt Sheikh Abu Bakr Tusi Haidari, der Mitte des 13. Jahrhunderts in Delhi lebte. Einzelne Wanderderwische, die sich als Haidari bezeichnen, findet man bis heute auf dem gesamten Subkontinent, überwiegend in Bengalen und der Gegend von Jaunpur. Nicht alle von ihnen zeigen ein solch exzentrisches Äußeres und Verhalten wie die eben erwähnten. Sabir ʿAli etwa, den ich beim Nähen einer Derwischmütze und -weste antraf, weicht in seinem Äußeren und seinen Lebensgewohnheiten nicht allzusehr vom Normalen ab. Er lebt am Schrein von Bibi Pak Daman in Lahore und lebt von Almosen. Um weitere Gaben zu erhalten und seinen Heiligen zu dienen, fegt er den Weg zum Schrein. Sabir ʿAli, der sich selbst als Haidari-Qalandar bezeichnet, hieß früher Sher Mohammad; den Derwischnamen erhielt er im Traum von seinem *murshid* Lal Shahbaz Qalandar.

Ergänzend sei darauf hingewiesen, daß in Nordafghanistan in zwei Dörfern (bei dem Ort Qaisar/Fariab-Provinz) eine kleine peripatetische Gruppe namens Haidari lebt. Ihre Mitglieder sind als Eisenschmiede tätig und führen Beschneidungen durch. Bisher liegen jedoch keinerlei Angaben über ein Bettlertum oder derwischähnliche Gauklerpraktiken vor.

Die Bruderschaft der Khaksar bzw. Haidari ist überall in Iran verbreitet, ihre Hauptkonvente befinden sich in Teheran und Mashhad. Die Zahl ihrer Mitglieder wird heute auf etwa 1000 bis 3000 geschätzt. Bekannt sind die Khaksar und ihre Anhänger für ritualisierte blutige Straßenkämpfe, die sie am ʿashura-Tag im schiitischen Trauermonat *muharram* mit den verfeindeten Niʿmatullahi-Derwischen vor allem in den Städten austrugen.

Zur qalandargemäßen Lebensweise dieser sich explizit als *darwish* bezeichnenden Mystiker und Asketen gehörte gerade auch das Ideal der Armut. Bereits der persische Begriff *khak-sar* (*khak* = „Staub", „Erde") in der Bedeutung von „arm", „niedrig", „demütig" weist darauf hin. Richard Gramlich erläutert weiter:

„… sie wollen sich den Genuß am Heute nicht damit verderben, daß sie Güter, die sie erst morgen brauchen, schon jetzt mühsam erwerben. Wenn sie aus freien Stücken arm sind, dann nicht weil sie an Gott allein genug haben, sondern weil ihnen der Genuß, den der Augenblick bietet, genügt" (1976: 435).

Die Khaksar unterscheiden zwischen sieben Graden der Zugehörigkeit zur Bruderschaft, die den sieben Stufen des mystischen Weges entsprechen und ihren Ausdruck in den Aufnahmeriten finden. Sie heißen: Die Zunge, Der Becher, Das Gewand, Die Übergabe der Blume, Die Übergabe des Hauptes, Die Übernahme eines Leuchtenträgers, Armut und Entwerden. Auf jeder dieser Stufen werden vom Novizen bestimmte religiöse Eigenschaften erwartet, angefangen vom Gehorsam gegenüber dem *sheikh* und guten Taten über fortschreitende mystische Erkenntnisse und Verinnerlichung bis zum Entwerden in Gott. Die Aufnahme in die Bruderschaft und der Eintritt in die hierarchisch gegliederten Stufen des mystischen Weges sind durch komplexe und elaborierte Riten markiert – mit Bewährungsproben, zeremoniellen Waschungen, Anlegen bestimmter Kleidungsstücke, Rezitationen, Namengebung usw.

Daß ein Khaksar-Derwisch auch von seinem durch die Bruderschaft empfohlenen traditionellen Wanderleben abweichen konnte, zeigt der historische Fall – sicherlich eine Ausnahme – des Tardi Beg Khaksar, der unter dem Moghul-Kaiser Babur (reg. 1494–1530) zum Armeeoffizier ernannt wurde. Nachdem der aus Kabul stammende Khaksar-Derwisch dem Herrscher jahrelang treu gedient hatte – die Liebe zum Wein verband übrigens beide –, nahm er auf eigenen Wunsch im Jahre 1527 sein Qalandar-Leben wieder auf.

Die mit den Khaksar/Haidari verwandten Jalali – sie nennen sich selbst auch *khaki* („mit Staub bedeckt") – leben in Indo-Pakistan. Ebenso wie bei den Khaksar/Haidari liegen ihre Wurzeln in der orthodoxen Suhrawardiyya. Als Gründer der Jalali-Bruderschaft gilt der bereits erwähnte Jalal ud-Din Surkhposh („mit rotem Gewand"). Er stammte aus Bukhara und ließ sich in Uchch im südlichen Panjab nieder. Sein Nachfolger wurde der berühmte Jalal ud-Din Makhdum-i Jahaniyan (gest. 1385), der den Beinamen Jahangasht („Weltdurchwanderer") trug und als sehr gesetzestreu bekannt war. Die Jalali-Derwische bzw. -Fakire besitzen enge Beziehungen zu den Gruppen der Malang und besuchen zudem regelmäßig das Grab von Lal Shahbaz Qalandar in Sehwan.

Mit dem Begriff *jalali* sind eigentlich die schrecklichen und angsteinflößenden Attribute des Derwischseins gemeint, wie sie etwa dem Chishti-Heiligen ʿAla ud-Din ʿAli Ahmad Sabir (1198–1291) aus Kaliar (Panjab) zugeschrieben werden, vor dessen Ausstrahlung sich die Menschen fürchteten und der deshalb in großer Einsamkeit lebte. Nach Annemarie Schimmel bedeutet *jalali* so viel wie „dem Aspekt der furchtbaren göttlichen Majestät zugehörig sein" (1983 a: 15). Einerseits bezeichnet der Begriff *jalali* also – ebenso wie *malamati*, *qalandar*, *malang* usw. – eine *bi-sharʿ*-Bruderschaft, andererseits bestimmte charakteristische Eigenschaften und Lebensumstände. Es gibt Derwische, die in ihrem Verhalten und ihrer Lebensweise den Merkmalen verschiedener Gruppen gerecht werden, so etwa die Qalandar-Malang.

Zu Aussehen und Tracht der Jalali-Derwische heißt es, daß sie ihr Gesicht oft halb schwärzen und ihren Körper mit Asche einreiben. Um die Hüften tragen sie ein Tuch (*lungi*), um den Kopf legen sie sich oft schwarze Schnüre oder binden sich große Turbane aus Stroh oder Leder. Neben Halsketten und Gebetsschnüren aus Fruchtschalen, Samen und Stoff tragen manche am Arm ein Amulett in Form des Prophetensiegels sowie gläserne Armreifen. Zur Ausrüstung der Jalali gehören ferner Bettelschale, Wanderstock und Blashorn.

Bei der Initiation müssen die Novizen ihre früheren Kleider verbrennen. Man rasiert ihnen Haupt- und Körperhaare, einschließlich der Augenbrauen und Wimpern, nur an der rechten Schläfe bleibt – wie bei manchen Chishti – eine Locke (*chonti*) übrig. (Die Rasur der Kopf- und Gesichtshaare mit Ausnahme einiger langer Locken am Hinterkopf gehört zu einer bis heute an Schreinen praktizierten Zeremonie, durch die man zum Diener [*balaka*] eines Heiligen wird.) Die Jalali erhalten auf dem rechten Oberarm zudem ein Brandmal.[30]

Es heißt, daß die bettelnden Jalali-Derwische neben Rauschmitteln auch Speisen zu sich nehmen, die als unrein und verboten gelten. Ferner sind sie – ähnlich wie die nahöstlichen Rifaʿi-Derwische – für Gauklerpraktiken bekannt. Sie verschlucken Schlangen und Skorpione, die sie als Fische und Garnelen des Imams ʿAli bezeichnen.

Im Nordosten Afghanistans lebt übrigens eine kleine peripatetische Gruppe, deren Mitglieder sich als Jalali bezeichnen. Nach Aparna Rao sollen manche von ihnen als professionelle Bettler tätig sein, andere als Musiker und Bärenschausteller umherziehen. Ursprünglich stammt diese Jalali-Gruppe aus der pakistanischen Region um die Städte Dera Ismail Khan und Dera Ghazi Khan.

Malang

In Südasien und Afghanistan bezeichnet der Begriff Malang oft allgemein einen Wanderderwisch, der keiner speziellen Bruderschaft angehört. Überhaupt fällt eine genaue Abgrenzung zu den Qalandar, Khaksar, Jalali usw. schwer. So bezeichnen sich etwa Malang, die eine Zugehörigkeit zur Chishtiyya oder Qadiriyya angeben, zusätzlich als *qalandari*. Die bettelnden Malang, die man vor allem im Panjab, in Sindh und Nordindien trifft, werden von den gesetzesgläubigen *pir* oft scharf verurteilt. Sie führen ein auf Gott gerichtetes Leben, und viele von ihnen entsagen der Welt. Diejenigen, die sich nicht entschieden vom Diesseits abwenden, folgen darin dem Vorbild des frühen Bagdader Sufi Ruwaim (gest. 915).

Auch wenn die Malang eher einen losen Verband, eine freie Gruppe von individuellen Ekstatikern bilden und weniger eine eigene Bruderschaft, sind sie doch mit bestimmten Heiligen assoziiert – so verehren sie etwa Lal Shahbaz Qalandar in Sehwan, Sakhi Ghulam Qadir bei Pakpattan, Jhangi Shah bei Sialkot und Barri Imam in Nurpur.

Die in Nordindien lebenden Malang sind Anhänger Zinda Shah Madars (Badi ud-Din Madar Shah) und seines Schülers Jamanjati und heißen somit Madari. Ihr Heiliger, ein spiritueller Nachfolger Taifur Bistamis, starb im 14. oder 15. Jahrhundert (mögliches Datum: 1434) und wurde im nordindischen Makanpur (Kanpur-Distrikt) beigesetzt. Einer Legende nach soll er ein Alter von 124 Jahren – nach einer anderen gar von 400 Jahren – erreicht haben; im Volksglauben wird er deshalb als *zinda pir* („lebender Heiliger") verehrt, der lebendig begraben wurde. Seine Langlebigkeit bzw. Unsterblichkeit soll er speziellen Yogi-Atemtechniken zu verdanken haben. Shah Madar gilt ebenso als Schutzpatron der muslimischen und hinduistischen Gaukler, Tierschausteller und Akrobaten.

Zum Aussehen der Madari-Derwische bzw. -Fakire heißt es, daß sie entweder schwarze Kleider tragen – wie die Malang am Schrein von Lal Shahbaz Qalandar – oder nackt mit Asche eingerieben gehen, ähnlich den hinduistischen Samnyasin. Manchmal binden sie einen schwarzen Turban um und führen schwarze Fahnen mit. Ihr Haar lassen sie lang wachsen und binden es hinten zu einem Knoten zusammen. Als „Gottesgefangene" tragen sie um Hals und Taille eiserne Ketten oder Seile, die sie u. a. beim Betteln gebrauchen: Sie befestigen eine Kette an einem ihrer Fußgelenke, werfen sie aus und ziehen sie wieder zurück, um auf sich aufmerksam zu machen. Mit Ketten behangene Malang trifft man auch am Grab Sakhi Ghulam Qadirs. Hier bezeugen die Ketten, daß sich die Malang als Gefangene und Sklaven Sakhis betrachten, darüber hinaus symbolisieren sie die Blumengirlanden, die der Heilige so sehr liebte. Ähnliche Eisenketten legten sich übrigens die den antiken Kynikern nahestehenden Wanderasketen des Vorderen Orients sowie die syrischen Säulenheiligen um den Körper.

Malang, bekannt für ihren exzessiven Haschischgenuß, pflegen an ihrem Lagerplatz bei einem oder auch zwischen mehreren Feuern zu sitzen, die Tag und Nacht brennen – eine Sitte, die auf Gebräuche hinduistischer Asketen zurückgeht. Solche Feuer gelten als heilig, und ihre Asche wird häufig zu Heilzwecken verwendet.

Madari-Malang sind zudem berühmt für ihren ekstatischen Ruf *dam Madar* („Bei dem Atem [Leben, Geist] Madars"), den sie bei ihrem Lauf über glühende Holzkohlefeuer ausstoßen. Er soll vor Schlangenbissen und Skorpionstichen schützen. Die Madari erzählen dazu folgende Geschichte: Der Prophet Muhammad wanderte auf seiner Himmelsreise zum Paradies. Das Tor war jedoch kaum zu passieren, denn es war schmaler als ein Nadelöhr. Der Erzengel Gabriel riet ihm daraufhin, *dam Madar* zu rufen, und das Tor zum Paradies öffnete sich weit.

Katherine Ewing berichtet von Malang im Panjab, die von einem Schrein zum anderen wandern,[31] wobei sie unterschiedlich lang an einem Ort verweilen: manchmal nur wenige Tage, manchmal über einen längeren Zeitraum hinweg – dann, wenn sie

*Abb. 14: Derwische, die unter Bäumen rasten, Miniatur, um 1650
(Moghul-Reich/Indien)*

sich in den Dienst des (meist verstorbenen) Heiligen des jeweiligen Schreins stellen. Häufig bewachen und unterhalten sie kleinere Schreine und einfache Heiligengräber, in Städten überwiegend in Wohnvierteln der Unterschicht gelegen. Der Malang reinigt die Grabstätte und zündet Öllampen an, verköstigt manchmal die Besucher – zumindest mit Tee – und nimmt Spenden entgegen. Vom Ansehen und der Autorität des verstorbenen Heiligen sowie vom Alter und der Größe des Heiligtums hängt es ab, ob der Derwisch Respekt genießt, ihm Würde und Bedeutung zuerkannt werden. „Große" Malang haben bisweilen Schüler (*chela*) oder „kleine" Malang, die ihnen dienen, indem sie Essen zubereiten oder erbetteln, die Pfeife stopfen und Haschischzigaretten drehen. Das Rauchen von *charas* und Trinken von *bhang* – beides Cannabis-Präparate – gelten als Mittel, den Geist nach innen und damit auf Gott hin zu lenken. Alkohol hingegen lehnen die Malang ab, da er nach außen gerichtet ist und gewalttätig macht.

Zu ihren Hauptaktivitäten gehört das Feiern des ʿurs. Handelt es sich um einen größeren Schrein, so lädt der Nachfolger (*gaddi nishin*) des Heiligen auch die Malang und Anhänger anderer *pir* zu diesem Festtag ein. Von ihrem jeweiligen Aufenthaltsort ziehen die Derwische in kleinen Prozessionen zum Schrein, wobei einer von ihnen eine Fahne trägt, und betteln, um für die Veranstaltung des ʿurs zu sammeln. Bei der Ankunft am Grab begrüßen sie ihren Heiligen in einer bestimmten ritualisierten Form. Während des ʿurs singen und tanzen sie.

Die folgende Bemerkung Harald Einzmanns über afghanische Malang trifft ebenso auf andere Ekstatiker dieser Art zu: „Die als außerordentlich, ja auch als absonderlich betrachtete Lebensweise der Malang bringt es mit sich, daß sich unter diesen Sonderlingen auch häufig Menschen befinden, die aufgrund körperlicher oder geistiger Defekte zu einem Leben am Rande der Gesellschaft gezwungen sind" (1977: 79). Solche mental gestörten Menschen gibt es tatsächlich innerhalb der Gruppe der Malang: Manche reden unverständlich, und es ist mitunter schwer oder unmöglich, mit ihnen zu kommunizieren. Doch trifft man andererseits nicht selten Malang, die freundlich Fragen nach ihrem Lebenswandel beantworten, den Fremden gastlich betreuen und ihn durch ihre einfache Frömmigkeit und Hingabe zu Gott beeindrucken. – Einige Malang und Majzub, denen ich in Indo-Pakistan begegnete,

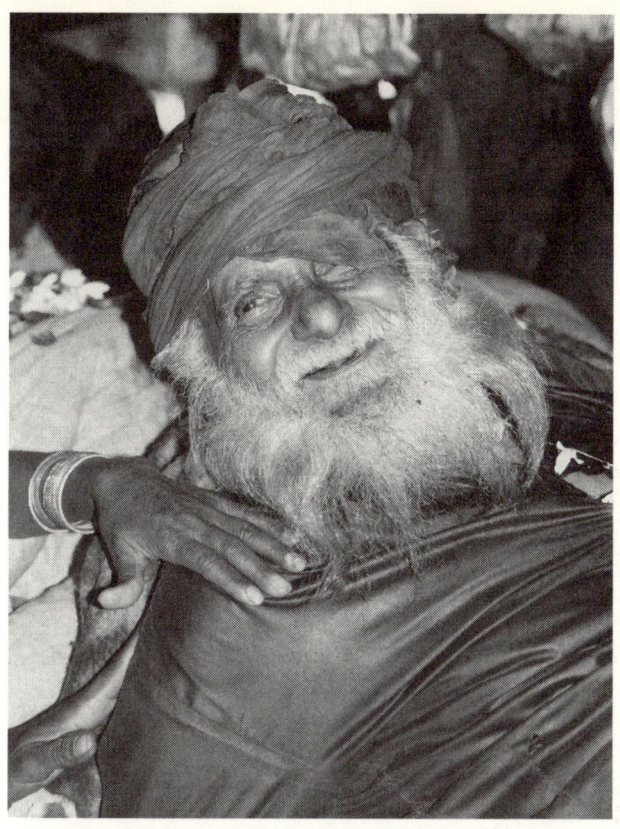

Abb. 15: Mastana Baba aus Udaipur (Rajasthan/Indien)

schienen mir wie von einem göttlichen Strahl getroffen, bisweilen wohl auch von einem Funken, in dem Licht und Finsternis zusammenfallen: So etwa im Panjab der Heilige Gul Waris (gest. 1991), genannt Mama Ji Sarkar (Abb. 13), oder der entrückte Mastana Baba (gest. 1998) aus Udaipur (Rajasthan; Abb. 15).[32] Wie viele andere Derwische trugen auch sie langes, ungeschnittenes Haar, das bei Mystikern und Asketen allgemein als Sitz der Lebensenergie und der magischen Kräfte gilt. Man denke an den Gott Shiva in seiner Erscheinung als *mahayogi*, der seine langen, geflochtenen Haarlocken zu einer Art Pyramide aufgetürmt hat. Sain ʿAbdul Majid, ein geachteter „großer" Malang, der sich zur

Abb. 16: Sain ʿAbdul Majid aus Nurpur (bei Islamabad/Pakistan)

Qadiriyya-Chishtiyya bekennt, lebt seit etwa 17 Jahren auf einer Plattform unter Mangobäumen in Nurpur, wo er seinem *pir* Mama Ji Sarkar eine Andachtsstätte gebaut hat (Abb. 16). In seiner bescheidenen, freundlichen Wesensart und seiner unmittelbaren Kommunikation mit Gott verkörpert er für mich den Typ des Mystikers, der die Ideale des einfachen Derwischtums praktiziert. Ein alter Malang, der seit etwa 14 Jahren als Schuhputzer vor dem Sindbad-Hotel in Peshawar sitzt, wird respektvoll als „Baba" angeredet, seinen richtigen Namen scheint niemand zu kennen. Es heißt, daß dieser weißbärtige Mann mit Flickenkappe, Amreifen und zahlreichen Fingerringen etwas wirr im Kopf sei. Meine Bemühungen um ein Gespräch wies er mürrisch ab, doch hat er in seinem Beruf feste Kunden, mit denen er sich unterhält.

Abschließend sei noch auf einen wichtigen und bemerkenswerten Aspekt der Mystik hingewiesen, der für Malang und Derwische anderer „freier" Bruderschaften charakteristisch erscheint: Sie treten häufig in phantastischen Kostümen auf, zum Teil auch in Frauenkleidern; die meisten von ihnen tragen Schmuck, etwa eine Vielzahl von Fingerringen, Arm- und Fußreifen, Halsketten, Ohrringen usw. Die weiblichen Attribute in Kleidung, Haartracht und Schmuck machen die feminine Rolle deutlich, die der Malang mit seinem Lebenswandel einnimmt. Katherine Ewing hat darauf hingewiesen, daß er außerhalb der „normalen" sozialen Welt eine Position innehat, die jener der Frauen diametral entgegengesetzt ist: Diese verbleiben – entsprechend der üblichen Geschlechtertrennung – in einer privaten Sphäre, in die die männlichen Familienmitglieder regelmäßig hinüberwechseln.[33] Der Malang hingegen kleidet sich feminin, heiratet nicht und betrachtet sich – ähnlich einer christlichen Nonne – als mit Gott verlobt, als „wahre Braut" (*sada suhagan*) Gottes, in manchen Fällen auch des Propheten oder des Imams ʿAli, aber er lebt in der „öffentlichen" Sphäre. Übrigens sind Liebesbeziehungen zu übermenschlichen Wesen auch aus anderen Kulturen bekannt, so etwa von den Bergvölkern des Hindukusch und Karakorum. Dort sind es Schamanen, Seher und zumeist unverheiratete Außenseiter der Gesellschaft, die sich mit einer Fee „mischen" und sogar sexuellen Kontakt mit ihr haben. Der Tod des Derwischs schließlich gilt, wie bereits erwähnt, als Hochzeit der Seele mit Gott, wobei die Seele, die sich nach Vereinigung mit dem göttlichen Geliebten sehnt – beeinflußt durch die mystische Volkspoesie des Indus-Tales und das Hindu-Ideal der *virahini* (der sich nach ihrem Ehemann verzehrenden Frau) –, die Rolle der Braut einnimmt.

Ganz deutlich wird diese Idee der „Brautmystik" bei den Mitgliedern der Suhagiyya, einem *bi-sharʿ*-Zweig der Suhrawardiyya. Als ihr Gründer gilt der aus Ahmadabad stammende Musa Shahi Suhag (gest. 1449), ein Anhänger von Sheikh Jalal ud-Din Surkhposh. Er wollte nicht das übliche Leben eines *sheikh*s führen, sondern verbarg seine spirituellen Fähigkeiten, indem er sich unter die allgemein verachteten, tanzenden und auf Saiteninstrumenten musizierenden *hijra/khusra* (kastenartige Gruppe von Transsexuellen, Eunuchen und Transvestiten) zurückzog. Sein Beiname *suhag* („Braut") weist darauf hin, daß er sich wie eine verheiratete Frau kleidete. Seine Anhänger, die Sada Suhagin-Derwische, tragen nach dem Vorbild ihres Gründers rote Frauengewänder und reichen Schmuck. Nach hagiographischen Quellen soll Musa Suhag Gott als Ehemann angerufen haben. Im Gewand islamischer Häresie scheint bei den Suhagin der Überrest eines archaischen, in Indien beheimateten kultischen Transvestitentums greifbar.[34] Wie Gisela Bleibtreu-Ehrenberg treffend für Südasien bemerkt, dient es – „… wenn es sich bei der verehrten numinosen Gestalt um einen Gott handelt – der Anähnelung an die Frau, um so die individuelle Verbindung mit dem männlichen Gott in Form eines Liebesverhältnisses zu konstituieren" (1984: 114). Dieses Verhältnis kann – wie in hellenistischen Mysterienkulten – als geschlechtliche Vereinigung aufgefaßt werden, durch die sich der Mensch das innerste Wesen der Gottheit aneignet. So identifizieren sich etwa bei den Sakhi-bhavaka, einer Untergruppe der bengalischen Sahajiyya-Baul, die rituellen Geschlechtsverkehr praktizieren und denen auch muslimische Sekten angehören, als Frauen verkleidete Männer mit Radha, der Geliebten Krishnas.

Bei einzelnen Malang, denen ich begegnete, möchte ich – aufgrund ihrer hohen weiblichen Stimmlage – nicht ausschließen, daß sie sich kastrieren ließen oder selbst kastriert haben. Die Gründe dafür könnten entweder in einer „Anähnelung" an das weibliche Geschlecht im Sinne einer Rolle als „Gottesbraut" liegen oder streng asketisch in einer willentlichen Verstümmelung im Kampf gegen die eigene Triebseele. Hier sei eine Legende angemerkt, die überliefert, daß auch Hakim Sultan – ein Hauptjünger des Haci Bektaş – keine männlichen Geschlechtsteile besaß. An Heiligenschreinen in Nurpur und Kandarkas (North-West Frontier Province/Pakistan) traf ich dem Anschein nach Transsexuelle mit sehr weiblichen Körperformen und – anders als bei Transvestiten – ohne ausgestopfte Büstenhalter, die sich als Malang bezeichneten. Auch Katherine Ewing hat aus Lahore von solchen liminalen, zwischen den Geschlechtern stehenden Persönlichkeiten berichtet.[35] Androgynie spielt in der Mystik im Sinne der Vereinigung von männlichen und weiblichen Kräften eine wichtige Rolle. Diese Vorstellungen sind sicherlich auf shivaitischen Einfluß zurückzuführen.

Weitere *bi-sharʿ*-Bruderschaften

Auf dem indo-pakistanischen Subkontinent leben eine Reihe kleinerer muslimischer Fakir-Kasten und „freier" Bruderschaften, über die bisher noch sehr wenig bekannt ist. Neben den bereits erwähnten Musa Suhagi und Dafali sind noch die Alif Shahi, Shamsi, Benawa, Imam Shahi und Bhand zu nennen.[36]

Von den Imam Shahi weiß man, daß sie – wie viele andere Gruppen auch – das Zölibat befolgen und ihr Gesichtshaar rasieren. Bei Jaʿfar Sharif lesen wir: „Ihr unterscheidendes Merkmal ist ein schmaler senkrechter Strich, der von der Nasenspitze bis zur Stirnhöhe gezogen ist" (1921: 296). Diese Imam Shahi, als Bruderschaft im 16. Jahrhundert von Imam Shah in Pirana (Gujarat) gegründet und auch als Satpanthi („die auf dem rechten Weg") bekannt, bilden eine Sondergruppe, die ismailitische Vorstellungen mit hinduistischen Ideen zu verbinden sucht.

Die Shamsi führen sich auf den Wanderderwisch Shams ud-Din Tabrizi (gest. 1248) zurück, einen engen Freund Rumis. Im Mittelalter ist ihr Auftreten auch im Osmanischen Reich belegt, wo sie von ihrem Erscheinungsbild und Verhalten her den Qalandar sehr ähnlich waren.

Ekstatische Musik gehört zu den Vorlieben der Benawa, einer Abspaltung der Qadiriyya, die auch Nawshali genannt werden.

Eine weitere *bi-sharʿ*-Gruppe bilden die im Panjab verbreiteten Suthra (Suthreshahi), die singend umherziehen und einen Stab tragen, mit dem sie auf ihre eisernen Armreifen schlagen.

Die nordindischen Chhalapdar-Fakire, die sich auf den durch seine Wundertaten berühmten Sayyid Ahmad Kabir zurückführen, singen Hymnen und spielen dazu Zimbel und Schellentrommel; bekannt sind sie auch für außergewöhnliche Formen der Ekstase, wie den Lauf durch ein Feuer.

Die Husseini Brahmin ziehen als wandernde Gruppe durch Nordindien und Kashmir und erzählen gegen Almosen die Geschichte Imam Husseins. Sie leben ferner vom Betteln und Wahr-

*Abb. 17: Eine kleinköpfige chuhi („Rättin") des Heiligen Shah Daula,
Sahiwal/Panjab (Pakistan)*

sagen. Es heißt, daß sie besondere Verehrer Muʿin ud-Din Chishtis seien.

Die „Fakire" des Suhrawardi-Heiligen Shah Daula Daryai
(1581–1674/75) sind kleinköpfige (mikrozephale) Menschen, die
diesem Heiligen geweiht und mit seinem Schrein in Gujarat
(Panjab) assoziiert sind (Abb. 17). Sie erbetteln sich ihren Lebensunterhalt in ganz Pakistan. Ein solcher Kranker, der als „Ratte"

(*chuha*) bezeichnet wird, hat jeweils einen gesunden männlichen oder weiblichen Führer, der ihn füttert und sich um sein Obdach kümmert. Letzterer „mietet" den *chuha*, um sich durch die Bettel-einnahmen ein Auskommen zu sichern. Beide „Fakire" erscheinen in ihrer Lebensweise den Derwischen angeglichen. Manche Pan-jabi, mit denen ich sprach, stellten eine Verbindung zwischen den mikrozephalen *chuha*s und den Eigenschaften eines Majzub her.

Ebenfalls im Panjab trifft man die Lali Shah-Fakire, Anhänger von Lal Shahbaz Qalandar und mithin eine Untergruppe der Qa-landariyya, deren Gewand an der Taille mit Glocken besetzt ist und die um die Knöchel ein Schellenband tragen. Bei ihrem Rei-gentanz spielen sie als zusätzliches Klanginstrument die *chimta*, ein feuerzangenförmiges Musikinstrument. Auch sie ziehen mit der Bettelschale umher, wobei sie sich besonders an Frauen wenden, indem sie Verse wie den folgenden singen: *„Mai, de Lali nun manni. Teri nuh ave lammi!"* („Mutter, gib dem Lali ein Stück Brot. Du wirst eine schöne Schwiegertochter bekommen!")

Am Ganges leben die sogenannten Dandi-Fakire, Bettler, die sowohl aus muslimischen als auch aus hinduistischen Familien kommen. Einer Vorschrift nach dürfen sie pro Tag nur von höch-stens drei Personen Almosen entgegennehmen; falls dies nicht zur Ernährung reicht, müssen sie fasten.

Hussein Shahi

Etwas mehr wissen wir über die Hussein Shahi, die einen *bi-shar'*-Zweig der Qadiriyya bilden. Ihr Gründer, der Heilige Shah Hussein Lahori (1539–1593), war der Sohn eines Webers; man nannte ihn auch Lal Hussein („Roter Hussein"), weil er seit seiner Kindheit Kleider aus rotem Stoff bevorzugte. Mit der Erkenntnis des Koranverses 6/32 – „Und das irdische Leben ist nur ein Spiel und ein Scherz ..." – hatte sein Leben einen Wendepunkt erreicht. Er verließ die Koranschule, an der er studierte, und streifte etwa 20 Jahre lang durch die Wälder um Lahore. Manche Nacht weilte er am Grab von Data Ganj Bakhsh, dem großen Qadiri-Heiligen von Lahore. Andere Nächte soll er stehend im Ravi-Fluß ver-bracht haben, den Koran auswendig rezitierend. Später zog er als Malamati singend und tanzend durch die Straßen der Stadt, trank exzessiv Wein und war für seine skandalösen Auftritte weithin bekannt. Er hatte das Glück, unter dem toleranten Moghul-Kaiser Akbar zu leben, der den exzentrischen Heiligen wohl auch selbst kennenlernte. Von der Liebe zu Gott berauscht, verfaßte Shah Hussein mystische Gedichte (*kafi*) in Panjabi, in denen er vor allem seine Liebe zu dem jungen Hindu Madho (gest. 1646/47) besang. Madho wurde ein Schüler des Heiligen und bekehrte sich schließlich zum Islam. Hussein ist in Lahore gemeinhin als Madho Lal Hussein bekannt, ein Name, der die starke Bindung zwischen den beiden Liebenden ausdrückt.

Rasul Shahi

In der späten Moghul-Zeit, im 18. Jahrhundert, entstand die Bruderschaft der Rasul Shahi, eine *bi-shar'*-Gruppe der Suhrawardiyya, die sich in Gujarat, dem Panjab – mit dem Zentrum in Lahore – und in Delhi (dort Chhalapdar genannt) verbreitete. Die Gründung geht auf einen Derwisch namens Rasul Shah aus Alwar zurück. Seine Anhänger sind überzeugt, daß die Seele des *pir* bei seinem Tod in den Körper eines der Ihrigen eintritt und diesen so zum rechtmäßigen Nachfolger bestimmt. Derartige Vorstellungen einer Seelenwanderung sind der islamischen Häresie allgemein nicht fremd und finden sich im besonderen auch bei Shihab ud-Din as-Suhrawardi (1153–1191). Die für ihren exzessiven Genuß von Wein und Haschisch sowie für Schaustellungen berühmten Rasul Shahi leben zölibatär und ernähren sich von Almosen. Auf dem Kopf tragen sie ein weißes oder rotes Tuch, das in der charakteristischen Form einer spitzen Mütze gebunden ist. Gesicht und Körper reiben sie mit Asche ein. Wie die Qalandar und Jalali rasieren sie sich Haupthaar, Augenbrauen und Bart ab. An den Füßen tragen sie Holzstelzsandalen – ein Brauch, den sie wohl von den Hindu-Fakiren übernommen haben.

Sidi-Fakire

Die Kaste und Bruderschaft der muslimischen Sidi-Fakire in Westindien (vor allem in Gujarat) geht auf schwarze Sklaven zurück, die seit dem Mittelalter vor allem aus Ostafrika nach Indien gelangten. Die dem Ideal des *mastfakir*, eines „berauschten", „verrückten" Narren (ähnlich dem Majzub), verpflichteten Fakire

sind in den Kult des abessinischen Heiligen Bava Gor eingebunden.[37] Zu seinem Schrein in der Region Rajpipla heißt es: „Im
‚Palast' von Bava Gor werden die Werte des Islam in ihrer Ne-
gation inszeniert, hier ist Raum für ungehemmte körperliche
Schauspiele, für die Trance der Besessenen, für Tänze, die gestisch
soziale Normen verhöhnen und mit denen eine allgemeine Grenz-
auflösung angestrebt wird. Der Kult von Bava Gor setzt der
Ernsthaftigkeit des orthodoxen Glaubens den Spaß als höchstes
rituelles Ziel entgegen" (Basu 1994: 23). Als Wandermusikanten,
Tänzer, Spaßmacher und clowneske Unterhalter entsprechen die
Sidi-Fakire also nicht den Sufi-Typen des Gelehrten oder des
Weltentsagers. Symbol ihres spezifischen, von den schwarzen
Heiligen ererbten Charismas sind die „krausen Haare" (*kinga-
riyale val*). In einer wichtigen rituellen Rolle an den Heiligen-
schreinen sind sie als Heiler von Besessenheit und weiblicher
Unfruchtbarkeit tätig.

Diwana

Aus Mittelasien liegen Nachrichten über einen besonderen Typ
des Wanderderwischs vor, über die Diwana (Diwaneh, Duana,
Diwanä). Als Gründer und Schutzheiliger dieser „freien" Bruderschaft gilt der legendäre Sheikh Burkhi, der auch Baba Burkh genannt wurde. Bis etwa in die 1920er/1930er Jahre zogen die Diwana, in ihrem Äußeren und Auftreten den Qalandar und Majzub
ähnlich, durch Mittelasien. Man beschreibt sie als vor Liebe
wahnsinnig Gewordene (*majnun*), als Besessene, fromme Narren
und erpresserische Bettler. Bei der einheimischen Bevölkerung
galten sie jedoch auch als Heiler und Beschützer der Armen.
Olufsen begegnete einigen dieser Ekstatiker in Bukhara. Er no-
tierte, daß sie absonderlich gekleidet waren, einen Speer in der
Hand trugen, auf Kuhhörnern bliesen und manchmal auf Stek-
kenpferden ritten. Berichten aus Ostturkestan zufolge führten die
Diwana neben einem großen Flaschenkürbis – als Almosenbe-
hälter – einen mit klappernden Metallringen besetzten Rasselstab
mit sich, um beim Betteln die Leute auf sich aufmerksam zu machen.

Vielfach handelt es sich um einzelne psychisch besonders dis-
ponierte Ekstatiker, die als Diwana bezeichnet werden: So zum

Beispiel der von Evliya Çelebi erwähnte skurrile Derwisch Ahmad Dede, angeblich der Khalwatiyya angehörend, der an einer Straßenecke Istanbuls saß und Tiergehörne sammelte. Sobald er ein solches Geschenk erhielt, begann er zu tanzen. Amin-e Diwaneh war ein verzückter, exzentrischer Lautenspieler aus Afghanistan, der ähnlich einem Malang auftrat.[38] Er starb Ende der 1960er Jahre in Herat. Mit teils entblößtem Oberkörper, Metallamulette um den Hals gehängt, zog er in den letzten Jahren seines Lebens in Herat und Umgebung von einem Heiligenschrein zum anderen. Dort spielte er seine Langhalslaute (*dutar*) für die Malangs und rauchte Haschisch mit ihnen. In der Bevölkerung war der ekstatische Musiker als Diwaneh bekannt, als jemand, der aus Liebe zu Gott „wahnsinnig" geworden war.

ʿAbdalan-i Rum

In frühosmanischer Zeit zogen die bettelnden ʿAbdalan-i Rum (Rum Abdallari) – „die Verrückten Ostroms" – durch Anatolien.[39] Lediglich in Tierfelle gehüllt, ansonsten nackt, gingen sie barfuß einher. Sie rasierten ihren Kopf und andere Gesichtshaare, waren auf dem Oberkörper tatauiert und trugen einen silbernen Ring im Ohr. Zu ihrer Ausrüstung gehörten Äxte, Keulen, Holzschwerter und Musikinstrumente. Solche Derwische, die im 15. Jahrhundert den asketischen ʿAbdal-Heiligen Otman Baba (gest. 1478/79) in Rumelien und dem östlichen Balkan begleiteten, sollen zumindest teilweise aus verarmten Hirtenfamilien der Yörük-Bevölkerung gekommen sein. Als Verehrer ʿAlis waren die ʿAbdalan-i Rum geistige Vorläufer der Bektashi, von denen sie offenbar im 16. Jahrhundert völlig absorbiert wurden.

In der Türkei gehörten die ʿAbdal zur häretischen Glaubensgemeinschaft der Kizilbash/Aleviten und waren hauptsächlich als Musiker, Spezialisten für Beschneidungen, Schmiede und Wahrsager tätig. In Mittelasien – vor allem in den Oasen des südwestlichen Tarim-Beckens (Ostturkestan) – leben ʿAbdal zum Teil bis heute als wandernde Bettler, Beschneider, Musiker und Hersteller von Sieben, Besen, Löffeln, Säcken usw.; einige von ihnen sind seit der zweiten Hälfte des 19. Jahrhunderts seßhafte Bauern geworden. Die sich dort selbst als Äynu bezeichnende Volksgruppe hat in ihrem Wortschatz nicht nur persische Elemente, sondern auch solche eines mittel- und vorderasiatischen Argots bewahrt.[40] Gleichnamige peripatetische Gruppen, die typischen zigeuner- ähnlichen Beschäftigungen nachgehen, existieren vereinzelt noch in West-, Süd- und Zentralanatolien sowie in Nordsyrien: „Sie pflegen in kleinen Trupps zu vier oder fünf Männern mit oder ohne Frauen und Kinder als ‚Derwische' bettelnd umherzuziehen, häufig mit einer grünen oder roten Fahne" (von Luschan 1927: 163). Meines Erachtens darf man auch bei den wandernden ʿAbdal-Derwischen davon ausgehen, daß sie zumindest zum Teil aus dem Gauklertum hervorgingen, denn manche Gruppen nord- syrischer ʿAbdal bestreiten ihren Lebensunterhalt noch immer als Gaukler und Schlangenbeschwörer: Gegen Entgelt ziehen sie sich eiserne Stacheln durch die Haut und nehmen glühende Koh- lestücke in den Mund. Derartige Schaustellungen und Fakirkunst- stücke sind ja für viele *bi-sharʿ*-Gemeinschaften der islamischen Welt bezeugt.

Bektashi

Deutliche Einflüsse der Schia sind im Glaubensgut und Brauch- tum der als stark heterodox eingestuften Bektashiyye festzustel- len, einer seit dem 14./15. Jahrhundert in der Türkei bestehenden volkstümlichen Bruderschaft. Bis zum Beginn des 16. Jahrhun- derts zogen sie noch als musizierende Wanderderwische umher, die sich beispielsweise – wie Qalandar und ʿAbdal – Kopf- und Gesichtshaare rasierten. Später entwickelte sich die Gruppe unter dem Druck des osmanischen Staates zu einer etablierten Bruder- schaft, die allerdings immer noch für ihr abweichendes Verhalten bekannt war.

Als Stifter wird der halblegendäre, aus Bukhara oder Khorassan stammende Haci Bektaş verehrt, der in der zweiten Hälfte des 13. Jahrhunderts in Kleinasien lebte. Wie in vielen anderen Fällen handelt es sich bei ihm wohl nicht um einen eigentlichen Grün- der, sondern einen später erwählten Schutzpatron. Neben engen Bezügen zu den Zwölfer-Schiiten haben die Bektashi mit ihrer esoterischen Buchstabensymbolik Elemente der schiitischen Hu- rufi-Sekte aufgenommen, die auf Fazlullah Hurufi (1339–1401), einen Sektierer aus dem nördlichen Iran, zurückgeht. Darüber hinaus bewahrten sie vor- und nicht-islamisches Gedankengut –

Abb. 18: Bildnis eines Bektashi-Derwischs, Mazedonien

etwa aus Christentum, Buddhismus und antiken Religionen. H.-J. Kissling hat zusammenfassend bemerkt: „Neben den heterodoxen Bestandteilen ihrer religiösen Vorstellungswelt hat bei den Orthodoxen vor allem die Liberalität der Bektaschi in puncto Stellung der Frau, Alkohol und Speisereinheit Anstoß erregt. Die Gegenpropaganda ging bis zum Vorwurf des ‚Lichtauslöschertums' (Sex-Orgien) und in moderneren Zeiten der Konspiration mit dem Freimaurertum. Auch verächtliche Behandlung islamisch-sakraler Gegenstände wurde ihr zum Vorwurf gemacht" (1974: 95).

Die Bektashiyye hat ihre Anhänger überwiegend im westlichen Anatolien, in Albanien, Mazedonien sowie anderen Regionen des Balkans; sie finden sich jedoch auch in Ägypten, in Iran und selbst im fernen Ostturkestan.

In der osmanischen Derwischpoesie (*tekye edebiyati*) sind die Bektashi mit sehr volkstümlichen, in einfachem Versmaß geschriebenen Gedichten vertreten, die sich im Stil an den Werken des von ihnen hochverehrten Yunus Emre (gest. 1320/21) orientieren. Als einer ihrer berühmtesten Dichter gilt der im 16. Jahrhundert lebende Pir Sultan ʿAbdal.

Rifaʿi

Die Rifaʿi, bekannt aus zahlreichen Reisebeschreibungen als die „heulenden Derwische", sind vor allem im Vorderen Orient, in Arabien, Irak, Syrien, Ägypten und der Türkei, aber auch in Südosteuropa verbreitet. In Indien haben Fakire innerhalb der Rifaʿi-Bruderschaft eine eigene asketische Organisation gebildet. Als Gründer der Rifaʿiyya gilt der in der Gegend von Basra 1106 oder 1118 geborene Ahmad Rifaʿi (gest. 1182/83).

Einige – jedoch zweifelhafte – Quellen geben an, Ahmad Rifaʿi sei ein Neffe und Schüler ʿAbdul Qadir Gilanis gewesen. Weiter heißt es, daß er die Tötung jeglicher Lebewesen ablehnte, das Ideal der Armut vertrat und *malamat*-Ideen propagierte. Bekannt sind die schwarz gekleideten Rifaʿi-Derwische für ihre spektakulären Vorführungen – so sollen sie auf Löwen geritten sein und auf glühenden Öfen gesessen haben. Es liegen Berichte vor, nach denen sie in Zuständen der Trance Säbel, glühende Kohlen, Glas, lebende Schlangen und Skorpione schlucken, ihre Gliedmaßen verdrehen und durchbohren und sogar frei in der Luft schweben können. Die Rifaʿi haben offenbar – wie die ihnen sehr ähnlich erscheinenden ägyptischen Badawi-Derwische – nur bei ihren regulären Zusammenkünften und bei besonderen Anlässen (z. B. Heiligenfesten) solch auffällige, von der Norm abweichende Verhaltensweisen gezeigt, im Alltag waren sie unauffällige „normale" Mitglieder der Gesellschaft.

In Syrien und Ägypten hat sich ein Zweig der Rifaʿiyya herausgebildet, dessen Mitglieder einen besonders ekstatischen *zikr* durchführen, bei dem die Derwische Dolche verwenden. Zum Brauchtum dieser Gruppe, der Saʿdiyya, gehört auch die *dosa*-Zeremonie, bei welcher der *sheikh* mit seinem Pferd über die am Boden liegenden Derwische reitet. Weiterhin sind sie – ebenso wie die Rifaʿi – für das Bändigen von Schlangen berühmt. Die Saʿdiyya geht auf den syrischen Derwisch Saʿd ud-Din al-Jibawi zurück, der im 13./14. Jahrhundert gelebt haben soll, und wird daher auch Jibawiyya genannt.

In der Literatur heißt es verschiedentlich, daß die Rifaʿi in Indien auch unter den Namen Gurzmar, Munhphora, Munhchira und Chhurimar bekannt sind. Diese Begriffe beziehen sich auf äußerliche Aspekte des Fakirtums; sie bezeichnen Waffen und eiserne Spieße, die sich die Derwische durch die Mundhaut führen. Von den Gurzmar-Fakiren wird berichtet, daß sie – um beim Betteln Mitleid zu erregen und damit das Almosengeben fast zu erzwingen – ihr Gesicht und ihren Körper mit verschiedenen Waffen selbst verletzen. Dazu verwenden sie eiserne, mit Spitzen besetzte Keulen (*gurz*), Messer und Säbel. Derartige wirkungsvolle und Schaulust erregende Vorführungen finden vor allem bei Heiligenfesten und Jahrmärkten statt: Die Fakire schlagen sich in Trance mit der Keule gegen Gesicht und Brust, geben sich Säbelhiebe auf den Rücken, ziehen eiserne Spieße durch die Wangen, den Nacken und sollen damit sogar in ihre Augen stechen, ohne daß blutige Verletzungen zurückbleiben. Sie schneiden sich die Zunge aus dem Mund und setzen sie danach wieder an, ja sie sollen sich in Einzelfällen sogar den Kopf abtrennen und wieder aufsetzen können. Die Wunden werden danach lediglich mit Speichel bestrichen. Zu den Gauklervorstellungen gehört ferner, daß die Gurzmar ihre Zunge mit einem glühenden Eisen berühren, Skorpione in den Mund nehmen sowie Glas schlucken und verschiedene Giftstoffe essen. Auftritte dieser Art sind offenbar im Laufe des 20. Jahrhunderts zurückgegangen. Eine in Karwan bei Golconda (Dekkhan) ansässige Gruppe von Rifaʿi-Derwischen war zu Beginn der 1930er Jahre bereits in Auflösung begriffen. Jedoch gibt es noch immer Rifaʿi oder Gurzmar in Gujarat, im Dekkhan, an der Malabar-Küste, auf Sri Lanka und den Lakkadiven.

In Pakistan scheint es ebenfalls Derwische zu geben, die Schlangen und Skorpione bändigen. Man erzählte mir von den Malang, die im Frühsommer die Häuser der Stadt Peshawar von diesen gefürchteten Tieren befreien. Durch magische Formeln und Anhauchen (*dam*) mit *baraka* („Segenskraft") bändigen sie die giftigen Schlangen und Skorpione und hängen sie sich um den Hals. Neben diesen Diensten bestreiten sie ihren Lebensunterhalt durch den Verkauf von Heilmitteln.

ʿIsawiyya

Ganz ähnliche Gauklerpraktiken finden sich in Nordafrika etwa bei den Derwischen der volkstümlichen ʿIsawiyya-Bruderschaft (lokale Aussprache: ʿAissauwa), die seit dem 16. Jahrhundert dort verbreitet ist. Sie ist, wie die übrigen hier kurz vorgestellten nordafrikanischen Bruderschaften, heute weitgehend gesellschaftlich angepaßt.

Die Anhänger des Abu ʿAbdullah Sidi Mohammad ibn ʿIsa (1465/66–1526/27) bändigen und beschwören – ähnlich wie die noch wenig bekannten Rahhali – Schlangen, sind immun gegen Skorpiongift und können Schlangenbisse heilen. Die Vertrautheit mit Schlangen geht auf ibn ʿIsa zurück, einen strengen Asketen, der die meiste Zeit seines Lebens im marokkanischen Meknes verbrachte und jegliche Häresien verabscheute. Seine Wunderkräfte, von denen zahlreiche Legenden berichten, waren so mächtig, daß sich sogar der berühmteste islamische Heilige, ʿAbdul Qadir Gilani, vor ihm verbeugte und seine Größe anerkannte. Charakteristisch für die vor allem im Raum Fes-Meknes stark verbreitete ʿIsawiyya sind *hadra*-Versammlungen mit *zikr*-Gesängen und ekstatischem Tanz bis zur Erschöpfung. Anläßlich der Wallfahrt zum Grab ihres Gründerheiligen kommt es in Trance zu ähnlichen Selbstverletzungen mit Messern und Glasscherben –

insbesondere am Kopf – wie bei den im folgenden besprochenen Hamadsha.

Hamadsha

Das von den Rifaʿi bekannte Verhalten, den eigenen Kopf mit eisernen Keulen, Hellebarden, Kugeln oder Messern zu traktieren, findet sich bei den marokkanischen Dghughiyyin wieder, einer von dem Schwarzen Sidi Ahmad Dghughi gegründeten Bruderschaft. Sie führen diesen Brauch auf das Vorbild des Stifters zurück, der sich aus Verzweiflung über den Tod seines Herrn, des Sidi ʿAli ibn Hamdush (gest. um 1718/19), in dieser Weise selbst peinigte. Praktiken der Selbstverletzung sind in Marokko auch von den Sidiqiyyin und Riyahiyyin bekannt. Die Dghughiyyin bilden zusammen mit den ʿAllaliyyin die beiden Zweige der volkstümlichen Hamadsha-Bruderschaft, der Hamdushiyya. Gegen Anfang des 20. Jahrhunderts kamen ihre Mitglieder überwiegend aus den untersten sozialen Schichten der städtischen Bevölkerung Marokkos – sie waren Lastenträger, Gerber, Schuhmacher und Badediener; heute rekrutieren sie sich zunehmend aus der Gruppe der Handwerker und Gewerbetreibenden, die in den Slumvorstädten leben. Die Hamdushiyya ist aber auch auf dem Lande vertreten. Die wichtigsten Riten der Bruderschaft dienen zur Heilung von Besessenheit und Hysterie und scheinen mit dem ägyptischen zar-Kult verwandt zu sein.

Gnawa

Die marokkanischen Gnawa sind Nachfahren westsudanesischer Sklaven, die sich zu einer Bruderschaft formiert haben, in deren Mittelpunkt Geisterbeschwörungen, Trancetänze, Heilung von Besessenheit und Wahrsagen stehen. Verwandt sind sie sowohl mit den Hamadsha als auch mit den Jilala, die ganz ähnliche Praktiken ausüben. Als mystischer Ahnherr der Gnawa und anderer „schwarzer" Bruderschaften Nordafrikas gilt Bilal, der freigelassene abessinische Sklave und erste Gebetsrufer des Propheten Muhammad. Die Hauptakteure des Gnawa-Kultes sind neben männlichen Musikern und Tänzern in erster Linie Frauen. Als bnat gnawiya („Gnawa-Töchter") nehmen sie oft mehrmals pro

Woche an ekstatischen *hadra* teil und tanzen dabei fast die ganze Nacht hindurch. Tagsüber verdienen sie sich durch den illegalen Verkauf von Wein und Haschisch sowie durch Prostitution ihren Lebensunterhalt. Die Musiker gehören unabdingbar zu den nächtlichen Trance-Vorführungen und sind nebenbei als musizierende Akrobaten auf öffentlichen Plätzen sowie als Handwerker und Handlanger tätig.

Haddawa

Eine weitere, vor allem in Marokko verbreitete „freie" Bruderschaft, bilden die von der Qadiriyya abgespaltenen Haddawa. Ihr Gründer Sidi Haddi (gest. 1805), in dem marokkanischen Ort Aufus – angeblich als Majzub – geboren, führte etwa 50 Jahre lang ein asketisches Wanderleben und vernachlässigte sein Äußeres, wie es die Malamati tun. Seine Anhänger ziehen im Land umher, leben von Bettelei und Gauklertum und verwirklichen das Ideal der freiwilligen, religiös bestimmten Armut. Sie rekrutieren sich im Grunde aus sämtlichen Schichten der Bevölkerung, obgleich sie engere Beziehungen zu einigen niederen Berufsgruppen (beispielsweise den Wasserträgern) pflegen. Wie bei anderen nordafrikanischen Bruderschaften von Wanderderwischen gibt es einen beträchtlichen Anteil von Schwarzen und Mischlingen unter ihnen.

Das Ende des Noviziats wird bei den Haddawa durch eine Art „umgekehrte Tonsur" markiert, bei der lediglich auf dem Hinterkopf Haare stehen bleiben. Während der *hadra*-Zusammenkünfte singen sie unter Musikbegleitung den *zikr* und konsumieren exzessiv Haschisch und Marihuana (*kif*). Die Haddawa lieben den Hanf und bereiten Marihuana auf verschiedene Weise zu. Der Genuß des *kif* ist von Sidi Haddi sogar zur Pflicht für die Mitglieder erhoben worden. Bekannt sind sie – wie die Mevlevi – für ihre Zuneigung zu Katzen: Im Konvent werden Hunderte aufgezogen, gefüttert, umsorgt und erhalten menschliche Namen. Beim Betteln nimmt der Derwisch eine ihm anvertraute Katze in einem Korb mit. Selbst die Novizen nennt man *quetat* („Katerchen"). Annemarie Schimmel bemerkt dazu: „Man behauptet, daß die Heddawa und die Katzen an derselben Brust getrunken haben, also Milchgeschwister sind. Außerdem hat Gott gesagt: ‚Die Katzen gehören zu euch, tut ihnen nichts zuleide!'" (1983 b: 100)

Bay Fall

Die Bay Fall, eine eigene Gruppe innerhalb der senegalesischen Muridiyya, haben in Glaubensgut und Verhalten eine Reihe von vorislamischen Zügen der Wolof-Kultur bewahrt.[41] Ihr Name geht auf ihren Meister Sheikh Ibra Fall (geb. ca. 1858) zurück, den treuesten Schüler des Ordensgründers Sheikh Amadu Bamba. Dieser war für seine absolute Unterwerfung unter den *sheikh* bekannt. Ihrem Vorbild Ibra Fall folgend, propagieren die Derwische harte physische Arbeit und sehen sich daher vom täglichen Ritualgebet und dem Fasten im Monat Ramadan befreit. Viele von ihnen trinken Alkohol und rauchen, was anderen Mitgliedern der Muridiyya verboten ist.

Eine Minderheit der Bay Fall, die langhaarigen, Rasta-gelockten *sökha bop*, hüllen sich in ein Flickengewand, sind mit zahlreichen Amuletten behängt und tragen auf dem Kopf eine schwarze Wollmütze. An einem Ledergürtel tragen die zusätzlich mit einer Bettelschale ausgerüsteten Derwische eine hölzerne Keule, mit der sie sich während des jährlichen Heiligenfestes rituell auf Kopf und Rücken schlagen. Bei diesem Anlaß übernehmen sie auch Funktionen als Ordnungshüter, indem sie – mit schmutzbedecktem Gesicht und ihre Keule schwingend – die Ströme der Pilger regulieren. Diese exzentrischen Anhänger der Bay Fall sind außerdem dafür bekannt, Magie und Wahrsagerei zu praktizieren. Eines ihrer Mitglieder, Sheikh N'Digel Lo aus Dakar, ist jüngst durch seine Musik auch international berühmt geworden.

Wanderderwische als „heilige Gaukler" und Peripatetiker

Bemerkenswert und in der Wissenschaft bisher kaum beachtet ist die in den vorigen Kapiteln bereits angesprochene „Verwandtschaft" zwischen Wanderderwischen und fahrenden Gauklern und Tierschaustellern. Letztere klassifiziert man seit den wegweisenden Arbeiten Joseph Berlands und Aparna Raos zusammen mit anderen zigeunerähnlichen nomadischen Gruppen, die selbst keine Nahrung produzieren, in der modernen Ethnologie als Peripatetiker.

Die Gauklerpraktiken vieler Derwische sind oft als Angeberei, Schaumschlägerei oder schlichte Täuschung abgetan worden. Berücksichtigt man jedoch die enge Verflechtung wandernder Derwische mit peripatetischen Gruppen von fahrenden Gauklern und Schaustellern, so muß man diese negative Einschätzung revidieren. Als „heilige Gaukler" nutzen die Wanderderwische im Prinzip eine ökonomische Nische.[42] Zwar ist ihr Gauklertum durch den Weg der Mystik und Askese spirituell vertieft und geprägt, doch dient es auch dazu, Menschen, die zumeist aus unteren und armen Bevölkerungsschichten kommen, ein einfaches Auskommen zu gewähren.

Historische Quellen vermögen die Entwicklung von Derwischen zu „heiligen Gauklern" wohl kaum zu belegen. Ich vermute, daß sie sich entweder von peripatetischen Gruppen abspalteten und eine Art spezialisiertes Gauklertum ausbildeten oder Derwischgruppen im Laufe ihrer Entwicklung mehr und mehr Gaukler und Bettler in ihre Reihen aufnahmen. Sicher scheint, daß die Anfänge des Gauklertums unter den Derwischen sehr weit zurückreichen. Zigeunerähnliche Gruppen, die nomadisierten und typischen peripatetischen Tätigkeiten nachgingen, lebten bereits in vorislamischer Zeit in Vorder- und Südasien. Vermutlich haben die Derwische auch antike Traditionen und Lebensweisen fortgeführt: Als Vorläufer der peripatetischen Wanderderwische können etwa die antiken Kyniker gelten, ebenso ein im alten vorzarathustrischen Iran lebender Männerbund, dessen Mitglieder Mithras verehrten, sehr kriegerisch waren und von Huren begleitet wurden.

Es wird schwer sein, gesicherte Belege für die oben genannte These – das Gauklertum unter den Wanderderwischen sei eine spezifische Lebensweise und eine Form der Subsistenz, die diese von vorislamischen Ekstatikern und Gauklern übernommen haben – anzuführen. Doch gibt es eine Reihe von Phänomenen, die in diese Richtung weisen: Qalandar-Derwische tanzen nicht nur wie Gaukler, sie sind auch wie diese für Obszönitäten bekannt und gelten als wenig tugendhaft. Dies läßt sich wohl trotz der asexuell lebenden Anhänger feststellen. Aus der christlichen Kunst kennt man im übrigen Darstellungen von Akrobaten und Gauklern als Sinnbilder der Lasterhaftigkeit. Nach Widengren ist die sexuelle Ausgelassenheit der Qalandar, Haddawa und anderer heterodoxer Gruppen nicht ganz unähnlich dem Verhalten mancher Bettelmönche des christlichen Franziskanerordens. An dieser Stelle sei nochmals an die eisernen Ringe erinnert, die Wanderderwische manchmal durch ihr Glied zogen. Damit wollten sie zwar offenkundig einen keuschen Lebenswandel beweisen, doch erlaubten diese Ringe mitunter wohl Erektionsfähigkeit und Geschlechtsverkehr, wenn sie nicht gar stimulierten. Auch Peripatetikern wird ja sexuelle Freizügigkeit nachgesagt.

Spektakuläre Gauklerpraktiken und bewußte Selbstverletzungen scheinen zum Teil vermehrt in Krisenzeiten aufgekommen zu sein. So sind sie etwa für die Rifaʿi erst seit dem Einfall der Mongolen im Jahre 1258 belegt.

Ethnographische Hinweise aus Iran und Afghanistan erwähnen zuweilen Derwische, die mit Schlangen umgehen. Einen Schlangenbändiger (*margir*) nennt man auch *darwish-i mar*. Man nimmt – zumindest in Nordafghanistan – an, daß er seine Kraft zum Heilen von Schlangenbissen und Abszessen von einem *pir* erhalten habe. Auf das Gauklertum bei der Rifaʿiyya, Saʿdiyya und ʿIsawiyya in Verbindung mit Schlangen und Skorpionen wurde bereits hingewiesen.

Die Angabe, daß sich unter den Qalandar-Derwischen Südasiens Bärenführer und Affentrainer befänden, kann sich nur auf die peripatetische Gruppe der Qalandar beziehen, die als Gaukler durch ganz Pakistan und Nordindien schweifen und ein *qaum* (eine Berufsgruppe) mit eigener Sprache – dem Qalandari – bilden.[43] Es handelt sich um eine vom Volk verachtete Vagantengruppe, deren Angehörige in tonnendachförmigen Zelten leben und vor allem Bären und Affen, aber auch Hunde dressieren. Der Moghul-Kaiser Jahangir (reg. 1605–1627) erwähnt in seinen Memoiren, daß ein nackter Qalandar-Yogi ihm einen Tiger vorführte.

Neben Singen und Tanzen stellt gerade das Betteln eine wichtige ökonomische Strategie dieser peripatetischen Qalandar dar. Nach ihrer religiösen Zugehörigkeit befragt, geben sie häufig an, die Heiligen Bu ʿAli Qalandar und Lal Shahbaz Qalandar zu verehren. Allerdings scheint diese Antwort eher zur Legitimation ihrer unsteten Lebensweise und gesellschaftlichen Randseiterposition zu dienen. Doch ist darauf hingewiesen worden, daß einige dieser Qalandar besonderen Wert auf ihre religiöse Intention legen und teilweise ein Derwischleben führen.

Das religiöse Bettlertum der Qalandar, Haddawa, ʿIsawi und anderer kann meines Erachtens ebenso wie das Gauklertum als eine berufliche Spezialisierung von Peripatetikern aufgefaßt werden. Ein typisches Beispiel hierfür sind die bettelnden Madari-Fakire in Nepal, die dort eine endogame Kaste gebildet haben. Zu beachten sind in diesem Zusammenhang auch Angaben über die in Ostafghanistan lebenden peripatetischen Sheikh Mohammadi. Sie gliedern sich in acht endogame Abstammungsgruppen mit jeweils unterschiedlicher beruflicher Spezialisierung, die neben Persisch ein eigenes Idiom – das Adurgari – sprechen. Eine dieser Gruppen wird *malangi* oder *faqiri* genannt; ihre Angehörigen gelten als tatsächliche Derwische, die ihre Herkunft auf Sheikh Mohammad (ehrenvoll Sheikh Rohani Baba genannt), den namengebenden mythischen Vorfahren der Sheikh Mohammadi, zurückführen. Sie erzählen, daß sich unter dem afghanischen Emir ʿAbdur Rahman (reg. 1880–1901) zahlreiche Einzelpersonen aus verschiedenen Landesteilen zu diesem in Gardez begrabenen Heiligen bekannten, um dadurch von Steuern befreit zu werden. Das Dasein als bettelnde Wanderderwische (*malangi/faqiri*) bildet also für die Sheikh Mohammadi neben anderen peripatetischen Tätigkeiten und Diensten wie Tierschaustellerei, Gauklertum, Musikantentum, Herstellung von Sieben usw. eine besondere Überlebensstrategie.

Daß die asketische Lebensweise wandernder Derwische in manchen Fällen weniger auf eine religiöse Intention zurückgeht, als vielmehr eine Form der Subsistenz ist, zeigt das Beispiel einer speziellen – Darwesh genannten – Berufsgruppe im Panjab. Ihre Angehörigen leben in der Gegend von Pathankot, Batala, Amritsar und Kapurthala. Sie kultivieren dort ein wenig Land, spielen Musik, stellen Seile her und ziehen als Bettler und fahrende Musikanten umher. In einer kolonialzeitlichen Quelle heißt es: „Sie können kaum als Asketen bezeichnet werden, bisher scheint die geringe Anzahl der Frauen zu zeigen, daß sie noch nicht eine separate Kaste gebildet haben und immer noch einzelne Mitglieder von außen rekrutieren" (Rose 1911, II: 223).

Es gibt zudem Hinweise, daß früher wie heute wandernde Qalandar- und Khaksar-Derwische zusammen mit Gauklern, Trommlern, Schelmen usw. auftraten. Eindeutige Belege für das heutige Gauklertum von Derwischen liefern die marokkanischen

Haddawa, die Kunststücke – etwa mit dressierten Ziegen und Tauben – vorführen, sowie einige ägyptische Rifa'i, die Kälber abrichten. Neben den eingangs erwähnten volkstümlichen Bruderschaften, deren Mitglieder Schlangen und Skorpione bändigen, treten die marokkanischen Milyana auf Jahrmärkten als Feuerschlucker auf. Die Gnawa sind als Wandermusiker, Akrobaten, Schauboxer und Wahrsager tätig, die Sidi-Fakire als Tänzer und clowneske Unterhalter. In Südasien besuchen Akrobaten, Jongleure, Magier und Tierschausteller regelmäßig die periodisch stattfindenden Feste und Jahrmärkte an den Heiligenschreinen; oft sind sie selbst Mitglieder von Derwischbruderschaften und gehören zur Fakirkaste.

Die Verwandtschaft zwischen Wanderderwischen und Peripatetikern drückt sich auch in der Sprache beider Gruppen aus. Die iranischen Khaksar-Derwische betreffend hat W. Ivanow Gemeinsamkeiten zwischen ihrem Argot und dem verschiedener zigeunerähnlicher Gruppen hervorgehoben.[44] Er erklärt sie damit, daß beide Gruppen Vokabular aus den Geheimsprachen der Diebe, Banditen und professionellen Bettler übernommen haben. Auf ähnliche Weise mag das Argot der Haddawa und anderer marokkanischer Korporationen entstanden sein.

Bereits W. E. Mühlmann hat auf die fließenden Übergänge zwischen wandernden Derwischen und Ekstatikern auf der einen und wandernden „Paria-Völkern", insbesondere peripatetischen Gruppen, auf der anderen Seite hingewiesen.[45] Das oft gegen das religiöse Gesetz verstoßende Verhalten von Wanderderwischen, ihr vernachlässigtes Äußeres und ihre unstete Lebensweise, verbunden mit Armut, Bettelei, Gauklertum und dem Genuß von Rauschmitteln, lassen sich durchaus mit dem Verhalten und den Tätigkeiten bestimmter Paria-Gruppen vergleichen. Im Hinblick auf den sozialen Status sei angemerkt, daß dieser beispielsweise bei indischen Fakiren innerhalb des Kastensystems etwa dem der Barbiere und Fleischer entspricht; sie stehen zwar über den Unberührbaren, aber unterhalb der Handwerker. Wanderderwischen wie auch Paria-Gruppen sagt man im übrigen besondere Fähigkeiten in der Magie – vor allem zu Schadenszwecken – nach.

Im Hinblick auf die Nähe zwischen Peripatetikern und wandernden Derwischen sei schließlich daran erinnert, daß sozial gering geachtete Wanderhandwerker zu den ersten Anhängern Jesu zählten. Die bemerkenswerteste Koinzidenz besteht jedoch zwischen dem Gauklertum der peripatetischen Qalandar – zu dem auch die Verkleidung als Imitator (*behrupia*) gehört – und den „Verrücktheiten", derben Späßen, Zurschaustellungen ekstatischer Praktiken, Musikdarbietungen etc. wandernder Qalandar-Derwische. Der Religionswissenschaftler Geo Widengren (1953) hat darauf hingewiesen, daß Wanderderwische im Grunde das Flickenkleid und die Narrenmütze des Gauklers und antiken Mimenschauspielers tragen. Tatsächlich schlüpfen sie mitunter in die Rolle des Clowns, wie etwa die indischen Sidi-Fakire oder die marokkanischen Haddawa, wenn sie die karnevaleske Figur des halbnackten, maskierten Bu-Jlud imitieren, indem sie sich die Hörner eines Ziegenbocks auf den Kopf setzen. Nicht zu vergessen ist in diesem Kontext das Narrenspiel des Majzub.

Die Gemeinsamkeiten zwischen Wanderderwischen und zigeunerähnlichen Peripatetikern erscheinen so offenkundig, daß man bei Wanderderwischen und Fakiren, die in gewisser Weise die unterste Stufe des Sufismus bilden, durchaus von einer Sondergruppe schweifender Bettler und Gaukler sprechen kann, die zugleich als Sammelbecken für Menschen am Rande der Gesellschaft fungiert.

Exkurs: Vergleich mit den antiken Kynikern

In vorislamischer Zeit gab es vor allem im östlichen Mittelmeerraum und Vorderen Orient Gruppen von Mystikern, Asketen, Gauklern und mit dem Kult bestimmter Gottheiten verbundener Ekstatiker, die in ihrem Aussehen und Verhalten den späteren Wanderderwischen teilweise sehr ähnelten.

Das für den Sufismus so charakteristische Ideal der Genügsamkeit und des einfachen, bedürfnislosen Lebens sowie das – von den *bi-sharᶜ*-Derwischen vertraute – Streben nach Freiheit und Unabhängigkeit finden sich ebenso in den Auffassungen der antiken Kyniker. Die heterodoxe Philosophenschule des Kynismus entstand im 4. Jahrhundert v. Chr. als Reaktion auf den Zerfallsprozeß der griechischen Polis und existierte etwa ein Jahrtausend lang bis in die Spätantike. Sie geht auf den Athener Antisthenes (um 440 v. Chr.), einen Schüler Sokrates', zurück, und Diogenes von Sinope (um 400–323 v. Chr.), ein Zeitgenosse Alexanders des Großen, bildete sie weiter aus. Als erster vollzog Diogenes die von dieser Bewegung propagierten Lebensideale in der Praxis.

Anders als die ernsten idealistischen Philosophen der Antike waren die Kyniker vornehmlich an den konkreten Dingen des Lebens interessiert. Heiter und rauschhaft suchten sie das Leben zu genießen, verschmähten Reichtum und überkommene Etikette, lehnten die religiösen Gesetze ab und propagierten in der Art von Straßenpredigern Freiheit und Selbständigkeit. Ihre Weisheiten fanden humorvoll in Witzen, Parodien und Satiren ihren Ausdruck. Sie spielten – nicht zuletzt Diogenes – die Rolle des Narren und Possenreißers, die in der Antike üblicherweise von den Mimenschauspielern und im mittelalterlichen Europa von den Harlekinen übernommen wurde. Geo Widengren ist in seinem hervorragenden Aufsatz „Harlekintracht und Mönchskutte, Clownhut und Derwischmütze" (1953) auf die Zusammenhänge dieser Traditionen mit dem Derwischtum eingegangen. Die Kyniker zogen durch beleidigende Reden und schockierende Auftritte in der Öffentlichkeit – ähnlich den Malamati und den heiligen, weisen Narren (Majzub) – den Tadel der Leute auf sich. In exzentrischer Weise provozierten sie das griechische Bürgertum und deckten Dünkel, Protzerei und Heuchelei auf. Mit der gleichen Absicht trat im 12. Jahrhundert der Heilige Sidi Abu'l-'Abbas (1130–1205) der städtischen marokkanischen Gesellschaft entgegen. Uwe Topper schreibt, daß er „mit einem Knüppel die Leute schlug, wenn sie die Gebetszeiten nicht einhielten. Dabei soll er derbe, ja obszöne Worte gefunden haben, um die in Routine versunkenen Bürger aus ihrem Dämmerschlaf zu reißen" (1991: 51). Wie später die Malamati, Qalandar und Malang übertraten die Kyniker bewußt die gesellschaftlichen Regeln und suchten die bestehenden Werte umzukehren. Ähnlich den islamischen Ekstatikern ernährten auch sie sich – zumindest in der römischen Kaiserzeit – durch Betteln und hielten sich häufig an Friedhöfen auf. Sie wanderten umher, zum Teil begleitet von Frauen. Sexuell lebten sie freizügig, vergleichbar den später im byzantinischen Reich des 4. Jahrhundert n. Chr. wieder auftretenden häretischen Bewegungen, die ostentativ mit den christlichen Regeln des ehelichen Zusammenlebens brachen und das Keuschheitsgebot verspotteten. Ebenso mißachteten sie hinsichtlich Kleidung und Aussehen die Konventionen ihrer Zeit – gingen barfuß, ließen Haupt- und Barthaar lang wachsen, trugen einen Mantel aus grobem Tuch und hielten einen Wanderstab in der Hand. Manche von ihnen gingen nackt. Mit ihren Schülern verfuhren sie zumeist hart und abweisend – ebenso wie manche Majzub. Als Antisthenes Diogenes einmal mit dem Stock drohte, entgegnete dieser beharrlich: „Schlage nur zu, denn du wirst kein Holz finden, das hart genug wäre, mich fortzutreiben, solange ich dich noch reden höre" (Diogenes Laertius 1967: 305).

Das Emblem dieser Philosophen, die sowohl äußerlich als auch in ihrer Lebenspraxis den heterodoxen Derwischen so verwandt erscheinen, war der Hund. Die Kyniker (griech. *kynikos* = „hündisch") aßen gemeinsam mit Hunden, ernährten sich wie diese von Speiseresten und schliefen an ähnlichen Plätzen. In den Texten heißt es, daß sie ihre Sexualität öffentlich und ohne Scham auslebten – wie Hunde; ob diese sexuelle Schrankenlosigkeit nur in der Literatur ihren Niederschlag gefunden hat oder tatsächlich auch praktisch vollzogen wurde, bleibt jedoch ungewiß.

Der Heuchelei des Bürgertums setzten die Kyniker die Sitten und Eigenschaften eines bissigen Hundes entgegen. Sie knurrten und kläfften gegen die bürgerlichen Ideale und Konventionen an. Diogenes, der sich – wie Antisthenes selbst – *kyon* („Hund") nannte, wurde – so berichtet eine Anekdote – einmal nach diesem Beinamen gefragt und antwortete: „Die mir eine Gabe reichen, umwedle ich, die mir nichts geben, belle ich an, und die Schurken beiße ich" (Diogenes Laertius 1967: 325). Auch die heiligen Narren des Christentums sind mit Hunden verglichen worden. So schrieb Ernst Benz: „Wie sie gehören sie niemand und sind niemand verpflichtet, sie tauchen überall auf und verschwinden irgendwohin. Sie wohnen nirgends und überall. Die Winkel, die Treppen, die schmalen Seitengäßchen, die Nischen der Hallen, die Ecken unter einem vorspringenden Dach sind ihre Ruheplätze. Wie die Hunde schweifen sie überall herum: der Stein, der dem Hund gilt, trifft oft sie, und wie die Hunde werden sie immer wieder von den Schwellen der Türen gejagt" (1938: 6).[46]

Außerhalb des Gesetzes lebende (*bi-sharʿ*-)Derwische, die – wie die Kyniker und christlichen heiligen Narren – oft als Hunde beschimpft werden, scheinen ein weniger ablehnendes Verhältnis zu diesem Tier zu haben, als es sonst in der islamischen Gesellschaft – aber auch unter gebildeten Sufis – der Fall ist. Hält sich der seßhafte Sufi nicht selten eine Katze, so hat der wandernde Derwisch eher einen Hund als Weggefährten. In Indien wird ein herumstreunender Hund selbst wiederum als „Derwisch" bezeichnet, da er wie dieser von Tür zu Tür läuft und um Nahrung bettelt. In islamischen Namensverbindungen mit dem Bestandteil „Hund" (arab. *kalb*) werden die Betreffenden dadurch allgemein als ergebene Sklaven und Diener eines Heiligen ausgewiesen. Iranische Khaksar-Derwische haben in ihrem Argot noch das Wort *kalba* (bei anderen zigeunerähnlichen Gruppen *kalpik*) bewahrt – „Hund" heißt sonst im Persischen *sag*. Wie sehr Derwische dieses Tier schätzen, zeigt sich beispielsweise darin, daß unweit des Grabes von Sipahsalar Mas'ud Ghazi im nordindischen Bahraich auch dessen Hund begraben liegt. Der bengalische Vaishnava-Heilige Radharaman Charan Das veranstaltete beim Tode seines Hundes ein Fest, zu dem er andere Hunde einlud und bewirtete. Im indischen Kontext ist zu bedenken, daß Shiva gerade in seinen furchtbaren Erscheinungen (Sanskrit *ugra*) von einem Rudel Hunde begleitet wird; in ikonographischen Darstellungen als bettelnder Asket (Sanskrit *batuka-bhairava, kankala-murti*) wird seine nach unten weisende rechte Hand von einem Hund geleckt. Als Begleiter von Heiligen ist der Hund auch im Christentum bekannt; man denke an den heiligen Petrus Canisius und die Bezeichnung der Dominikaner als *domini canes* – „Hunde des Herrn". Geschätzt wird der Hund sowohl im altägyptischen Volksglauben und im alten Iran als auch in der Vorstellungswelt mittelasiatischer Nomadenvölker, wo er u.a. als Diener des Himmelsgottes auftritt. Im Ferghana-Tal sollen Derwische ihren Hunden erlaubt haben, auf dem mit Speisen bedeckten Eßtuch frei herumzulaufen. Die Bedeutung des Hundes zeigt sich auch in der Namengebung. So findet er sich in dem Namen des islamischen Heiligen Barak Baba (gest. 1307/08) – *barak* = „Hund" –, der im 13. Jahrhundert als Führer einer Gruppe von Wanderderwischen durch Iran und Syrien zog. – Wohl nicht umsonst drückte der berühmte Asket Fudail ibn 'Iyad (gest. 803) seine Daseinsverdrossenheit mit dem folgenden, geradezu kynischen Bild aus: „Wenn ich wählen könnte, als Hund zu leben und als Hund zu sterben und den Tag der Auferstehung nicht zu erleben, so wählte ich, als Hund zu leben und als Hund zu sterben und den

Tag der Auferstehung nicht zu erleben" (Gramlich 1990: 46). In der persischen Poesie findet sich häufig das Motiv des Mystikers und Dichters, der sich vor Gott als verachtenswerter Hund darstellt. Der Hund, der Kyniker wie Wanderderwisch begleitet, diente bereits im Altertum zur Kennzeichnung einer Randseiterstellung und eines inferioren sozialen Status, ähnlich wie etwa der Esel. Beide Tiere gehören im übrigen zu den kargen Besitztümern peripatetischer Gruppen im Orient.

Der Weg der Mystik und Askese

Meister und Schüler

Auf seinem mystischen Pfad nach innen – hin zur Vollkommenheit des Menschen – bedarf der Adept (*murid*) eines Meisters und spirituellen Führers (*murshid* oder *sheikh*), der ihn auf die Stationen des Weges vorbereitet und ihn begleitet. Dieses enge Verhältnis zwischen beiden wird *suhba* genannt. Ein Sprichwort aus Ostturkestan besagt, daß zum Seelenführer ein Schüler gehört, wie zu einem Bart der zugehörige Schnurrbart. Aus dem frühen Christentum und aus dem Zen-Buddhismus kennen wir ein entsprechendes Verhältnis von Meister und Jünger, und im Hinduismus stellt die intensive Beziehung zwischen *guru* und *chela* ein ähnliches Muster dar.

Heterodoxe Derwische, die „freien" Bruderschaften angehören, sehen sich oft von einem unsichtbaren spirituellen Meister geleitet, beispielsweise von dem heiligen Khizr. Andere charismatische Persönlichkeiten – wie etwa die Uvaysi-Sufis in Mittelasien – erhalten direkte spirituelle Unterweisungen durch die „unsichtbare Welt" (d.h. vor allem durch den Propheten) und sind nicht durch einen *sheikh* in eine Bruderschaft initiiert worden. In der Regel folgen jedoch die orthodoxen Sufis, wie auch manche Wanderderwische, einem lebenden Lehrer, der ihnen bei der methodischen Suche nach der Vereinigung mit Gott Schritt für Schritt und Stufe um Stufe voranschreitet. Der Meister führt also einen Schüler, dennoch bedarf es – auch wenn Gott den Adepten gewissermaßen an sich zieht – der eigenen Bemühungen des Novizen, um den Weg zu vollenden. Während der Begleitung auf den Stationen des mystischen Pfades soll sich der Schüler dem Meister ganz anheimstellen, ihm bedingungslos vertrauen, sich „wie in den Händen des Leichenwäschers" verhalten oder – mit den Worten des Chishti-Heiligen Sayyid Mohammad Gesu Daraz (1321–1422) – wie das innige Verhältnis des Säuglings zu seiner Mutter. *Sheikh* oder *murshid* sind bei diesem mystischen „Training" gleichsam

„Ärzte des Herzens", die intuitiv Wesen, Charakter und Leben ihres Schülers erkennen können und seine Träume, Visionen, Ideen und göttlichen Eingebungen zu deuten vermögen. Der Meister trainiert mithin die Seele seines Schülers; er kontrolliert die spirituellen Zustände (*hal*) auf dem Weg zur *unio mystica*. Dabei kann er dem Herzen des Adepten mit Hilfe von Zeichen oder Worten gleichsam einen Hieb versetzen, um ihn auf den rechten Pfad zu führen. Als methodische Mittel zur Vergeistigung dienen verschiedene asketische und ekstatische Übungen (*riyazat*) wie Gebet, Gottgedenken, Fasten, Entbehren von Schlaf, Tanz usw. Die Abkehr der Sufis und Derwische von der Welt kann sich in Armut, Einsamkeit, im Schweigen, der Verständigung nur durch Gesten und zum Teil auch in geschlechtlicher Enthaltsamkeit äußern. Der Kampf gegen die eigene Triebseele konnte in der Vergangenheit sogar zu Selbstverstümmelung führen; so soll sich Abu Bakr az-Zaqqaq (gest. um 900) ein Auge ausgestochen haben, weil er einen Blick auf ein schönes Mädchen geworfen hatte.

Die Korporationen, in denen Sufis und Derwische organisiert sind, akzeptieren in der Regel – wie indische Bhakti-Sekten und Sadhu-Gruppen – Kandidaten aus allen sozialen Schichten. Dieses egalitäre Prinzip stellt ein bestimmendes Charakteristikum der Bruderschaften dar. Dabei geschieht es in Indo-Pakistan oft, daß jemand durch spirituelle Träume oder Visionen bewogen wird, um Aufnahme nachzusuchen. Um jedoch *murid* eines *sheikh* (oder *murshid*) zu werden und formell aufgenommen zu werden, bedarf es einer Initiation, bei der eine Folge von Riten den Übergang zum Derwischleben markiert. Meister und Schüler schließen zunächst durch ein Gehorsamkeitsgelübde einen symbolischen Bund ('*ahd*; auch *bai'a* genannt), der durch das Ineinanderlegen der Hände besiegelt wird.

In den Aufnahmeriten spielen neben dem Versprechen des Gehorsams und der Loyalität gegenüber dem *sheikh* auch das Bekenntnis der Sünden und die Vergebung derselben sowie rituelle Waschungen eine wichtige Rolle. Aus Indien wird berichtet, daß der Meister während dieser Zeremonien ständig die rechte Hand des Schülers hält. Anschließend nimmt der *sheikh* eine Schale mit *sherbat* (Fruchtsaft), spricht bestimmte Gebete und bläst dann über die Schale, um so dem Saft Segenskraft zu verleihen. Nachdem er selbst zwei oder drei Schlucke zu sich genommen hat, reicht er das Gefäß seinem *murid*, der sich respektvoll erhebt und den Rest trinkt. Im Rahmen dieser Zeremonien erfährt der Schüler meist auch die *zikr*-Formel für das rituelle Gottgedenken und erhält einen Derwischnamen. Bei einigen Korporationen stellt der *sheikh* dem Novizen sogar eine Aufnahmeurkunde (*risale*) aus.

Tritt man in eine „freie" Bruderschaft von Wanderderwischen ein, wird – wie bereits erwähnt – vor allem Wert gelegt auf eine äußerliche Kennzeichnung des Übergangs, der Abkehr von einer „normalen" hin zur Existenz eines Fakirs. Qalandar und Jalali rasieren sich häufig die „vier Schönheiten des Gesichts" – Haupthaar, Voll- und Schnurrbart, Augenbrauen. Bis heute lassen sich auch die *murid* des Heiligen Barri Imam als Zeichen ihrer Dienerschaft (*balaka*) diese Haare und zusätzlich die Wimpern entfernen. Außerdem tragen sie einen Ring im rechten Ohr. In einigen Gegenden Indo-Pakistans ist es üblich, dem Schüler die Stirnlocke abzuschneiden; bei den iranischen Khaksar und anderen Gruppen genügt es, einen Teil der Gesichtshaare abzurasieren. Nach dieser Prozedur wird der Derwisch eingekleidet und mit Flickenrock, Gürtel, Kappe, Hemd, Gebetskette, Bettelschale, Wanderstab, Schmuck usw. ausgestattet. Nicht selten muß der Novize zu diesem Anlaß ein Fest ausrichten und die älteren Derwische mit Süßigkeiten, Haschisch sowie Rauch- und Mundtabak versorgen.

Insbesondere in der östlichen islamischen Welt ist die Verleihung des Flickenrocks (*khirqa*) wesentlicher Bestandteil der Initiation eines Derwisch. Mit der Entgegennahme des Mantels unterwirft sich der Schüler seinem Meister. Der *khirqa-yi iradat* ist bei iranischen Bruderschaften zur Bezeichnung für das Noviziat geworden; erst das Anlegen des Rocks macht den Kandidaten zu einem vollgültigen Novizen.

In den Einkleidungsriten der vorderorientalischen Bektashiyye, Rifaʿiyya und anderer Bruderschaften spielt das Umbinden eines Schals oder Gürtels eine entsprechende Rolle. Bei der sogenannten *shadd* („Bindung", „Band")-Zeremonie „bindet" der Sufi-Meister den Novizen, indem er ihm ein Tuch um Hüfte, Schulter und Stirn schlingt. Dieses Tuch/Band – aus Wolle, Seide oder Leinen oder lediglich eine Schnur – wird in vorgeschriebener Weise geknotet oder gefaltet, begleitet von der Rezitation besonderer Gebete und der Namen bestimmter Heiliger. Danach erhält der Novize Derwischmantel und -mütze und nimmt mit dem *sheikh* auf dessen Gebetsteppich ein gemeinsames Mahl ein.

Derwischkleidung und -ausrüstung

Ursprünglich – heute wird sie nicht mehr konsequent getragen – besitzt jede Bruderschaft ihre spezifische Tracht, voneinander unterschieden in Form, Material und Farben der Kleidung und Ausrüstungsgegenstände. Besondere Attribute, die den *sheikh* von einem einfachen Derwisch unterscheiden, variieren ebenfalls je nach Bruderschaft. Die Insignien des Derwischtums werden dem Schüler zumeist während der Initiation verliehen – oder aber er erbt sie nach dem Tod seines Meisters.[47]

Bizarr und phantasievoll kleiden sich vor allem Anhänger heterodoxer Bruderschaften, die auch bis heute gelegentlich barfuß auf die Wanderschaft gehen.[48] Sie rasieren sich zudem Haupt- und Barthaar ab oder tragen es lang und ungekämmt. Gerade dieses wirre Haupthaar mancher Mystiker, das niemals geschnitten wird, gilt als Zeichen der Weltentsagung und Heiligkeit. In Südasien trifft man gelegentlich Derwische, die sich wie hinduistische Yogis ihre Fingernägel lang wachsen lassen – ebenfalls ein Zeichen der Verweigerung von Arbeit mit tätigen Händen und damit eine Manifestation der Abkehr vom Diesseits. Das Detail der überlangen, krallenartigen Fingernägel unterstreicht im übrigen die Assoziation der Qalandar und Malang mit der Wildnis.

Der Mantel oder Flickenrock

Einen der wichtigsten Bestandteile der Derwischtracht bildet ein langes, oft aus Flicken zusammengenähtes oder mit Tuchflicken besetztes Gewand (*khirqa, muraqqaʿ*). Besonders begehrt sind Fetzen von Derwischgewändern, die in Ekstase zerrissen wurden, oder Stücke vom Rock eines *sheikh*. Auch der Prophet pflegte einen groben (weißen) Wollmantel zu tragen, wahrscheinlich ebenfalls mit Flicken besetzt. Im Vorderen Orient haben die Derwische dieses Kleidungsstück vermutlich von christlichen Wandermönchen übernommen, während weiter im Osten eher die Gewänder hinduistischer oder buddhistischer Asketen Vorbild waren.

Abb. 19: Mantel eines Qalandar-Derwisch aus Yarkand (Ostturkestan)

Meist wird blauer oder schwarzer Stoff – die Farben der Trauer
und Askese – gewählt, manchmal auch weißer; die Rifa'i und Jalali tragen schwarze Mäntel. Die Nuancen des Blau können bis in
die Farbe Grün übergehen – die Farbe des Paradieses und des
Propheten. Sie symbolisiert die höchste geistige Stufe auf dem
mystischen Pfad und die Kraft des Meisters. „Grüngewandet"
(*sabz-posh*) sind vor allem Anhänger der Qadiriyya und Burhaniyya, aber auch Wanderderwische, die es ihrem Schutzpatron,
dem geheimnisvollen Khizr, gleichtun wollen. In Mittel- und
Südasien tragen manche Derwische regelrechte *patchwork*-Klei-
dung; im Panjab verwenden sie zudem ihre aus Flicken zusam-
mengenähte *darweshi godri* als Umhang oder Sitzdecke. Hujwiri
berichtet von einem westturkestanischen Malamati, der ein Kleid
aus Fetzen trug, die er auf der Straße aufgesammelt, dann gewaschen und schließlich zu einem Rock zusammengenäht hatte. Der
Flickenmantel des Derwischs soll – wie das *kantha*-Gewand des

hinduistischen Wanderasketen – überlieferten Vorschriften zufolge aus 1000 Fetzen oder Stichen bestehen. Wie Widengren hervorhebt, entspricht diese Bestimmung dem verschiedenfarbigen Lappenrock, den der antike Mimenschauspieler (lat. *centunculus*) auf der Bühne trug. In seinem Lumpenkleid, das im Harlekinkostüm der italienischen Commedia dell'arte weiterlebt, spielte der Mime die Rolle des *stupidus*, des dummen Bauern. Derwische und andere Asketen mögen diese Kleidung übernommen haben, um – dem Malamati-Ideal gemäß – Spott und Verachtung auf sich zu ziehen. So ließe sich die oftmals bizarre und clownhafte Tracht und das exzentrische Verhalten mancher Wanderderwische durchaus verstehen.

Die Derwischmütze

Bei der Initiation setzt man dem Derwisch häufig eine hohe, zukkerhutförmige Mütze aus Filz oder Stoff auf, die seine „Krone" (*taj*) darstellen soll. Die Zahl der Mützenzwickel bzw. -falten (*tark*) besitzt bei den einzelnen Bruderschaften eine spezifische Symbolik (zwölf *tark* für die zwölf Imame der Schia usw.). Widengren nimmt an, daß die spitze Filzmütze ursprünglich von den Magiern des alten Iran und den wandernden Anhängern Zarathustras stammt. Im Mittleren Osten ist sie seit jeher mit Priestertum und Derwischwesen verbunden; im übrigen verwenden auch christliche Mönche spitze Kopfbedeckungen mit Kapuze. Im Westen trugen Mimenschauspieler und Narren ähnliche Kappen – man vergesse nicht die heutigen Zirkusclowns –, aber auch die bäuerliche Bevölkerung in Griechenland und Italien.

Bei einigen Bruderschaften dient nach dem Vorbild des Propheten ein Turban als Kopfbedeckung, manchmal an Stelle einer Mütze verwendet oder um diese herum gelegt. Heterodoxe Derwische tragen entweder Spitzmützen, Flickenkappen, Turbane, schlingen sich – wie manche Qalandar – lange Schnüre (*chehel tar*) um den Kopf oder lassen ihre Haare unbedeckt. Von Qalandar und Malang aus Afghanistan ist bekannt, daß sie ihren Turban im Vergleich zu anderen geläufigen Bindungsweisen in der Art eines Narren genau umgekehrt falten und um den Kopf winden, wobei Anfangs- und Endstück des Tuches wie zwei Hörner nach oben ragen.

Abb. 20: Mütze eines iranischen sheikh, *rotes Tuch, bestickt*

Die Bettelschale

Einer der wichtigsten Ausrüstungsgegenstände für den Wanderderwisch ist die Bettelschale (*kashkul*) – meist oval geformt, aus Metall, Holz, einer Nuß (nicht selten einer halbierten Seychellen-Nuß) oder einem Kürbis gearbeitet und manchmal reich verziert. Das bauchige Gefäß dient ihm zur Aufnahme von Almosen (Nahrung und Geld) und zum Trinken. Manche mittelasiatischen Qalandar und Diwana führen neben der *kashkul* noch eine an einem Lederband hängende Kalebasse (*mudbakh-kadu*) mit sich, die ebenfalls für Nahrungsmittel bestimmt ist. Tragen die dortigen Derwische und Bettler die *kashkul* auf dem Rücken, so bedeutet dies, daß der Betreffende satt oder das Gefäß gefüllt ist; trägt er sie vorne über dem Bauch, so zeigt er damit, daß er Hunger hat. Die *kashkul* geht wahrscheinlich auf ähnlich geformte Almosenschalen bettelnder buddhistischer Wandermönche

Abb. 21: Iranische Bettelschale aus einer Seychellennußhälfte

und Hindu-Asketen zurück. Sie symbolisiert in besonderem Maße die Armut und umherschweifende Lebensweise der Derwische.

Schmuck

Schmuck, dem zumeist eine spezifische Symbolik zugrunde liegt, prägt das äußere Erscheinungsbild mancher Derwische, insbesondere bei den *bi-shar*-Bruderschaften. Bemerkenswert sind Gürtelzierat, Halsschmuck und Ohrringe der Bektashi. Am Gürtel tragen sie den „Stein der Genügsamkeit" (*qana'at-tashi*), der helfen soll, die Hungergefühle zu lindern, um den Hals eine Kette mit dem „Stein der Unterwerfung" (*taslim-tashi*). Bektashi, die zum dritten Grad der Bruderschaft gehören und sich für ein zölibatäres Leben entschieden haben, zeigen dies durch einen mondsichel- oder hufeisenförmigen Stein im rechten Ohr an. Auffallend reich, phantasievoll und bunt schmücken sich Derwische und Fakire auf dem indo-pakistanischen Subkontinent. Hier unterstreicht der Schmuck ihre feminine Rolle als „Gottesbraut".

Bemerkenswert erscheint der Schmuck eines muslimischen Fakirs aus Madras, der auf einem historischen Photo aus den 1920er Jahren zu sehen ist (Abb. 22): Auf ein breites, am Kopfhaar befestigtes Band sind Kaurischneckengehäuse und Münzen appliziert; an den Unter- und Oberarmen trägt er zahlreiche schwere Reifen aus Metallguß, soweit erkennbar allein am linken Arm mindestens 13 Reifen. An den Eisenketten, die er als „Gottesgefangener" über den Rücken gezogen hat, sind weitere schwere Metallobjekte befestigt. Die Autoren des Schmuckbuches, in dem diese Photo-

Abb. 22: Mit Eisenringen und Metallreifen behängter Fakir aus Madras (Südindien); in der Hand hält er eine chimta

graphie erstmalig publiziert wurde, sprechen nur von der „mysteriösen Information, daß der Fakir 225 lb. tragen würde". Zweifellos ist mit dieser Angabe das enorme Gewicht der Metallobjekte gemeint: 225 lb. (1 lb. = 0,453 kg) entsprechen 101,9 kg. – Eiserne Ringe an Armen und Beinen gehören zur Tracht der Haidari, Malang und anderer *bi-sharʿ*-Gruppen. Die dämonenabwehrende Funktion von Schmuckgegenständen aus Eisen mag hier eine Rolle spielen, wichtiger erscheint jedoch, daß solche Arm- und Fußreifen – häufig in Zusammenhang mit einem Gelübde – die Bindung (Verlobung) an Gott oder einen Heiligen symbolisieren.

'Abdul Qayyum, ein Malang aus Peshawar, der seit seinem 13. Lebensjahr als Anhänger Lal Shahbaz Qalandars vor allem im südlichen Sindh umherzieht, nannte mir auf die Frage nach der Bedeutung seiner Halsketten und Armreifen jeweils einzelne Heilige, zu deren Grabmälern er gepilgert war.

Weitere Gerätschaften

Zu den weiteren Ausrüstungsgegenständen der Derwische gehören Standarten und Fahnen, die sie bei Prozessionen tragen; ebenso kleinere Stäbe aus Metall oder Holz, die häufig bei der Kontemplation als Stützen für Stirn, Kinn, Arm, Hand oder Gesäß benutzt werden. Qalandar, Khaksar, Haddawa und andere wandernde Derwische sind meist mit einem kräftigen knotigen Wanderstock ausgerüstet – Stöcke, die in erster Linie dazu dienen, in der Wildnis Tiere (z.B. bissige Hunde von Nomaden) abzuwehren. Die Stöcke und Stäbe der Heiligen tauchen im islamischen Orient immer wieder in Wundergeschichten auf, etwa wenn ein Heiliger mit seinem Stab auf einen Felsen schlägt oder ihn in die Erde stößt und dann Quellwasser hervorsprudelt.

Mitglieder mancher Bruderschaften verwenden Keulen, Äxte und andere Schlagwaffen bei ekstatischen *zikr*-Ritualen und Trancetänzen. In der Frühzeit des Islam töteten kriegerische Derwische damit Feinde des neuen Glaubens. Seither besitzen Waffen jedoch fast nur mehr zeremoniellen oder dekorativen Charakter.

Wie bereits erwähnt, benutzen die Khaksar ein Horn (*shahnafir*), um die Bevölkerung eines Ortes zu verfluchen. Dabei blasen vier Derwische gleichzeitig aus den vier Himmelsrichtungen. Solche Hörner, allgemein *nafir* genannt und meist Besitz wandernder Derwische, dienen jedoch vorrangig dazu, die Ankunft oder Abreise mit einem Signal anzukündigen. Die Jalali blasen das *nafir* auch, wenn sie beim Betteln von Tür zu Tür gehen. Gearbeitet ist es häufig aus dem Horn eines Ochsen, Steinbocks, einer Bergziege oder Antilope, seltener aus Metall.

Zu den religiösen Gegenständen im Besitz der Sufis und Derwische zählt ferner die Gebetskette (*subha, tasbih*), Zeichen des Frommen und Asketen. Offenbar wurde sie zuerst von islamischen Mystikern bei Gebet und Gottgedenken verwendet. Bis heute dient sie insbesondere bei den *zikr*-Übungen als Zählhilfe, um die Abfolge der wiederholten Formeln einzuhalten. Da die *tasbih* eines Heiligen dessen Segenskraft aufnimmt, wird sie an seine Nachfolger weitervererbt und als Reliquie gehütet.

Als Gebetsteppich und als Unterlage zum Sitzen und Schlafen dient Wanderderwischen gewöhnlich ihr Flickenmantel, eine einfache Strohmatte oder ein Fell, das sie als Umhang über die Schulter gelegt tragen. Die Felle stammen von Schaf, Ziege, Gazelle, Hirsch (speziell bei den Bektashi) oder von Tiger, Panther, Leopard usw.

Lebensführung und Verhaltensregeln

Nach der Initiation wird der Derwisch von seinem Meister weiter erzogen und unterwiesen. Er lernt Gebete, zwischen Erlaubtem und Nicht-Erlaubtem zu unterscheiden, legt schlechte Angewohnheiten ab usw. Um seine Triebseele zu läutern, muß er auch betteln, die Räume des Konvents kehren oder Latrinen reinigen. Bei den Mevlevi hat er zunächst für 1001 Tage niedere Arbeiten in der Küche zu verrichten, wobei er von den anderen als *qarah qulaq* („Schakal", eigentlich „Schwarzohr") verspottet wird. Zuweilen soll er das Wasser trinken, mit dem man vorher dem *sheikh* die Füße gewaschen hat. Es gibt einen ganzen – *adab* genannten – Kodex von genauen Vorschriften des geziemenden Verhaltens gegenüber dem Meister, der jeden Schritt des Sufi auf dem mystischen Weg begleitet. Die Befolgung dieser Verhaltens- und Etiketteregeln fördert seine spirituelle Entwicklung. In den Bereich des *adab* gehören auch demütigende, peinliche und unsinnig erscheinende Dienste, die der Neophyte zu verrichten hat. Dem liegt der Gedanke zugrunde, Eitelkeit und Ichbezogenheit zu bekämpfen, dem *sheikh* unbedingten Gehorsam zu leisten und ihn zu ehren. Beliebt ist der Vergleich, daß sich der Schüler dem Meister gegenüber so passiv verhalten soll wie ein Toter zum Leichenwäscher. Respekt und Achtung vor dem *sheikh* drücken sich auch darin aus, sich nicht auf dessen Gebetsteppich zu setzen und nicht in dessen Schatten zu treten. Die Hingabe zu dem großen Heiligen Lal Shahbaz Qalandar war bei einigen seiner Malang so ausgeprägt, daß sie – wie etwa Sikandar Shah Bodlo –

den Sitzplatz des Meisters mit ihrem eigenen Bart zu reinigen pflegten.

Zu den *adab*-Regeln für die Lebensführung und das alltägliche Verhalten gehören je nach Bruderschaft bestimmte Riten der Begrüßung und des Abschiednehmens: besondere Arten des Händereichens, von Gesten und Formen der Anrede. In Indo-Pakistan etwa sind unter Derwischen die Grußformeln *yad Allah* („Erinnere Dich an Gott"), *ishq Allah wa murshid Allah* („Der Liebe Gottes und dem spirituellen Führer zu Gott") und *ishq Allah, jamʿ fuqara Allah* („Der Liebe Gottes, allen Fakiren Gottes") gebräuchlich. Indische Madari-Fakire grüßen sich untereinander mit *sain ishq Allah* („Dem Wanderderwisch die Liebe Gottes") und antworten darauf *madad Allah* („Gottes Hilfe"). Wie Jaʿfar Sharif berichtet, grüßen Derwische andere Leute manchmal mit den Worten „Gott ist groß, sei glücklich" oder „Der Schatten ʿAlis und des Propheten ruhe auf Dir". Neben diesen Begrüßungsformeln in Urdu ist selbstverständlich auch die klassische kurze Anrede in Arabisch, *as-salam ʿalaikum*, verbreitet. Die Bevölkerung redet Sufis und Derwische häufig als Shah Sahib („Herr König") an, da sie als Herren ihres eigenen Willens gelten – mit ein Grund für die zahlreichen Derwischnamen mit dem Epitheton „Shah". Als spezielles Erkennungszeichen dient bei iranischen Khaksar und indo-pakistanischen Qalandar-Gruppen folgende körpersprachliche Begrüßung: „Wie bei einer gewöhnlichen Handreichung gibt man sich gegenseitig die Rechte, der Zeigefinger bleibt dabei jedoch ausgestreckt und berührt die Pulsader am Unterarm des Partners. Dann ziehen beide Derwische ihre Hände langsam zurück, so daß deren Innenseiten eine Gleitfläche bilden, bis sich schließlich nur noch die Fingerspitzen berühren. Nun hakt man die Nagelspitzen der rechten Zeigefinger gegenseitig ein und zieht die Hand mit einem kleinen Ruck an sich, so daß bei der Trennung der Fingernägel ein leises Klicken zu hören ist" (Gramlich 1981: 19). Von dem Malang ʿAbdul Qayyum (damals 22 Jahre alt), den ich Anfang November 1989 in Karachi am Schrein des Heiligen ʿAbdullah Shah Ghazi traf, lernte ich die unter Malang und Qalandar-Derwischen gebräuchliche Geste der Ergebenheit gegenüber dem *sheikh*, die gleichzeitig der Kraftübertragung dient. Man küßt zunächst ehrfurchtsvoll die rechte Hand des Meisters und legt diese dann mit leichtem Druck auf den eigenen Nacken, die nach vorn gebeugte Stirn führt man zum Herzen des *sheikh* und spricht dabei längere Segensformeln. Durch das Auflegen der Hand und die Berührung mit dem Herzen wird etwas von der Segens- und Heilkraft des Meisters auf den Schüler übertragen.

Zu den *adab*-Vorschriften über das „Sprechen und Schweigen" bemerkt Hujwiri in seinem „Kashf al-mahjub": „Reden ist wie Wein: es berauscht den Geist und diejenigen, die beginnen daran Gefallen zu finden, können nicht mehr davon ablassen" (1911: 355). Viele Sufis und Derwische sprechen daher nur, wenn es ihnen unbedingt notwendig erscheint. Andere dagegen widersetzen sich der Empfehlung zum Schweigen und weisen darauf hin, daß man zu Gott beten und ihn laut preisen sollte.

Über das „rechte Gehen" der Derwische teilt Hujwiri folgende Regeln mit: „Der Derwisch sollte umsichtig gehen, den Kopf in Meditation gebeugt und in keine andere Richtung schauend als nach vorne. … Er sollte ruhig gehen und ohne Hast, damit sein Gang nicht dem der Habgierigen gleiche; er soll auch nicht langsam gehen, denn dann gliche sein Gang dem eines Stolzen" (1911: 350). Befindet er sich zusammen mit anderen Menschen in einer Gruppe, so soll er weder an der Spitze noch am Ende gehen. Der Heilige aus Lahore empfiehlt dem Derwisch, den Koranvers zu beherzigen „Ich will (jetzt) zu meinem Herrn gehen. Er wird mich rechtleiten" (Sure 37, Vers 99).

Die ideale Sitzhaltung des Sufi und Derwischs ist das Ruhen auf den nach oben weisenden Fersen, wobei der rechte Fuß über den linken geschoben wird und die Schienbeine parallel zueinander liegen. Die Arme hängen entspannt herunter, die Hände werden im Schoß zusammengelegt, der Kopf ist leicht gebeugt und ein wenig nach rechts geneigt. Diese Haltung, die möglichst wenig verändert werden sollte, nennt man *namaz ki tarha* („wie beim Gebet") oder *do zanu* („zwei Knie"). Mystiker sitzen so stundenlang während ihrer Meditation, dem Hören spiritueller Musik oder dergleichen. Derwische und Hindu-Asketen sitzen ferner häufig mit kreuzweise untergeschlagenen Beinen („Schneidersitz") oder in einer Position, bei der die Knie bis etwa in Brusthöhe hochgestellt werden. In beiden Fällen kann der Rücken mit Hilfe eines um den Körper geschlungenen und verknoteten Tuches, der sogenannten Gambe, entlastet werden. Dabei wird dieser Sitzgurt entweder nur um ein Knie oder um beide Knie gelegt.

Im hinduistischen Kontext bezeichnet man ihn als *yogapatta*, und Shiva selbst verwendet ihn mit Vorliebe in seinen Erscheinungsformen als Meister des Yoga. Beim Essen dagegen soll man – dem „Sufi-Knigge" des Najm ud-Din Kubra zufolge – auf dem linken Bein sitzen.

Der *adab* regelt auch das Verhalten der Derwische untereinander: Grundsätzlich gilt, daß der Wanderderwisch den Seßhaften als höherstehend respektieren soll, denn er selbst befindet sich noch auf der Suche nach Gott, wohingegen der andere die Vereinigung mit Gott schon erreicht hat. Umgekehrt gibt Hujwiri zu bedenken, daß sich der im Hause wohnende Derwisch mit weltlichen Dingen belastet, im Gegensatz zu dem frei und ungebunden lebenden Wanderer. Bei den Anweisungen zur Unterbringung eines reisenden Derwisch wird dem Gastgeber geraten, dem Ankömmling die Füße zu waschen, ihm ein Bad herzurichten, den Rücken zu kratzen, die Knie, Fußsohlen und Hände zu reiben und zu massieren sowie seine Kleidung zu säubern. Der seßhafte gastgebende Derwisch solle sich jedoch nur um denjenigen aufmerksam kümmern, der sich als wirklicher „Gottsucher" erweise, und nicht um solche, die bloß weltliche Gelüste im Sinne hätten. Hujwiri zitiert dazu eine Begebenheit aus seinem eigenen Leben, als er von Damaskus kommend den Sufi Ibn al-ʿAla bei Ramla besuchte. Ein ihn begleitender Derwisch bat den Gastgeber um Süßigkeiten in verschiedenen Farben. Ibn al-ʿAla gab ihm darauf zur Antwort: „Gefärbte Süßspeisen werden von Soldaten gegessen; du bist wie ein Heiliger gekleidet, und das Gewand eines Sufi verträgt sich nicht mit dem Appetit eines Soldaten. Wähle das eine oder das andere" (1911: 344).

Auch in den *adab*-Vorschriften über das Essen wird immer wieder betont, daß Derwische maßvoll essen und trinken und ihre Mahlzeit mit anderen teilen sollen. Manche der frühen Asketen lebten vegetarisch. Aus eigener Erfahrung mit pakistanischen und indischen Derwischen kann ich bestätigen, daß die meisten diesen Grundsätzen folgen. ʿAbdul Qayyum etwa teilte seine erbettelten Almosen – trockenes Brot und von einem Restaurantbesitzer in einen Plastikbeutel gefüllten heißen Tee – mit anderen Malang und Arbeitslosen, die am Schrein von ʿAbdullah Shah Ghazi Zuflucht suchten. Er breitete seinen Umhang auf dem Sandboden bei den Fakirhütten aus und lud alle zu dem bescheidenen Mahl ein.

Den Sufi-Idealen folgend, aber zudem häufig von den Lebensumständen gezwungen, leben viele Derwische nach der Maxime Hujwiris: „Sie essen wie Kranke, schlafen wie Schiffbrüchige und reden wie solche, deren Kinder gestorben sind" (1911: 348).

Ehe, Zölibat und Sexualität

Die Ehe wird im Islam, dem Vorbild des Propheten folgend, für die Gläubigen nachdrücklich empfohlen; besonders die Vertreter der Orthodoxie verurteilen vehement ein zölibatäres Leben. Im Bereich des Sufismus und der gesetzeskonformen Bruderschaften sind daher lediglich die frühen Asketen und die Wanderderwische ehelos geblieben. Nichtsdestoweniger erscheint die Haltung vieler Mystiker gegenüber Frauen eher ablehnend: Ein von Abu Hamid al-Ghazzali (gest. 1111) überliefertes Prophetenwort lautet: „Frauen sind die Schlingen des Teufels". Und auch die Triebseele hat man in der Gestalt einer Frau gesehen. ʿAttar schließlich verglich den Derwisch, der heiratet, mit einem Mann, der in einem Boot sitzt und untergehen wird, wenn noch ein Kind dazukommt. Obwohl mithin nach Auffassung der Sufis Frauen und Kinder von Gott ablenken, so waren und sind doch die meisten von ihnen verheiratet. Ein Blick in die Geschichte der Heiligenfamilien und die Regelungen der Nachfolge des *sheikh*s bestätigt dies. So soll zum Beispiel der größte islamische Heilige, ʿAbdul Qadir Gilani, – dem Vorbild des Propheten folgend – vier Frauen geheiratet haben, von denen er 49 Kinder hatte. In Afghanistan allerdings wird dem verheirateten Sufi anempfohlen, keine zweite Frau zu ehelichen. Man weist darauf hin, daß er „die Hand des *pir* ergriffen habe" (*dast-i pir gerefta*) oder „in den Kreis des *pir* eingebunden sei" (*dar band-i pir ast*) – eine weitere Ehefrau würde ihn vollends von Gott ablenken. Generell ist also festzuhalten, daß die Ehelosigkeit in den Bruderschaften keine Verpflichtung darstellt, oft stehen dem Derwisch beide Möglichkeiten offen. So gibt es bei den Bektashi den zölibatären Zweig der Babagan, die auch „Kinder des Weges" genannt werden, und den Zweig der Çelebiler, der „Kinder der Lende". Mevlevi, die im Konvent leben, heiraten gewöhnlich nicht, doch sind Ehe und Kinder für den Derwisch nach Verlassen des *khanqah* kein Hindernis. Dagegen leben Qalandar und Angehörige anderer *bi-shar'*-Gruppen – mit Ausnahme der indischen Benawa – in der Regel zölibatär. Auch der große ägyptische Heilige Ahmad al-Badawi weigerte sich zu heiraten, da er sich ganz der Betrachtung Gottes widmen wollte. Auf Vertreter der Orthodoxie und der gesetzestreuen Bruderschaften hat ein solches Verhalten provozierend gewirkt.

Ghazzali empfiehlt recht drastisch im Hinblick auf Ehe und Zölibat bei Derwischen: „Die Ehe ist in unserer Zeit nur für diejenigen das Bessere, die vom Geschlechtstrieb derart übermannt werden, wie ein Esel, welcher, wenn er die Eselin sieht, nicht widerstehen kann, sie zu koitieren. Wenn er aber sich enthalten kann, so ist es besser für ihn, das Heiraten zu lassen." Abgewogener resümiert Hujwiri: „Die Heirat ist für diejenigen geeignet, die mit der Menschheit verbunden sind, und das Zölibat ist eine Zierde für die, die sich vor der Menschheit zurückzuziehen suchen."

Geht man über die Texte und Überlieferungen hinaus, die recht klare Vorstellungen von Ehe und Ehelosigkeit vermitteln, so zeigt sich, daß im Alltag auch Sexualität außerhalb dieser Lebensformen eine nicht unwesentliche Rolle spielt. Die im Sufismus spirituell vertiefte Idee, daß sich die Seele des Heiligen beim Tod mit Gott vereinigt, wird in der praktischen Volksreligion von den Gläubigen als tatsächliche Hochzeit verstanden und ausgeformt. Dies kommt etwa in der Symbolik der Riten bei den '*urs*-Festen in Südasien – durch entsprechende Anspielungen auf Sexualität – sehr deutlich zum Ausdruck. Gerade in der Vorstellungswelt des einfachen Derwischtums, das in der Unterschicht verwurzelt ist, findet sich eine Verbindung zwischen göttlicher Liebe und menschlicher Sexualität und Erotik. Mancher *pir* oder Derwisch hat seine Stellung als Mittler zu Gott und Fruchtbarkeitsbringer wohl konkret ausgelebt; verkehrt er geschlechtlich mit einer Frau, so gibt er mit dem Samen zugleich etwas von seiner eigenen Segenskraft weiter. Anekdoten und Berichte – hinter vorgehaltener Hand erzählt – sprechen davon, daß gewisse Heilige unsittlich waren und die Freiheit an manchen Schreinen mißbraucht wurde. Nicht alle entsprechenden Angaben werden von Vorurteilen verzerrt sein, sondern durchaus einen Ausschnitt der Wirklichkeit spiegeln; umgekehrt ist bei den sexuellen Anstößigkeiten der Malamati und Majzub mit der bewußten Verheimlichung geschlechtlicher Enthaltsamkeit zu rechnen. Extreme Versuche, die eigene Sexualität zu kontrollieren und zu unterdrücken, hat es immer gegeben – in neuerer Zeit beispielsweise bei Gandhi, der mit seiner Großnichte in einem Bett schlief, ohne sie zu berühren oder gar erregt zu werden.

Für abweichende sexuelle Praktiken war der algerische Heilige Ahmad ibn Yusuf (gest. 1524) bekannt, auf den die Bruderschaft der Milyana zurückgeht. Über eine im 17. Jahrhundert von einem gewissen Abu Jarid in Sudan und Eritrea verbreitete Bruderschaft heißt es, daß Frauen während des rituellen *zikr* anwesend waren, mit der Zunge trillerten und danach den männlichen Teilnehmern zur Verfügung standen. Eine an sakrale Prostitution erinnernde sexuelle Freizügigkeit wird den Anhängerinnen des marokkanischen Heiligen Sidi Rahhal nachgesagt. Das Gebot der Ehelosigkeit hindert auch die Frauen und Männer der Haddawa nicht, oft promiskuitiv als Bruderschaftsmitglieder zusammenzuleben. Die Gnawa-Musiker und -Gaukler etwa haben zahlreiche Kontakte zu Prostituierten und anderen Frauen, die an ihren *hadra* teilnehmen. Zu den Gnawa gehörende Wahrsager (*shuwaf*) sind in der Regel homo- und bisexuelle Transvestiten. Die fragliche sexuelle Enthaltsamkeit der Qalandar-Derwische und ihre Selbstkasteiung durch Penisringe wurde bereits angesprochen. Ihre Sexualität scheint bisweilen wie bei den antiken Kynikern eher auf die triebhaften Grundbedürfnisse reduziert, auch wenn dies zur Zeit noch nicht genügend zu belegen ist. Bezeichnend scheint mir auch die persische Wortverbindung *qalandar-bacha* („Qalandar-Junge") als Begriff für den Penis; „Päderast" heißt übrigens *bacha-baz*. Dies weist auf die homosexuellen Beziehungen hin, die dem wandernden Derwisch und seinem jungen Gehilfen im Volk gemeinhin nachgesagt werden – keineswegs zu Unrecht, wie am Beispiel der marokkanischen Haddawa gezeigt wurde. Tatsächlich erfreuten sich auch die Qalandar während des mystischen *sama*ʿ-Konzertes am Anblick hübscher und gutgewachsener Knaben. In der persischen Dichtung findet sich immer wieder als Thema die erotische Liebe zwischen manchen Sufis und den jungen, schönen „Unbärtigen".

Armut ist das „Kleid der Frommen", wie Ibrahim al-Khawwas (gest. 904) sagte; als Sufi-Ideal ist die Armut mit überzeugtem inneren Verzicht und der Aufgabe jeglichen Wunsches nach Besitz und Reichtum verbunden. Freiwillige Armut (*faqr*) betrachtet man auch als geistige Vollkommenheit, die ʿAli verwirklichte, indem er seine Habseligkeiten als Almosen an Bedürftige verschenkte. Wie sehr man sie in den Kreisen der Sufis und Derwische schätzte, zeigt der Sinnspruch Ibn ʿAta Allahs: „Die Ankunft von Armut und Mangel sind Festtage für die Novizen." Der aus dem nordafghanischen Balkh stammende asketisch lebende Mystiker Ibrahim ibn Adham schrieb einmal: „Dem Martyrium gleich ist die Armut im himmlischen Schatzhause Gottes verwahrt, und er gibt sie nur denen, die er liebt" (Gramlich 1976: 432). Derwische sehen die Armut somit als Geschenk Gottes an; alles Nichtgöttliche ist für sie bedeutungslos, sie brauchen nur Gott, dem sie innig vertrauen. Sie sind „Könige auf dem Pfad der Armut". Dem Ideal der Armut und Genügsamkeit, das gerade die Masse der armen Bevölkerung so beeindruckt, soll ebenso der Herrscher verpflichtet sein, von dem man sich erhofft, daß er wie ein Derwisch regiere. Einer, der diese Verpflichtung erfüllte, war Murad, zwischen 1785 und 1800 Emir von Bukhara und dritter Herrscher der Mankit-Dynastie, der auch Mir Maʿsum genannt wurde. Er lebte sehr bescheiden und verlangte für sich nur den Lohn des ärmsten Schülers einer Koranschule.

Wichtiges Sinnbild für die Bescheidenheit des Derwischs ist ein Blatt oder Pflanzenbüschel. So ist das „grüne Blatt" (*barg-i sabz*) einer würzigen Pflanze – oft der wilden Minze – ein charakteristisches Symbol für den Wanderderwisch (Abb. 23). Man findet es häufig auf iranischen Miniaturen abgebildet. In Afghanistan erzählt man, daß der Derwisch, wenn er im Winter um Obdach bittet, als Geschenk ein grünes Blatt und einen Apfel auf das Speisetuch legt. Dem entspricht die in Iran und Afghanistan verbreitete persische Redensart *barg-i sabz ast tofa-yi darwesh chi konad benawa nadarad bish* („Das Geschenk des Derwischs ist [nur] ein grünes Blatt, was soll der Arme tun, er hat nicht mehr"). Das Überreichen des *barg-i sabz* geht vermutlich auf einen alten

Begrüßungsritus zurück, den die Derwische möglicherweise aus dem Zunftbrauchtum übernommen haben. Beim Eintritt in eine Handwerkergilde wurde dem Novizen eine Blattpflanze, genannt *'irq al-'akhdar* („grüne Ader"), überreicht. Das oben erwähnte Gastgeschenk eines Apfels hingegen weist auf die fruchtbarkeits-magischen Fähigkeiten des Derwischs hin. Ein verbreitetes Motiv in persischen Volksmärchen ist ein Derwisch, der dem kinderlo-sen König einen Apfel überreicht, durch dessen Wirkkraft die Königin geschwängert wird und einen Sohn zur Welt bringt.

Wie bereits erwähnt, gehen die meisten Derwische der ortho-doxen Bruderschaften einer geregelten Arbeit nach, viele sind in einfachen Handwerksberufen tätig. Sie handeln nach der Maxime *dast ba-kar, dil ba-yar* („Die Hand an der Arbeit, das Herz beim [göttlichen] Freund"). Vor allem die Anhänger der Naqshbandiyya, Ni'matullahiyya und Muridiyya schätzen die Erwerbstätigkeit. Anders denken die außerhalb des religiösen Gesetzes stehenden wandernden Derwische, die körperliche Arbeit als Mittel zum Brot-erwerb oft ablehnen. Als Mitglieder regelrechter „Bettelorden" wandern sie von Haus zu Haus, warten an Heiligenschreinen auf Almosen oder suchen in den Bazaren der Städte ihr Auskommen. In bestimmten Bruderschaften, etwa bei den Bektashi, war es nur im Notfall erlaubt zu betteln, nämlich dann, wenn der Derwisch bereits mindestens drei Tage lang gefastet hatte. Ein Wander-derwisch, der das Ideal des vollkommenen Gottvertrauens (*ta-wakkul*) konsequent lebt, kümmert sich nicht um seine Nahrung für den nächsten Tag. Er folgt dem Sufi-Spruch „Gott legt dir nicht auf, die Arbeit von morgen schon heute auszuführen. Sei du dann nicht so unbillig, daß du heute von ihm den Unterhalt des morgigen Tages begehrst" (Andrae 1960: 133). Die typischsten Vertreter bettelnder Wanderderwische leben in Marokko und In-do-Pakistan. René Brunel hat den Alltag eines armen Haddawa-Derwischs eindrücklich beschrieben: „Von den frühen Morgen-stunden an mahnt er unermüdlich die Bürger in den engen Gassen der Medina an ihre Almosenpflicht. Er klopft an alle Türen. Viele bleiben geschlossen, andere öffnen sich, und er muß meistens ein (Schimpf-)Wort hören, mit dem er weggejagt wird. Ohne zu antworten, doch mit dem gleichen ruhigen Schritt, zieht er sich zurück, wobei er jene philosophische Weisheit vor sich hin murmelt: ‚Es ist sehr schwer, die Menschen anzurühren … Nur

Abb. 23: Derwisch mit Bettelschale und Pflanzenbüschel, iranisches Aquarell,
Ende 19./Anfang 20. Jahrhundert

*Abb. 24: Wanderderwisch mit Bettelschale und Halsketten
(in der Nähe von Ghazni/Afghanistan), historische Aufnahme von 1958*

Gott ist großzügig'. Oft, vom Hunger, der ihn quält, getrieben, harrt er indessen aus und erhält schließlich Abfall, ungenießbare Speisereste, die er in seine *hāllāb* (Bettelschale, Anm. d. Ü.) wirft, die dort zu einer entsetzlichen Mischung werden. Nach Beendigung seines Rundgangs, spät in der Nacht, kehrt er bedrückt zum Fondouk (Großhandelslager mit Herberge, Anm. d. Ü.) zurück, wo er sich unter andere schäbige und anonyme Bettler mischt; manchmal findet er ein wenig Platz auf einem Gehweg oder einer

Bank in der Nähe eines Mildtätigen oder in einem Winkel in einem baufälligen Haus oder außerhalb der verfallenen Stadtmauer. Die Wahl seines Nachtlagers wird fast immer von einer religiösen Überlegung gelenkt, und es ist am häufigsten, daß man ihn an der Tür eines bekannten Heiligtums trifft, erschöpft, leidend, sein scheußliches Durcheinander essend und dabei Dankesworte zum Himmel schickend. Unter seinen Lumpen, denen nichts Schrecklicheres gleichkommt, in dem abscheulichen Gewimmel (von Ungeziefer, Anm. d. Ü.), in dem er die Leiden ohne das mindeste Anzeichen von Besserung hinnimmt, erduldet er sein Los, ohne zu fluchen. Er weiß in Ruhe zu ertragen. Die Inbrunst seines Glaubens allein hält ihn aufrecht. Winter wie Sommer begnügt er sich mit den gleichen zerrissenen Kleidern. Er trägt der Kälte keinerlei Rechnung, und wenn am Morgen der Wind schärfer bläst oder der Regen dichter fällt, findet man ihn, sanftmütig, sein Grünzeug (Marihuana, Anm. d. Ü.) rauchend, den Tag erwartend." (1955: 186)

Das mit dem Asketentum verbundene Betteln hat vor allem in Süd- und Mittelasien eine lange Tradition. Für die buddhistischen Mönche stellte es eine anerkannte Möglichkeit dar, ihren Lebensunterhalt zu sichern; die Gläubigen konnten sich andererseits durch Freigebigkeit Verdienste erwerben. Für die islamischen Derwische sieht Hujwiri folgenden Vorteil: „Die Sufis betteln, um die Demütigung beim Betteln ertragen zu dürfen, um zu erkennen, was die anderen wertschätzen, und um selbst nicht stolz zu werden." (1911: 359) Auf Ghazzali geht der Gedanke zurück, daß der Almosenspender durch seine Mildtätigkeit den eigenen Geiz bekämpfen und überwinden kann. Ob er die Armen und Derwische beschenkt oder die Heiligen, immer sind es an Gott gerichtete Gaben.

An das buddhistische Mönchsleben erinnert die in manchen indischen Bruderschaften übliche Praxis, daß eine Gruppe der Derwische ständig im Konvent anwesend ist und die andere als wandernde Derwische in der Umgebung, die in Kreise (*halqa*) gegliedert ist, bettelt und mit den Almosen am Abend zum *khanqah* zurückkehrt.

Wenn einzelne Derwische auf ihrer Wanderschaft keinen Konvent oder keinen Heiligenschrein finden, in dem sie übernachten können, so schlafen sie – wie es in Iran beobachtet wurde – in einem Privathaus, an dem der Gastgeber für die Dauer ihres Aufenthalts eine Stange mit einer dreieckigen Fahne aus schwarzem Tuch anbringt.

Die gebräuchlichste Form des Bettelns ist das Gehen von Tür zu Tür, wobei sich der Derwisch bei Gott für die erhaltenen Gaben bedankt und oft über den Spender einen Segen spricht. In Ostturkestan spielten die Qalandar dabei eine Langhalslaute (*dutar*) und sangen Lieder über den weisen Narren Shah Mashrab. Die im Bazar von Bukhara singend von Geschäft zu Geschäft ziehenden Qalandar riefen zudem *Ya hu, Ya haq* („Oh Er, Oh Wahrheit"). Neben der Bitte um Almosen an Heiligengräbern ist diese Methode bis heute bei vielen Qalandar, Malang und verwandten Derwischgruppen in Indo-Pakistan und Nordafrika verbreitet. Bei iranischen Bruderschaften ist das Betteln inzwischen nicht mehr üblich bzw. verboten und schlecht angesehen; wie Richard Gramlich berichtet, ist es selbst bei den dortigen Khaksar nur noch mit besonderer – aber selten erteilter – Erlaubnis des *sheikh*s möglich. Früher gab es bei den Khaksar als weitere Bettelmethode den „Schritt des Salman" (*qadam-i salmani*): Lieder singend, ging der Derwisch jeweils sieben Schritte, hielt dann an, um gegebenenfalls Almosen entgegenzunehmen, ging wieder sieben Schritte voran usw. Dabei durfte er weder nach rechts noch nach links schauen und niemanden ansprechen. Als dritte und in der Literatur häufiger erwähnte Art des Bettelns kannten die Khaksar den *talab* genannten „Heischegang", den sie vorwiegend anläßlich des Neujahrsfestes (*nauroz*) durchführten. In qajarischer Zeit stellte der *naqib*, ein Staatsbeamter, dafür eigens einen Erlaubnisschein aus. Bei dem *talab* handelt es sich um ein forderndes, ja fast erpresserisches Betteln, bei dem der *sheikh* zumeist ein von besonders Reichen bewohntes Stadtviertel oder gar einen ganzen Bazar für diese Aktion auswählte. Vor dem Haus eines Wohlhabenden wurde sodann das „Qalandar-Zelt" (*chadur-i qalandari*) aufgestellt, wobei das Gebäude die Rückwand des Zeltes bildete. Der *sheikh* blieb darin sitzen, fastete und widmete sich dem Gottgedenken, während die übrigen Derwische lauthals die von ihrem Oberhaupt bestimmte Geldsumme einforderten. Gab der Hausbesitzer nichts, so wurde er öffentlich als Geizhals beschimpft. Hatte auch das keinen Erfolg und blieb der Angebettelte selbst bei wiederholten Aktionen unnachgiebig, dann verfluchten die

Khaksar diesen Ort und bliesen dabei in ihr Horn. Göttliche Strafen, wie Unglücksfälle, Krankheiten usw., waren die Folge. – Aus Teheran wird berichtet, daß Derwische – offenbar anstatt des erwähnten „Qalandar-Zeltes" – ein Miniaturweizenfeld von etwa 90 cm² vor dem Haus anlegten und einsäten. Dies war ein deutliches Zeichen, daß sie so lange bleiben wollten, bis sie den Weizen dieses „Adonisgärtleins"[49] würden ernten können. Meist erhielten sie bald ihre Almosen und entfernten sich wieder. Mußten sie länger darauf warten, so riefen sie ununterbrochen *haq* („das Recht") und bliesen in ihre Kuhhörner. Das *haq-i talab* gilt den Khaksar selbst nicht als ordinär und zudringlich, sondern als *halal* („erlaubt").

Ähnliche Formen des Bettelns sind aus anderen Gegenden bekannt; in Ostturkestan etwa stimmten Qalandar den gleichen Ruf *haq, haq* an, forderten lautstark Almosen und verspotteten die Ladenbesitzer in den Bazaren, wenn diese sich weigerten. Daher war in Kashgar – ähnlich wie in Iran – noch im 19. Jahrhundert ein chinesischer Beamter speziell für das „Wohlverhalten" der bettelnden Derwische zuständig. Die Geschäftsleute zahlten ihnen monatlich eine festgesetzte Abgabe, um nicht von ihnen behelligt zu werden. Auf dem indo-pakistanischen Subkontinent sind es bis heute vor allem die Madari-Malang, aber – wie ich beobachten konnte – auch *hijra/khusra* (Angehörige des „dritten Geschlechts"), die die Bazarhändler so lange mit obszönen Ausdrücken und Liedern schmähen, bis sie genügend Almosen erhalten. Die seit dem 17. Jahrhundert bekannten Suthreshahi-Fakire schlagen dabei zusätzlich zwei Stöcke gegeneinander. Manche Derwische erscheinen auch als ungebetene Gäste bei Hochzeiten und anderen Festen und beten dort für das Wohlergehen der Spender, die ihnen die Bettelschalen füllen.

Zuweilen wurde die Forderung nach Geld in provozierender Weise übertrieben; um die Mitte des 19. Jahrhunderts wird aus Teheran von einem Derwisch berichtet, der rief: *Hazar toman, yek dinar kamtar namigiram* („1000 Toman, einen Dinar weniger nehme ich nicht!"). Ein anderer iranischer Derwisch – wahrscheinlich ein Khaksar – lehnte die ihm angebotene Münze ab, weil ihr Wert ihm zu gering erschien, und schlug sich dann so lange mit einem Stein auf die Brust, bis Blut floß. Solche Selbstpeinigung soll Mitleid erzwingen, läßt sich jedoch ebenso als

Drohgebärde verstehen: Die Verletzung soll sich auf den Ange-
bettelten übertragen, wenn dieser nichts gibt. Indische Gurzmar-
und Chhurimar-Fakire ritzten sich daher ihre Haut mit einer
Keule oder einem Messer, jedoch möglichst so, daß kein Blut
floß, Jalali brachten sich entsprechend leichte Brandverletzungen
bei. Von Rifaʿi-Derwischen an der pakistanischen Makran-Küste
wird sogar berichtet, daß sie diejenigen ins Gesicht schlugen, die
ihnen nicht schnell genug Geld gaben.

Angesichts dieser uns abstoßend erscheinenden, aggressiven
und erpresserischen Bettelmethoden, die unter heterodoxen Derwischen noch bis vor kurzem verbreitet waren, ist zu bedenken,
daß einige dieser Bruderschaften möglicherweise auf antike oder
in Indien sogar auf vorarische Gruppen von Priestern oder Kult-
dienern lokaler Gottheiten, „heiligen Gauklern" etc. zurückge-
hen, deren Vorstellungen und Verhaltensweisen später islamisch
oder auch hinduistisch überformt wurden. Dies könnte die Art
und Weise erklären, wie manche Derwische bis in die Neuzeit
ihre Ansprüche auf Almosen durchsetzten, die ihnen früher einmal traditionell zugestanden haben mögen. Andere, vollkommen
der sufischen Weltabkehr verpflichtete Derwische, wie etwa der
ʿAbdal-Führer Otman Baba, lehnten etwa Geldgeschenke ab und
verglichen sie mit Fäkalien.

Fasten und andere Askesepraktiken

Man würde also ein falsches Bild des Wanderderwischtums ge-
winnen, nähme man an, ausschließlich erpresserisches Betteln der
eben geschilderten Art präge es. Letzteres stellt lediglich einen bizarren Aspekt dar, der zumindest in Indo-Pakistan durch die Zugehörigkeit vieler Qalandar und Malang zu orthodoxen Bruderschaften, wie der Qadiriyya und Chishtiyya, abgeschwächt
wurde. Die Vielschichtigkeit des islamischen Derwischwesens
zeigt sich darin, daß neben provozierendem Verhalten, Ekstase
und Lebensgenuß auch asketische Züge eine wichtige Rolle spielen. So soll ein wirklicher Fakir – also ein „Armer" – fasten und
zugleich sicherstellen, daß andere nicht hungern müssen. Zindapir
(gest. 1999), der Heilige von Ghamkol Sharif (Pakistan) erklärt
dazu: „Ein Fakir ist der Freund Allahs. Selbst wenn ihm 100 000

*Abb. 25: Bektashi-Derwisch mit geschultertem Löwen,
dem Symbol für die bezwungene Triebseele, volkstümliches Aquarell,
Anfang des 19. Jahrhunderts (Türkei)*

Rupien angeboten würden oder um Allahs willen zu hungern, so würde er den Hunger vorziehen" (Werbner 1990: 271).

Asketische Praktiken, wie etwa das Fasten, gehören zur *via negativa*, dem mühseligen Weg der Reinigung und Loslösung von dem, was den Mystiker in seiner Zuwendung zu Gott behindert. Dies ist vor allem das vitale Selbst, das quälende Ich – die Triebseele (*nafs*), die diszipliniert und schließlich in die „ewige Seele" (*ruh*) transformiert werden soll. Mehrere Formen der Askese wirken direkt auf den Sitz dieser „niederen Instinkte" ein, auf die äußeren Glieder des Menschen. Um mit Max Weber zu sprechen, geht es um „die planvolle Herabsetzung der körperlichen Funktionen: kontinuierliche Unterernährung, sexuelle Enthaltung, Regulierung der Atemfrequenz u. dgl." (1972: 327). Der physische Körper wird also als Hindernis verstanden: Für Ghazzali etwa war er ein Käfig, in dem seine Seele wie ein Vogel eingesperrt war. Erst mit dem Tod wird die vollkommene Vereinigung mit Gott erreicht.

Insbesondere in den ersten Jahrhunderten islamischer Zeitrechnung unterzogen sich die Mystiker strengen Übungen der Nahrungsaskese, des Schlafentzugs und der Lustunterdrückung. Damit standen sie in der Nachfolge der extremen christlichen Asketen in Syrien und Mesopotamien (4.–5. Jh.), die einsam in der Wildnis – ohne Schutz vor den Elementen – existierten und sich vegetarisch ernährten. Auf diese Weise suchten sie sich einerseits dem Leben Adams im Paradies vor dem Sündenfall anzugleichen, andererseits die Leiden von Jesus Christus zu vergegenwärtigen und zu teilen. Sufis und Derwische schätzten denn auch Jesus als den idealen Asketen und Heiligen, der bedürfnislos der Welt entsagte, aber freundlich und barmherzig zu seinen Mitmenschen war. In der islamischen Überlieferung heißt es bei Junaid, daß sich Jesus von weltlichen Dingen weitgehend abwendete und lediglich einen Becher und einen Haarkamm mit auf die Wanderschaft nahm. Als er jedoch einen Mann sah, der Wasser nur mit Hilfe seiner Hände trank, gab er auch seinen Becher weg. Das gleiche tat er mit dem Kamm, nachdem er jemanden beobachtet hatte, der seine Haare mit den Fingern durchkämmte. Aufgrund dieser Verehrung von Jesus waren die asketischen Züge des frühen Sufitums sicherlich auch durch christliches Gedankengut mitbeeinflußt.

Islamische Derwische aßen – wie christliche Eremiten – Brot und Salz. Sie achteten gewöhnlich genau darauf, daß ihre Nahrung den religiösen Vorschriften entsprach; in der Regel begnügten sie sich mit einfachem Hirse- oder Gerstenbrot. Manche von ihnen sollen auch über längere Zeiträume als Vegetarier gelebt haben, wie etwa von ʿAbdul Qadir Gilani erzählt wird. Der für sein strenges Fasten bekannte Sufi-Meister Sahl at-Tustari (gest. 896) riet u. a.: „Überflüssig ist alles, was ein Drittel einer normalen Tagesration überschreitet. Wer mehr ißt, ißt seine guten Taten auf" (Andrae 1960: 67). In ihrem Kampf gegen die eigene Triebseele praktizierten die frühen Asketen eine besondere Kunst des Fastens, das *sawm daʾudi*, d. h. sie enthielten sich einen Tag lang jeglicher Nahrung, aßen am darauffolgenden und wechselten auf diese Weise ab. Dadurch sollte sich der Körper an keinen der beiden Zustände zu sehr gewöhnen.

Angaben über die Fastengewohnheiten der Chishti-Heiligen, die hier kurz als Beispiel angeführt werden sollen, finden sich vielfach in der hagiographischen Literatur. Von Muʿin ud-Din Chishti erzählt man, er habe Tag und Nacht den Koran rezitiert und nur am Abend die tagsüber eingehaltene Enthaltsamkeit gebrochen, indem er ein wenig trockenes Gerstenbrot zu sich nahm, das er lediglich in Wasser tunkte. Zusätzlich führte er siebentägige Fastenperioden durch, die er auf die gleiche Weise beendete. Sein Nachfolger Qutb ud-Din Bakhtiyar erhielt wegen seiner Genügsamkeit – und wohl auch, weil er, wann immer er wollte, auf wundersame Weise unter seinem Gebetsteppich ein Stück Brot hervorholte – den Beinamen Kaki („Esser trockenen Brotes"). Der für seine asketischen Praktiken berühmte Baba Farid fastete tagsüber und nahm nach dem Abendgebet nur zwei mit Schmelzbutter bestrichene Brote, von denen er das eine gemeinsam mit seinen engsten Schülern aß und das andere an Bedürftige weggab. Eine andere Legende berichtet, daß er an hölzernen Nachbildungen von Brotfladen knabberte, um seinen Hunger zu bezwingen. Ferner soll er nach längerem Fasten Kieselsteine in den Mund genommen haben, die sich auf wunderbare Weise in Zuckerstückchen verwandelten, daher sein Beiname Ganj-i Shakar („Zuckerschatz"). Sein Schüler, der berühmte Asket ʿAla ud-Din ʿAli Ahmad Sabir (1196–1291), fastete der Legende nach gar über einen Zeitraum von elf Jahren, während er selbst in der *langar* Essen an die Bedürftigen verteilte. Gemäß den noch heute in der Chishti-Tradition üblichen 40-tägigen Perioden der Enthaltsamkeit ist beispielsweise der Genuß von Salz, Zwiebeln, Gewürzen sowie Fisch und Fleisch verboten, wohingegen Wasser und Brot erlaubt sind.[50]

Obwohl die Bekämpfung des Nahrungstriebs besonders in der frühen Phase des Sufismus bestimmend war und auch später gerade in Heiligenlegenden als wichtiges Motiv auftritt, so fällt doch insbesondere in der osmanischen Türkei bei den Mevlevi und Bektashi die Bedeutung der Zubereitung und Einnahme von Speisen im Konvent auf. In beiden Bruderschaften ist die Küche ein Ort mystischen Trainings, und eine Reihe von hierarchisch gegliederten Ämtern steht in Verbindung mit Küchendiensten. Die gemeinsame tägliche Hauptmahlzeit der Derwische wurde bei den Mevlevi in einem streng ritualisierten Kontext vollzogen. Aus Anlaß eines religiösen Festtages, einer Initiation oder beim Empfang von Gästen wurden bei vielen Bruderschaften des Nahen und Mittleren Ostens sowie Mittelasiens reiche Speisen aufgetragen. In der persischen und türkischen Sufi-Poesie gibt es daher zahlreiche Metaphern, die auf Speisen und Getränke Bezug nehmen. Auch im Hinblick auf strengere Nahrungsaskese ist zu bedenken, daß Derwische nach einer längeren Fastenperiode durchaus ein Festmahl einnehmen durften. Wanderderwische sind für noch extremere Verhaltensweisen bekannt: Auf der einen Seite ist ihr Leben durchaus auf Askese, Genügsamkeit und Zufriedenheit mit dem unbedingt Notwendigen ausgerichtet, auf der anderen sind sie jedoch keineswegs leibfeindlich. Wie von den marokkanischen Haddawa, den ʿAbdalan-i Rum und den Qalandar berichtet wurde, berauschen sie sich mit Drogen, schlemmen mitunter bis zum Erbrechen und werden ausschweifend. Daß der Genuß von Haschisch Heißhunger hervorrufen kann, ist in der Neurobiologie seit langem bekannt.

Dem Fasten – in Verbindung mit Gebet, Meditation und Gewissenserforschung – konnten sich die Asketen (*zahid*) am besten in der Zurückgezogenheit (arab. *khalwa*, türk. *halvet*) widmen; sie suchten die Einsamkeit in der Wildnis, auf Bergspitzen, in Höhlen oder geeigneten zellenartigen Behausungen. Die dortige Abgeschiedenheit war für die Herzensbildung des Mystikers besonders förderlich. Der ägyptische Mystiker Abu Suʾud (gest. nach 1523/24) soll den ganzen Fastenmonat Ramadan in einem Keller unter seiner Klause verbracht haben. – Über die Fastenpflicht des offiziellen Islam hinaus gibt es im Sufismus 40-tägige (oder bei den Mevlevi sogar 1001-tägige) Perioden des Fastens und teilweisen Schlafentzugs (*arbaʿin*, *chilla*) ähnlich der vorösterlichen Quadragesima im Christentum.

Die Zahl 40 spielt im volkstümlichen Islam eine besondere Rolle: Zunächst ist sie die Zahl des Wartens und der Ausdauer: Die Novizen der Mevlevi-Bruderschaft müssen 40-tägige Arbeitsperioden einhalten; nach dem Tod eines Angehörigen trauern die Hinterbliebenen 40 Tage lang, und alle 40 Tage soll sich der gläubige Muslim seine Körperhaare schneiden. Nach einer im östlichen Islam geläufigen Vorstellung werden Wünsche eines Frommen erfüllt, wenn er sich 40 Tage an einem Heiligenschrein aufhält, dort den Koran liest und Gebete spricht. Die 40-tägige Klausur an einem Grab oder in der Einsamkeit gehörte oft zum Noviziat eines Derwischs, so vor allem bei der Khalwatiyya und der Chishtiyya, sie wurde aber auch von den anderen Bruderschaften empfohlen. Der Adept sollte sich dabei ständig im Zustand ritueller Reinheit befinden und durfte entweder nur zweimal am Tag ein wenig essen oder er bekam am Abend nur ein bißchen Brot und Salz. Shah 'Abdul Latif, der berühmte Mystiker aus Sindh, pflegte während der *chilla* – wie viele andere Sufis – täglich nur eine einzige Dattel und einen Schluck Wasser zu sich zu nehmen.

In der neueren Zeit haben die Mystiker im Vorderen Orient und im Mittleren Osten diese 40-tägigen, mit Meditation und Gottgedenken verbundenen Fastenzeiten mehr und mehr aufgegeben. Auf dem Subkontinent und in Afghanistan werden *chilla*-Perioden aber immer noch, auch aufgrund der ihnen zugeschriebenen Heil- und Schutzwirkungen, durchgeführt.

Die in Indo-Pakistan verbreiteten Klausen (*chilla-khana*) sind in der Regel dunkel und leer und damit vorzüglich für die Meditation geeignet. Sie liegen in der Wildnis, bei einem Heiligengrab oder einer Moschee. Oft handelt es sich um kleine, niedrige Räume, die halb oder ganz unter der Erde gebaut sind. Große Sufis und Derwische verbrachten darin im Laufe ihres Lebens zahlreiche *chilla*-Perioden. Von dem ägyptischen Heiligen Ahmad al-Badawi heißt es in volkstümlichen Legenden, daß er mehrmals für 40 Tage – nach anderen Quellen sogar 40 Jahre lang – auf der Terrasse eines Hauses stand, die Augen in die Sonne gerichtet.

Asketische Übungen mit Fasten, Schlafentzug und sexueller Enthaltsamkeit, isoliert von der Außenwelt, verhelfen zu Visionen und ekstatischen Erlebnissen. Beim Fasten beispielsweise wird das Zerebralsystem durch Vitamin- und Zuckerdefizite beeinflußt, die Konzentration des Botenstoffs Serotonin im „Limbischen System", das den Hirnstamm umgibt, führt dabei zu euphorischen Gemütszuständen. Allgemein kommt es in den Phasen der Zurückgezogenheit zu einer erheblichen Verringerung äußerer Sinnesreize, die den Übergang in andere Bewußtseinszustände fördert. Ein Merkmal dabei ist, daß die mentale Konstruktion des menschlichen Selbst zusammenbrechen kann. Fehlende Sinnesdaten (Leerstellen) werden dann durch simulierte ersetzt, das Gedächtnis steuert ein visuelles Bild der Umwelt (meist aus der Vogelperspektive) – es kommt zu Visionen.

Obwohl immer wieder vor übertriebenen Praktiken des Weltverzichts gewarnt wurde, gab es doch einzelne, die dieses „Sterben vor dem Sterben" suchten, um innere Reinheit zu erlangen. Eine der extremsten dieser Übungen ist die *chilla-i maʿkus*, bei welcher der Asket 40 Tage und Nächte, die Füße zusammengebunden, mit dem Kopf nach unten an einem Baum oder in einem Brunnen hängt. Bekannt dafür war insbesondere Baba Farid, der von Ort zu Ort wanderte, stets auf der Suche nach geeigneten Plätzen für die *chilla-i maʿkus* – wie einem möglichst einsam gelegenen Brunnen in der Nähe einer Moschee. Umkehrübungen als solche (z.B. Kopfstand oder Schulterstand) sind vor allem aus der indischen Yoga-Praxis bekannt; die Wahl eines Brunnenschachts verweist sowohl auf esoterische Bedeutungen der Spirale und des Tunnels als auch auf Erfahrungen am „Rande des Todes". Im Bereich des hinduistisch beeinflußten südasiatischen Volksislam findet man in Heiligenviten zudem häufig Berichte von langwährenden Fastenperioden, die der Adept im Wasser stehend verbrachte.

Häufig kombinierte man die Nahrungsaskese mit einer weiteren Ekstasetechnik – dem Schlafentzug. Die Mystiker suchten den Rausch der Übermüdung, der es ihnen ermöglichte, Helligkeit und Schwerelosigkeit wahrzunehmen. Auch dabei kam es – den Heiligenviten zufolge – bisweilen zu extremen Formen der Selbstpeinigung: Um wach zu bleiben, nahmen Derwische im Verlauf der *chilla* bestimmte Sitzpositionen ein und verwendeten eigens Stützstäbe, einige banden sogar ihre Haare an der Decke fest. Der in Bagdad lebende Sufi Shibli (861–945) soll jede Nacht vor sich eine Schale mit Salzwasser und ein Auftragstäbchen für Augenschminke bereitgelegt haben. Sobald ihn der Schlaf zu übermannen drohte, tauchte er das Stäbchen ins Salzwasser und strich sich damit über die Augenlider. Wenn sein Gottgedenken schwand, schlug er sich mit Stöcken oder stieß – wie auch von dem marokkanischen Heiligen Sidi Ahmad Dghughi bekannt – mit seinem Kopf an die Wand. Um während der nächtlichen Koran-Rezitationen nicht einzuschlafen, soll ʿAbdul Qadir Gilani der frommen Überlieferung nach auf einem Bein gestanden und eine Hand an einen Pfosten festgebunden haben. In einer Legende über den Majzub Nur ud-Din Ishaq Qadri (gest. 1687/88) aus Nilanga (Distrikt Bijapur/Südindien) ist zu lesen, daß dieser – um in der Nacht wach zu bleiben – sich *chili*-Pulver in die Augen streute oder seine Hände in einen mit Skorpionen gefüllten Topf hineinhielt. Nach Hujwiri gibt es unter Sufis verschiedene Ansichten über Schlaf und Wachheit: Viele sind der Meinung, daß Schlaf vom Gottgedenken ablenke und daher Wachheit vorzuziehen sei; einige Sufi-*sheikhs* bevorzugen jedoch den Schlaf, da der Prophet und andere Heilige während des Schlafs visionäre Erscheinungen gehabt hätten. Als besonders förderlich für solche Eingebungen gilt in Südasien daher der Schlaf im Sanktuarium eines Heiligenschreins.

Gebet und Gottgedenken

Die Zeit des Fastens und des nächtlichen Schlafentzugs widmen die Derwische dem Gebet und der Kontemplation. Gott aufmerksam zu betrachten und sich ständig auf ihn zu konzentrieren stellt eine wesentliche Sufi-Übung dar. Die Versunkenheit in Gott, ihn mit geschlossenen Augen zu sehen und von ihm absorbiert zu werden war zum Beispiel eine Vorliebe Muʿin ud-Din Chishtis.

Gebet und Gottgedenken sind als Formen der inneren Hinwendung zu Gott jedoch für alle islamischen Mystiker von herausragender Bedeutung. Bei den orthodoxen Sufis und Derwischen (vor allem den Naqshbandi) dienen die fünf täglichen rituellen Gebete der Meditation; die Asketen unter ihnen beten zusätzlich in der Nacht das *tahajjud* und rezitieren den Koran. Für sie ist das Ritualgebet mit den Worten Ibn ʿAta Allahs „Reinigung für die Herzen und Auftun der Pforte des Verborgenen". Von der frommen Rabiʿa al-Adawiya heißt es in der Überlieferung, daß sie in einer Nacht tausend Gebetseinheiten (*rakʿa*) verrichtete und dabei nicht ermüdete. Solche legendenhaften Andachtsübungen werden auch anderen Heiligen zugeschrieben. Die heterodoxen Derwische und Ekstatiker folgen dagegen kaum den religiösen Pflichten und vernachlässigen das gemeinsame Ritualgebet zugunsten der freien und persönlichen Zwiesprache mit Gott. Extreme Gruppen, etwa die in der zweiten Hälfte des 19. Jahrhunderts von Hajji Shariʿat Allah in Bengalen gegründete Fara-ʿidiyya, empfahlen sogar die Unterlassung des freitäglichen Gebets.

Das freie Bittgebet (duʿa) wird zumeist in der bereits früher erwähnten speziellen Sitzhaltung gesprochen, wobei der Fromme auf den parallel zueinander liegenden Schienbeinen ruht.[51] Aus Afghanistan ist bekannt, daß sich der Mystiker in dieser Position, die im übrigen auch während des Ritualgebetes eingenommen wird, oder im Sitz mit gekreuzten Beinen vollkommen in ein Tuch einhüllen kann, um sich – wie in einem Zelt von der Außenwelt getrennt – ganz der Betrachtung Gottes zu widmen.

Neben dem freien Bittgebet zählt das Gottgedenken (zikr) zu den eigenen Andachtsformen der islamischen Mystiker. Den *mantras* der Buddhisten und Hindus vergleichbar, handelt es sich um Anrufungen im Rahmen liturgischer Riten, in denen der Sufi sein Innerstes reinigt und den Weg zu Gott findet. Die stete Wiederholung der zikr-Formeln dient der Aufgabe des Selbst und der völligen Konzentration auf Gott. Der rituelle zikr geht auf den Koranvers 33/41 „Gedenket unablässig Gottes“ zurück, der gleichsam die Basis für den Sufismus bildet. Wie sehr er die Nähe des Menschen zu Gott ermöglicht, zeigt der folgende Sinnspruch von Ibrahim Hakki, einem Naqshbandi aus Erzurum: „Wer zikr *Allah* ausübt, betritt die Festung Gottes, und von da an kennt er weder Angst noch Sorgen.“ Im zikr erfährt der Mystiker die göttliche Macht emotional und körperlich – er wird durch Gott ergriffen und begegnet ihm.

Einzelne Ekstatiker, wie etwa Mulla Shah (1584–1674/75), der spirituelle Lehrer des Moghul-Prinzen Dara Shikoh, verbrachte Tage und Nächte im zikr. Im Winter stand er gar im verschneiten Garten, um die zikr-Formeln zu sprechen. Es heißt, daß sein Schweiß zwischen den Atemzügen auf seinem Körper gefror und beim nächsten Einatmen wieder flüssig wurde. Zu Hause kann der Derwisch – wie beispielsweise aus Iran belegt – die zikr-Übung mit der Handarbeit des Stickens verbinden: Bei jedem Stich spricht er die Formel im Herzen. Gewöhnlich wird der zikr jedoch in der Gemeinschaft der Derwische quasi liturgisch rezitiert, häufig am Beginn des Freitags, also nach Sonnenuntergang am Donnerstagabend. Es wird Räucherwerk verbrannt, und in der Mitte befindet sich eine Kerze oder eine Lampe. Sie weist entsprechend dem „Licht-Vers“ im Koran (24/35) auf Gott hin, der sich in der Welt als Licht zeigt. Diese Konzentration auf Gott in der Versammlung wird auch *zikr al-hadra* (*zikr* in der „Gegenwart" Gottes) genannt. Dabei bilden die Derwische häufig, Schulter an Schulter sitzend, einen Kreis (*halqa*), ein Oval oder gegenüberliegende Reihen. Die Sitzpositionen sind unterschiedlich: mit untergeschlagenen Beinen, auf den Fersen ruhend oder mit bis zur Brust hochgezogenen Knien. In Indien haben die Shattariyya-Derwische Sitzhaltungen der Yogi übernommen. Als wichtig erscheint beim *zikr* in jedem Fall eine Körperhaltung, welche die innere Sammlung und Kontemplation begünstigt.

Das rituelle Gottgedenken pflegen die Mystiker seit Mitte des 8. Jahrhunderts vornehmlich in ihren Konventen, aber auch an Heiligenschreinen. In den größeren *tekke* der Qadiri, Khalwati und anderer sunnitischer Bruderschaften in der Türkei gibt es eigene, für den *zikr* bestimmte Räumlichkeiten, die *tevhithane* („Haus der Vereinigung") genannt werden. Oft werden aber auch – wie in Nordafrika und der Türkei – Moscheen für die Riten des Gottgedenkens genutzt. Mitunter gibt es, wie etwa in Tunesien, einen runden, überkuppelten *zikr*-Raum, der dem Betsaal der Moschee angegliedert ist. In dieser Tradition von Andachtsübungen, die in Moscheen zumeist nach dem Abendgebet abgehalten werden, offenbart sich die Nähe von *shariʿa* und *tasawwuf*.

Ihre spezifischen *zikr*-Formeln halten die einzelnen Bruderschaften in der Regel geheim, da es sich um magische, machtverleihende Worte handelt. Im Verlauf des Aufnahmeritus gibt der spirituelle Führer sie an den Schüler weiter; der Niʿmatullahi-*sheikh* Mulla ʿAbd us-Samad-i Hamadani (gest. 1802) vergleicht sie mit einem Samen und schreibt dazu: „Wenn er aber durch das Walten der Einpflanzung durch einen Heiligen und vollkommenen Meister in die bereite Erde des Herzens des Novizen fällt, wächst er Tag für Tag weiter, bis er die Stufe des Baumseins erreicht hat" (Gramlich 1976: 389). In mystisch orientierten muslimischen Familien Südasiens kommt es allerdings auch vor, daß bereits dem Kleinkind beigebracht wird, als erste Worte in seinem Leben überhaupt einen *zikr*, die *basmala* („Im Namen des barmherzigen und gütigen Gottes") oder die *kalima* (islamisches Glaubenszeugnis) zu sprechen. Es gilt als glückverheißend, wenn das Kind diese religiösen Formeln von einem Sufi oder einem besonders Frommen lernt.

Man unterscheidet verschiedene Formen des *zikr*, die den Menschen Gott nahebringen sollen. Ein deutlicher Unterschied besteht zwischen dem stillen *zikr*, der im Herzen (*zikr-i qalbi*) oder noch tiefer in der Seele (*zikr-i ruhi*) gesprochen wird, wobei die Zunge oben gegen den Gaumen gepreßt wird, und dem laut gesprochenen, angeblich auf ʿAli zurückgehenden *zikr* (*zikr-i jali*, *zikr-i jahri*, *zikr-i lisani*). Letzteres gilt als niedrigere Form, die vor allem bei wandernden Derwischen, aber auch bei der Chishtiyya, Khalwatiyya, Burhaniyya etc. verbreitet ist. Der stille, verinnerlichte *zikr*, bei dem der Mystiker auf sein Herz hört, ist besonders in der Naqshbandiyya propagiert worden. Große Mystiker vermögen den *zikr* auszuweiten, indem sie neben dem Herzen und der Seele auch ihre anderen Organe und Körperteile zum Sitz des Gottgedenkens werden lassen. Hier sei nach Özelsel darauf hingewiesen, daß *zikr*, wenn er unter den harten Bedingungen einer Klausur durchgeführt wird, nicht nur den Atem, sondern auch den Blutstrom und damit die einzelnen Körperzellen zu beeinflussen vermag. Auf seiner höchsten Stufe wird der *zikr* schließlich im Entwerden in Gott überwunden.

Die *zikr*-Formeln, mit denen Sufis und Derwische Gott verherrlichen, hat meist der Stifter der jeweiligen Bruderschaft eingeführt. Hier seien nur einige der bekanntesten genannt: Sehr häufig wiederholen die Mystiker die Worte *Allah*, *Ya Allah* oder *Allah-hu* – etwa die Mitglieder der Qadiriyya, Chishtiyya, Naqshbandiyya und der iranischen Bruderschaften. Der Qadiri-Novize murmelt zunächst mehrere 1000mal die Formel *illa llah Allah-hu*, wiederholt dann 40 Tage lang die Worte *Ya Allah* und *Ya-hu* und spricht als dritte Stufe *Allah-hu* jeweils 500mal am Morgen und 1000mal nach dem Abendgebet. Ebenso wie bei anderen *zikr*-Formeln ist die Aussprache dieser Worte mit einer bestimmten Atemtechnik und rhythmischen Bewegungen verbunden: Der in Richtung Mekka sitzende Derwisch hat die Augen geschlossen, zieht den Atem bei *Allah* vom Herzen in die Nase ein und atmet mit *hu* aus, wobei er den Kopf zum Herzen neigt. Beim *zikr* soll sich der Mystiker das Bild seines *sheikh*s vor Augen führen. Die Naqshbandi wiederholen die Formel *Allah Allah* in der Anfangsstufe jeweils 5000mal laut und 5000mal still im Herzen und sprechen in der zweiten Stufe die Worte *la ilaha illa llah* („Es gibt keinen Gott außer Allah"), den ersten Teil des islamischen Glaubenszeugnisses (*kalima*). Bei der Rahmaniyya, dem algerisch-tunesischen Zweig der Khalwatiyya, soll der Novize zur Übung diese Glaubensformel während eines Tages und einer Nacht mindestens 12000mal sprechen; bei einer regulären *zikr*-Sitzung wird sie 80mal wiederholt. Die Mitglieder der sudanesisch-ägyptischen Burhaniyya, eines auf Ibrahim ad-Dussuqi (1234–1277) zurückgehenden Zweiges der Shaziliyya, rezitieren die *kalima* nach einleitenden Gebeten und führen den *zikr* mit der Wiederholung des Gottesnamens *Allah* fort. Weitere sehr bekannte *zikr* sind *subhana llah* („Ehre sei Gott"), *al-hamdu li'llah* („Lob sei Gott") oder speziell bei Schiiten *nadi 'Aliyan* („Rufe 'Ali an") und *Ya 'Ali* („Oh 'Ali"). Zusätzlich zu den genannten *zikr*-Formeln finden kürzere Anrufungen (*wird*) Verwendung, etwa *Ya Latif* („Oh Gütiger") oder das besonders bei den indischen Shattari-Derwischen gebräuchliche *Ya Rahman* („Oh Erbarmer") sowie geheime Namen, die spezifische Eigenschaften Gottes rühmen.

Die rhythmische Wiederholung von Formeln ist allgemein charakteristisch für sakrale Kultgesänge und Rezitationen. Man denke etwa an die Litaneien im römisch-katholischen Christentum. Beim *zikr* führen die stoßartig hervorgebrachten Worte, die ihrerseits schon als kraftgeladen gelten, zu Überwachheit bzw. Überstimulierung bei den Mystikern, einer Art *„input overload"* (Geels 1982: 45). Zudem verstärkt die gebündelte Kraft des kollektiv vorgetragenen Gottgedenkens die ekstatische Stimmung. Dabei wird die Verzückung oft von der Erfahrung eines intensiven Glücksgefühls getragen; gelegentlich gibt es allerdings auch – wie aus Ägypten berichtet – aggressive, dämonische Züge, die als Manifestationen böser Geistwesen gedeutet werden.

Das Sprechen des *zikr* basiert wesentlich auf der Kontrolle des Atems, einem Mittel zur Konzentration. Wie Richard Gramlich in seiner großen Studie über das iranische Derwischwesen ausführt, liegen genaue Anweisungen vor, wie oft man stufenweise fortschreitend bei jedem der verlangsamten Atemzüge die *zikr*-Worte sprechen soll.[52] Insbesondere für den stillen *zikr* ist ein geregelter Atem wichtig. Beeinflußt wurden die Übungen des sufischen Gottgedenkens vermutlich durch Atemtechniken des indischen Yoga, vor allem des Mantrayoga. Sehr wahrscheinlich geht auch das Anhalten des Atems über längere Zeit (*habs-i dam*), das seit dem Spätmittelalter in Indo-Pakistan und Afghanistan von Derwischen praktiziert wird, ursprünglich auf Hindu-Asketen zurück. Man weiß im übrigen, daß durch bestimmte Atemtechniken „Glückspunkte" im Stammhirn des Menschen aktiviert werden können, was „als entpersonalisierend, aber beseeligend und befreiend geschildert wird" (Bleibtreu-Ehrenberg 1983: 61). Neben Atemtechniken lernten indo-pakistanische Derwische von Hindu-Fakiren auch die asketische Übung, während des *zikr* in der Sommerhitze um ein Feuer zu sitzen.

Ausgesprochen ekstatisch klingt der laute, auf Ahmad Yasawi zurückgehende „Säge-*zikr*" (*zikr-i arra*) der mittelasiatischen Yasawiyya. Die Formel lautet *huwa-haq* („Er ist die Wahrheit"); der Refrain *huwa-hu* wird ähnlich dem Geräusch einer Säge intoniert. Dieses bei den westlichen Turkmenen als *zikr-pily* oder *ata-zikr* bekannte Gottgedenken führen sie – wie es heißt – zu Ehren des Propheten Zacharias durch, der den Märtyrertod starb: Er verbarg sich vor seinen Feinden in einem hohlen Baum, den diese durchsägten.

Die Teilnehmer der *zikr*-Rezitation, die von verschiedenen Körperbewegungen begleitet wird, orientieren sich – wie erwähnt – durch eine Lichtquelle (zum Beispiel eine Lampe) zur Mitte des Raumes hin. Dieses zentrale Licht symbolisiert Allah und bereitet darauf vor, daß das Licht Gottes während des *zikr* über die Anwesenden kommt. Das Außer-sich-Sein der Derwische beim *zikr* geschieht keineswegs unkontrolliert, vielmehr sind seine Formen rituell festgelegt. Dies läßt sich in der Beschreibung einer *zikr-i hadra* der tunesischen Madaniyya erkennen, einer zu Anfang des 20. Jahrhunderts von Sheikh al-Madani (1888–1959) gegründeten Bruderschaft, die einen Zweig der algerischen ʿAlawiyya bildet. Kenneth Brown, der bei dieser séanceartigen *hadra* anwesend war, schildert: „… jeder steht im Kreis, einander die Hände haltend, beugt sich in rhythmischer Bewegung und mit zunehmender Schnelligkeit nach vorne und richtet sich wieder auf, wobei die Atemstöße beschleunigt werden; beim Beugen bringt man – beinahe grunzend – den Ton *ah* (Teil des Gottesnamens Allah, Anm. d. Ü.) hervor, gefolgt von zwei *ah* beim Aufrichten; das Tempo erhöht sich zu einem Crescendo, fast einer Raserei bis A (einer der Teilnehmer, Anm. d. Ü.) als Kontrapunkt einen Koran-Vers singt und die Vorführung beendet" (1985: 146).

Noch ekstatischer erscheint der rituelle *zikr* der Rifaʿi-Der-wische: Die Bewegungen des Kopfes nach vorne, zurück und zur Seite werden zuerst im Kreis sitzend ausgeführt, dann kniend – und zwar mit einem Knie aufgestellt – und schließlich stehend. Währenddessen sprechen die Derwische laut die Formel *la ilaha illa llah*. Bei dem anschließenden, bis zur Raserei führenden Tanz verletzen sie sich selbst mit Waffen, allerdings ohne daß Blut fließt. – Eine *hadra* verläuft jedoch keineswegs bei allen Bruderschaften derart spektakulär, oft ist sie vergleichsweise ruhig und gesetzt. Dies gilt vor allem für Rezitationen, die – wie etwa bei der tunesischen Rahmaniyya – lediglich im Sitzen durchgeführt werden. In Ägypten wird der *zikr* im übrigen bei Festtagen an großen Heiligenschreinen mit Gesängen kombiniert, wobei Verse berühmter Mystiker – wie etwa von Ibn ʿArabi – vorgetragen werden.

In einigen Fällen haben ekstatische *zikr*-Übungen den Charakter und Stellenwert einer schamanistischen Séance angenommen, etwa, wenn sie der Krankenheilung dienen. Noch bis Anfang des 20. Jahrhunderts hielten die Turkmenen solche *zikr* an Heiligenschreinen oder in Privathäusern ab: Der *sheikh* schlug oder berührte den in der Mitte auf dem Boden sitzenden Patienten mit einer Peitsche, preßte dessen Kopf und rief seine Hilfsgeister herbei, die den Kampf gegen die Dämonen aufnahmen, welche die Krankheit verursacht hatten. Neben dem *sheikh* waren Derwische anwesend, die rhythmisch mit den Füßen stampften und laut mystische Texte sangen, sowie ein *pata berishi* – oft ein *ishan* –, der die rituelle Reinheit der Teilnehmer prüfte und den Segen erteilte. Bei den mittelasiatischen Turkvölkern werden ähnliche Séancen bis heute in islamischem Kontext von weiblichen oder männlichen Schamanen (*baksha/bakshi*) durchgeführt, wobei der laute *zikr* und andere Elemente (Gesänge, Formeln) eine wichtige Rolle spielen.

Zikr-Riten, die speziell auf die Heilung eines Kranken ausgerichtet sind, stehen ebenfalls im Zentrum des religiösen Lebens einer in Pakistanisch-Baluchistan und Karachi verbreiteten Baluch-Gruppe, die sogar Zikri genannt wird. Die Sekte geht auf eine im späten 15. bzw. Anfang des 16. Jahrhunderts von Sayyid Mahmud Jaunpuri gegründete Mahdi-Bewegung zurück. Sie ersetzte den Koran durch eine Sammlung von Gesängen (*zikr ilahi*) in Persisch, Arabisch und Balochi.

Zikr zum Zwecke der Krankenheilung sind außer bei pakistanischen Zikri insbesondere bei iranischen Baluch bekannt. Ihre an Lal Shahbaz Qalandar, den „Meister der Trunkenen" gerichteten *zikr*-Gesänge begleiten die Baluch mit Instrumenten, die helfen, das Tempo des Gesangs zu steigern. Verse und Melodiefiguren werden dabei ständig wiederholt. Die *qalandari* oder *guati* genannten Lieder sind in einen speziellen Heilritus eingebunden, in dessen Verlauf der böse Geist aus dem Körper des Kranken ausgetrieben wird. Bei den Heilern, übrigens auch als Malang bezeichnet, handelt es sich stets um ehemalige Besessene. Einige von ihnen fungieren gleichzeitig als Musiker.

Sufi-Musik und Derwischtanz

Ekstase bewirkende Lieder und Rhythmen, vor allem auf wandernde Qalandar und Malang zurückgehend, bilden ein grundlegendes Element der Baluch-Musik. Die magischen Qualitäten dieser Musik dienen dazu, einen Geisteskranken oder Besessenen zu heilen, haben also therapeutische Funktionen.

Innerhalb des Sufismus besteht jedoch die Hauptaufgabe spiritueller Musik darin, die Seele des Mystikers zu berühren und ihn durch ein Konzert (*sama'*) und allmähliche Versetzung in Ekstase (*hal*, *wajd*) Gott näher zu bringen. Mittler zu Allah sind innig verehrte Heilige, wie Lal Shahbaz Qalandar oder Shams-i Tabriz, die in den *qalandari* genannten Liedern angerufen werden. Solche *qalandari* sind in Süd- und Westasien unter der muslimischen Bevölkerung weit verbreitet und gehören zum Repertoire mystischer Sänger. Sehr bekannt ist beispielsweise das Lied „Mast-i qalandar" („Trunken von Qalandar"). Ein anderes, aus dem *diwan* des Fakhr ud-Din 'Iraqi überliefertes Qalandar-Lied beginnt mit den Worten: „Wir sind von der Moschee ins Weinhaus gezogen; über das Blatt der Weltflucht und der Heiligenwunder haben wir einen Strich gezogen. In der Magierstraße, in der Reihe der Verliebten setzten wir uns nieder; den Becher nahmen wir den Trinkern in der Schänke aus der Hand" (Ritter 1978: 488). Der Wein und die Liebe, Trunkenheit und Qalandartum (*masti-o-qalandari*) sind hier miteinander verschmolzen.

Die Baluch untermalen ihren *qalandari*-Gesang instrumental mit *sorud* (in Indien *sarinda* genanntes Streichinstrument), *drok-kol* (zweifellige Faßtrommel) und *tanburak* (Laute). Wandernde Qalandar-Derwische in Sindh spielen die *yaktaro* (Urdu *ektara*), eine einfache Laute mit einem Kalebassen-Klangkorpus und „einer" (*yak*, *ek*) oder zwei Stahlsaiten, indem sie diese ohne Plektrum zupfen. Gesang und Lautenspiel begleiten sie mit einer kastagnet-tenartigen, mit zwei Schellen besetzten hölzernen Handgriff-klapper (*khartal*, *chappar*), die sie zur Markierung des Rhythmus mit den Fingern der linken Hand schnippen. Ähnliche *qarqaba* genannte Klappern aus Eisen verwenden auch die marokkani-schen Gnawa-Musikanten – neben der dreisaitigen *gunbri*-Laute und einer großen Trommel – sowie Derwische anderer nordafri-kanischer Bruderschaften. Ihr Gebrauch in der arabischen Musik geht angeblich auf die ägyptischen Kopten zurück. Qalandar-Malang im Panjab binden sich manchmal zusätzlich Schellen um die Unterschenkel und tanzen damit zu ihrem Liedvortrag. Beim rotierenden Tanz der Lali Shah-Fakire bimmeln ebenfalls um die Knöchel gelegte Schellenbänder und am Kleid befestigte Glocken. Sie spielen dazu die etwa 1 m lange feuerzangenförmige, mit ei-nem losen Metallring besetzte *chimta*, das typische Rhythmusin-strument der Malang. Nepalesische Fakire und Anhänger Shah Madars schlagen sich bei ihrem rasenden Tanz damit auch auf die Schultern. Ferner dient die *chimta* dazu, die Ankunft eines wan-dernden Mystikers im Dorf anzukündigen. Der zur Zeit wohl be-deutendste *chimta*-Virtuose Pakistans ist der als Malang und Mu-siker lebende Sain Mushtaq. Meines Erachtens hat sich die eiserne *chimta* tatsächlich aus der Feuerzange entwickelt, mit der die Malang ihr heiliges Feuer (*machh*) schüren und mit der die Hin-du-Fakire die vier Feuer unterhalten, zwischen denen sie während der Askese sitzen. Iranische Khaksar-Derwische benutzen eine große Feuerzange (*anbur*) als Taktinstrument bei ihren *zikr*-Sitzungen. Dabei schlägt der *sheikh* mit dem losen Eisenring am Griffende auf den Boden. In diesem Zusammenhang sei daran erinnert, daß – einem Bericht aus dem 14. Jahrhundert zufolge – eine Feuerzange auch als Reliquie des Propheten in der Kairener Moschee Sayyidna al-Hussein aufbewahrt wurde.

Funktionell mit der *chimta* sehr verwandt erscheint der Rassel-stab. In Sindh besteht er aus einem 60–70 cm langen Holzstab, an dessen Ende zahlreiche Glöckchen im Bündel befestigt sind. Dieses *daudo* genannte Rhythmusinstrument begleitet die *yaktaro*-Laute. Mittelasiatische Wanderderwische verwenden Rasselstäbe (*sipay*), die mit Metall- oder Knochenringen besetzt sind; möglicherweise gehen sie auf die ähnlich geformten *khakkara*-Stäbe (tibetisch ʿkhar-gsil) buddhistischer Mönche zurück, mit denen diese den Dorfbewohnern ihr Kommen ankündigten. Rasselstäbe gehören insbesondere zur Ausrüstung der in Ostturkestan beheimateten Qalandar und Diwana; bei ihnen bestehen sie aus zwei kürzeren Stäben – aus Holz oder einem Tierhorn (Antilope, Wildziege) gefertigt –, die von mehreren klappernden Eisenringen umfaßt werden. In Zusammenhang mit Qalandar in Khiva ist detailliert angegeben worden, daß deren Holzstöcke je etwa 40 cm lang waren und von einem Eisenring (Durchmesser ca. 10 cm) umfangen wurden, an dem zwölf kleine Ringe befestigt waren. Manchmal hängen diese Ringe auch getrennt an einer Schlaufe herab. Der Derwisch schlägt diese Ringe entweder gegen die beiden Hölzer oder den ganzen Stab gegen seine eigenen Schultern. Zum klackenden Rhythmus der Rasselstäbe drehen sich die Qalandar und singen dabei hymnenartige Lieder mit dem Refrain *Ya Allah, Inshallah*. Gelegentlich tanzen auch Frauen auf diese Weise.

Musik und Tanz schaffen an den von Qalandar und Malang besuchten Heiligenschreinen eine intensive, rauschhafte Atmosphäre. Beim ʿurs von Lal Shahbaz Qalandar werden an dessen Grabmal in Sehwan große, weithin hörbare Pauken (*bher*, *naqqara*) geschlagen:[53] Ein Malang schlägt stehend den metallenen Klangkörper mit einem gekrümmten hölzernen Schlegel. Man vermutet, daß die Derwische dieses überdimensionale Musikinstrument aus der Kultur der Herrscherhöfe übernommen haben; heute findet man sie noch an den Schreinen in Sehwan, Pir Patho/Thatta-Distrikt (Sheikh Hussein) und Bhit Shah (Shah ʿAbdul Latif). An anderen Heiligtümern in Indo-Pakistan werden die ʿurs ebenfalls durch Trommelschläge eröffnet. Nach der mystischen Symbolik verkündet der Schlag auf die *naqqara* die Vereinigung mit dem göttlichen Geliebten. Verzaubert durch die Gegenwart Gottes tanzen die Derwische zum Klang der *dhol* (zweifellige Faßtrommel) den *masto* oder *mauj* und fühlen Gott dabei in ihrem Herzen. Dem Puls- oder Herzschlag der Trommel folgend, verwirklichen sie den Augenblick der Gegenwart (*waqt-i hal*) und sind überwältigt von der Liebe Gottes. Beim *masto* handelt es sich um einen freien, nicht an Regeln gebundenen Tanz zu Ehren Lal Shahbaz Qalandars. Einzelne Derwische bewegen sich dabei besonders spontan und abrupt, machen Sprünge usw. (Neben der Gottbegeisterung fungiert der Tanz möglicherweise als Ventil für erlittene Schmähungen und Erniedrigungen.) Die charakteristische rhythmische Folge des Trommelspiels, das ja grundsätzlich bei der rituellen Versetzung in Ekstase von Bedeutung ist, bezeichnet man als *dhamal* – ein Begriff, der in der Umgangssprache häufig für den Tanz selbst verwendet wird. Der ekstatische *masto*-Tanz findet zu verschiedenen Anlässen an zahlreichen der eher heterodox geprägten Heiligenschreine Indo-Pakistans statt. Am berühmtesten sind heute die nächtlichen *dhamal* und *masto* am Schrein des Qalandar-Heiligen Baba Barkat Sain (gest. 1933; nahe dem Grab von Shah Jamal) in Lahore. Der virtuoseste Interpret dieser Trance evozierenden Trommelrhythmen ist Pappu Sain (Abb. 26). Seine hypnotische Trancemusik kreiert einen pulsierenden Raum um ihn, in dem sich die verzückten Tänzer ekstatisch bewegen. Gelegentlich bläst ein Qalandar-Derwisch dabei akzentuierend in ein Signalhorn. Wenn Pappu Sain dann mit seiner *dhol* in rasenden Drehbewegungen zu tanzen beginnt, sieht er – wie er sagt – das Gesicht des Propheten und das seines spirituellen Lehrmeisters.

Sama' (das mystische „Hören") und *raqs* („Tanzen") praktizieren jedoch nicht nur Wanderderwische, sondern seit dem Ende des 9. Jahrhunderts ist beides auch in Kreisen orthodoxer Sufis bekannt. *Sama'* und *raqs* stellen keine Pflichtübung in den Bruderschaften dar und sollen auch nur von spirituell gereiften Mystikern durchgeführt werden. Für diese sind sie wesentliche Möglichkeiten, um zu mystischen Erfahrungen zu gelangen. Im offiziellen Gesetzesislam gelten Musik und Tanz dagegen als verpönt, und sogar im Sufismus diskutiert man dieses Thema durchaus kontrovers. So stuft beispielsweise der Gelehrte Ibn Taimiyya Trommelspiel und Händeklatschen beim *sama'* als ungesetzlich ein, und Hujwiri erlaubt Musik lediglich dann, wenn sie nicht von Gott ablenkt, sondern spirituell zu ihm hinführt. Jüngst ist seinem Grabmal in Lahore im Rahmen der im Juni 1994 inaugurierten Neugestaltung auch eine *sama'*-Halle angegliedert worden, die

Abb. 26: Der Trommler Pappu Sain in Lahore

etwa 8000 Menschen faßt. Tolerante Sufis und Derwische, wie die Chishti, lieben Konzerte mystischer Musik: Besondere Förderer waren zum Beispiel Muʿin ud-Din Chishti und Nizam ud-Din Auliya. Der Pashto-Poet und Chishti-Mystiker Rahman Baba war für seine Liebe zur *rubab*-Laute bekannt (bis heute wird sie ihm zu Ehren an seinem Grabmal in Peshawar gespielt). Im Dekkhan legte Sayyid Mohammad Gesu Daraz, ein gelehrter Sufi und glühender Musikliebhaber, genaue Regeln für die Durchführung eines *samaʿ* fest; u. a. soll danach das von Gesang bestimmte Konzert in der Nacht an einem abgeschiedenen Ort stattfinden, in einem Raum, der von Duft und Blumen erfüllt sei. Es darf dagegen nicht in der Öffentlichkeit, in Zusammenhang mit einer Hochzeit oder in einer Moschee veranstaltet werden. Die Teil-

Abb. 27: Samaʿ-Gebäude (semahane) des Mevlevi-Konvents in Istanbul-Galata

nehmer sollen zuvor beten und meditieren. Für diese Pflege der Musik wurden manche Chishti-Heiligen (etwa Khwaja Qutb ud-Din Bakhtiyar Kaki) zu ihrer Zeit von den ʿulama heftig bekämpft. Tanz lehnte man noch vehementer ab als Musik. Doch wie eingangs dieses Kapitels geschildert, hat er sich in seiner freien ekstatischen Form bis heute im einfachen Wanderderwischtum erhalten (in Indo-Pakistan und auch in Nordafrika). Ein Umstand, der viel zu wenig bekannt zu sein scheint, denn im Westen verbinden Laien wie Orientalisten mit dem „Tanz der Derwische" in erster Linie oder sogar ausschließlich den rituell festgelegten Reigen der türkischen Mevlevi.

Grundlage und Ausgangspunkt für Musik und Tanz in der islamischen Mystik bilden häufig Gedichte. Überhaupt stellt die Poesie die Kunstform par excellence der Mystiker dar – vornehmlich in der iranischen Welt. Berühmte Sufis haben Gedichte nicht selten – wie etwa Jalal ud-Din Rumi, der große Mevlevi-Heilige – in tranceähnlichem Zustand diktiert. Die Verse beschreiben meist die Liebe zu Gott, sind Ausdruck mystischer Frömmigkeit in poetischer Form. Wort und Musik verschmelzen oft zu einer Einheit: In der osmanischen Türkei gibt es Hymnen

unterschiedlichen Genres, die von den Bektashi *nefes* („Atem")
und von Mevlevi, Qadiri und Rifaʿi *ilahi* („zu Gott gehörig") genannt werden. Die in Türkisch oder Arabisch verfaßten *ilahi*
werden vor allem als Teil von *zikr*-Riten gesungen.

Als Beispiel eines dichtenden Sufi aus dem Vorderen Orient sei
hier der große türkische Poet und volkstümliche Sänger Yunus
Emre (gest. 1320/21) genannt, der selbst von der Yasawiyya beeinflußt war. Seine Texte werden bis heute hauptsächlich in den
Derwischkonventen der Bektashi gesungen. Ebenfalls in der Ale-
vi-Bektashi-Tradition wurzelt die Poesie Pir Sultan ʿAbdals, die
von türkischen *aşik*-Sängern mit Begleitung auf der *bağlama*-
Laute vorgetragen wird. In Ägypten wird – etwa von Sheikh Ahmad Barrayn – ein altertümlicher, *madh* genannter Vokalstil gepflegt, der zu einem sufisch inspirierten Genre der arabischen
Dichtkunst gehört und inhaltlich dem Lob des Propheten und der
großen Heiligen gewidmet ist. Im östlichen Islam ist der Sindhi-
Dichter und Musiker Shah ʿAbdul Latif (1689–1752) hervorzuheben, der im pakistanischen Bhit Shah begraben liegt. Dem Sufi
Amir Khusrau (1253–1325) wird gemeinhin die Verbindung ara-
bisch-persischer mit indischer Musik zugeschrieben; Shah ʿAbdul
Latif begründete dann vier Jahrhunderte später eine neue musika-
lische Richtung: Er verwendete volkstümliche Melodien mit der
Absicht, die klassische Tradition wiederzubeleben, und er führte
den Chorgesang ein, in dem die Brüderlichkeit der Derwische
zum Ausdruck kommt. Aus der viersaitigen *tanpura*-Laute, mit
der in der Raga-Musik der Grundakkord angegeben wird, entwickelte er eine fünfsaitige. Diese zusätzliche, „Zunge" genannte
Saite diente zum Intonieren der Raga-ähnlichen melodischen Mo-
delle, die in Sindh als *sur* bekannt sind. Als Gedichtform wählte
Shah Latif u.a. das kurze fünf- bis sechszeilige *kafi*, das während
des *samaʿ* als „Nahrung für die Seele" gesungen wurde. Weitere
mystische *kafi*-Gesänge in Panjabi dichteten Farid ud-Din Ganj-i
Shakar, Shah Hussein, Bullhe Shah und Khwaja Ghulam Farid.
Der wohl bedeutendste zeitgenössische Exponent dieses Gesangs-
stils im Panjab war der begnadete Pathanay Khan (1920–2000).

Die Verse Shah ʿAbdul Latifs und anderer Sufis werden bis
heute an den Heiligenschreinen während des *ʿurs* vorgetragen.
Die Sänger und Musiker, meist zur Chishtiyya oder Qalandariyya
gehörend, nennt man in Sindh auch *yaktaro*-Fakire, weil sie ihren

kafi-Gesang vornehmlich auf dieser Laute begleiten und die Namen vieler mit dem Wort Fakir verbunden sind. Zu den bekanntesten dieser Barden gehören heute Fakir ʿAbdul Ghafur, Allan Fakir, Sohrab Fakir, Dhol Fakir und der *murli* (Flöten)-Spieler Iqbal Jogi. Der Beiname Jogi oder Yogi weist darauf hin, daß es sich um Schlangenbändiger handelt. Sie sind Anhänger des Heiligen Badal Sher Bukhari, dessen Grabmal sich in Aror in der Nähe der Stadt Sukkur befindet. *Yaktaro*-Fakire und *murli*-Spieler stammen aus Familien wandernder Sänger, die seit jeher ihren Musikerberuf mit dem Derwischtum verbanden. Ihnen entsprechen in Indien die Sidi-Fakire und in Marokko die umherziehenden Sänger und Anhänger des Majzub Sidi ʿAbdur Rahman sowie die Gnawa und Haddawa. Letztere schlagen eine Tontrommel, die sie auf ihre linke Schulter auflegen. In Kashmir wird die Musik der *samaʿ*-Sitzungen *sufyana kalam* genannt. Zu Laute und Faßtrommel singen die Musiker mystische Verse in Persisch und Kashmiri (Einzelstimme und Chor). Gruppengesang mit *ektara*-Laute und Trommel ist auch typisch für die ekstatisch intonierten Lieder der bengalischen Baul. Die muslimischen Baul folgen dabei der Tradition des volkstümlichen Derwischtums und die hinduistischen der mit Shri Krishna Chaitanya (1486–1534) verbundenen bengalischen Vaishnava-Bewegung, in deren Mittelpunkt die Krishna-Verehrung steht. Muslimische Baul oder Aul (arab. *auliya* = „Heilige") sind sowohl Wandermusiker als auch Derwische. In ihren mystischen Liedern heben sie besonders das Grundthema der Liebe hervor. Bisweilen erscheint der Prophet Muhammad als Geliebter Allahs, vergleichbar dem Paar Radha und Krishna und auch der sexuellen Vereinigung zwischen Frau und Mann.

Anders als die *yaktaro*-Fakire in Sindh und die bengalischen Baul-Sänger, die meines Erachtens wirklich einen Aspekt des Derwischseins verkörpern, bleiben die indo-pakistanischen Qawwal in erster Linie Berufsmusiker. Sie sind jedoch – wie viele dortige Musiker – stark vom Sufismus beeinflußt und in der Regel Mitglieder der Chishtiyya oder Qadiriyya. *Qawwali* ist in Musik umgesetzte mystische Liebespoesie und durch ihre Wiederholungen mit dem *zikr* verwandt. Populär wurde sie nicht nur in Südasien, sondern auch im Westen durch die Gruppe um die Brüder Ghulam Farid Sabri (1930–1994) und Maqbul Ahmad Sabri sowie vor allem durch Nusrat Fateh Ali Khan (gest. 1997). Im Rahmen

Abb. 28: Qawwali-*Konzert am Schrein von Baba Farid in Pakpattan (Panjab/Pakistan)*

der Chishtiyya entstanden, werden die ekstatischen *qawwali*-Gesänge mit instrumentaler Begleitung zwischen den Gebetszeiten vor allem an Heiligenschreinen und in Derwischkonventen vorgetragen. Auf dem Subkontinent erwies sich diese spirituelle Musik als besonders geeignet, um die Lehren des Sufismus zu verkünden und gerade auch Hindus zu begeistern. Eine *qawwal*-Gruppe besteht heute gewöhnlich aus dreizehn männlichen Musikern, die hintereinander in zwei Reihen sitzen. Einer oder zwei von ihnen treten als Hauptsänger (*mohri*) auf. Die übrigen spielen *tabla* (einfellige Trommel und Pauke), *dholak* (kleinere zweifellige Faßtrommel), *harmonium* (im 16. Jh. von portugiesischen Missionaren eingeführtes tragbares Tasteninstrument), klatschen explosiv in die Hände und übernehmen den Chorgesang. Am wichtigsten sind die Solostimmen, die den in Arabisch, Persisch, Urdu, Hindi, Panjabi oder Siraiki verfaßten Liedtext interpretieren. Sie vermitteln die offenkundige und die verborgene Bedeutung des Textes, kombinieren Segmente aus verschiedenen mystischen Gedichten, wiederholen und betonen bestimmte Schlüsselworte und Sätze. Chorgesang und Solostimmen bilden zwei übereinanderliegende Systeme, deren Wechselspiel und Ineinanderfließen von

175

außerordentlicher Dynamik bestimmt sind. Bemerkenswert ähnliche künstlerische Ausdrucksformen finden wir beispielsweise in der Überlagerung von Kalligraphie und Ornament (in Malerei und Fliesenschmuck) sowie im Spiel von Licht und Schatten im Gitterwerk indo-pakistanischer Architektur. Auch das Prinzip der Repetition musikalischer Sequenzen findet seine Entsprechung in dem Wesensmerkmal der unendlichen Fortsetzbarkeit von Mustern in der islamischen Kunst.

Qawwali ist wie kaum eine andere sufische Musikform prädestiniert, den Zuhörer – ob Mystiker oder gewöhnlichen Gläubigen – zu berühren, ihn zu be-geistern und seinen Bewußtseinszustand zu verändern. Sie treibt ihm Tränen in die Augen, öffnet sein Herz und leert es, damit Gott hineinströmen kann. Der Zuhörer spürt die Auflösung des Ichs. Eine emotional derart intensive Musik drängt auf Teilnahme, und Kollektivzustände mystischer Verzückung, die als Geschenke Gottes gelten, sind nicht selten. Wenn ein Ergriffener in Ekstase (*hal*) fällt und spontan tanzt (*raqs*), dann reckt er die Arme empor, bewegt rhythmisch seine Hände und weint und schreit manchmal laut, wobei er meist die Textzeile wiederholt, die diesen mystischen Zustand hervorgerufen hat – ein Charakteristikum der Ekstase: Neben Zeilen aus einem Gedicht oder dem so häufig zu hörenden *'Ali Haidar* („'Ali, der Löwe") und *Ya 'Ali* („Oh 'Ali") gibt es berühmte Sprüche, wie etwa Hallajs *ana'l-haq* („Ich bin die Wahrheit"). Von dem Chishti-Heiligen Nizam ud-Din Auliya (1239–1325) stammt der Ausspruch: „Wenn ein Derwisch in Ekstase in die Hände klatscht, so werden die Sünden von seinen Händen genommen, und wenn er schreit, dann wird alles Übel vertrieben" (Currie 1989: 128, Anm. 29). Manche Ekstatiker lassen sich fallen, halten einen Finger hoch in Richtung Gott oder wälzen sich im Rhythmus der Musik auf dem Boden. Es kommt auch vor, daß Derwische während des *sama'*, des *zikr* oder bei einer anderen Gelegenheit sich plötzlich verrückt gebärden, toben und an den Kopf schlagen. Steigern sie sich in konvulsivische Bewegungen und Zuckungen, so werden sie von anderen gehalten. Ein derartiger Verlust der Körperkontrolle wird absolut toleriert. Erscheinungen dieser Art verdeutlichen nur die psychische Erschütterung des Menschen und seine Berührung durch Gott. Ein Mystiker und enthusiastischer Dichter, der besonders von *sama'* berauscht wurde, war Sachal Sarmast (1739–1826), der „Fakir von Daraz" (bei Khairpur/Sindh). Es heißt, daß er durch die Musik und seinen eigenen Gesang so in Ekstase geriet, daß sein langes Haar dabei aufrecht stand.

Form und Bedeutung des Derwischtanzes mögen in Indo-Pakistan auch vom Shivaismus beeinflußt sein – man denke nur an die Stellung Shivas als *nataraja* („König der Tänzer") und an die zahlreichen Übereinstimmungen zwischen islamischen Ekstatikern und shivaitischen Asketen gerade im Hinblick auf äußerliche Attribute und Verhaltensweisen. Der wohl facettenreichsten Gottheit des hinduistischen Pantheons entsprechen zwei Arten des Tanzes: „*Tāndava*, der grimmige, gewaltsame Tanz, von einer explosiven, alles mit sich fortreißenden Energie befeuert, ist ein wahnwitziger, die Verwüstung beschleunigender Ausbruch. Auf der anderen Seite steht *lāsya*, der sanfte, lyrische Tanz voller Süße und Abbild aller Gefühle der Zärtlichkeit und Liebe. Shiva ist beider Tänze vollendeter Meister" (Zimmer 1972: 190). Der freie ekstatische Tanz der gottbegeisterten Derwische des Subkontinents scheint häufig eine Mischung dieser beiden Formen zu sein. Bei den Hamadsha und anderen marokkanischen Bruderschaften kommt es während der *hadra* zu rasenden Trancetänzen, zum Teil mit Selbstverletzungen; mehrere detaillierte Beschreibungen befassen sich damit. Bewegung und Ausdruck der „tanzenden Derwische" in der Türkei neigen eher dem zweiten, sanfteren Stil zu.

Der Tanz der Mevlevi mit seinen liturgisch festgelegten Drehungen und Körperhaltungen vermittelt Gelöstheit und Hingabe. Ihr „reigenartiger, Sternläufe symbolisierender Dreh-*zikr*" (Kissling 1959: 4), ihre fließenden, gleitenden Bewegungen erscheinen als Ausdruck geistiger Schwingungen und der Übereinstimmung und Harmonie der Seele mit Gott. In der sich zum Wirbeln steigernden Spiralbewegung steigt die Seele des Derwischs langsam zu Gott auf, und Gott kommt herab zum Menschen. Solche Tanzspiralen bewirken eine bewegungsinduzierte Hypnose und Bewußtseinsveränderung, die in dieser Form auch aus der Trance des Schamanen bekannt sind. Die Drehbewegung (entgegen dem Uhrzeigersinn) beginnt auf der Ferse des rechten Fußes, wobei man sich mit dem linken Fuß anstößt. Langsam werden die Arme gehoben und dann horizontal zur Seite ausgestreckt, die Innen-

Abb. 29: Tanzende Mevlevi-Derwische, Istanbul

fläche der linken Hand zeigt zum Boden, die der rechten zum Himmel; den Kopf neigt man zur rechten Schulter hin, mit den nahezu geschlossenen Augen wird der linke Daumen visiert (möglicherweise ein Mittel gegen Schwindelgefühle). Am Ende jeder Tanzphase vollführen die Tänzer eine ruckartige Achteldrehung nach rechts, um ebenfalls einem Schwindelanfall vorzubeugen. Während ihrer kreisenden Bewegungen murmeln sie die stille *zikr*-Formel *Allah, Allah*. Neben Gesang wird der Tanz der Mevlevi im *semahane* (Zeremonial- und Tanzhalle im Konvent) instrumental von Flöte, Stockgeige, Pauke und Schellentrommel begleitet. Eine besondere Rolle spielt die Rohrflöte (*nai*), die nach H. J. Kissling als antikes Element verstanden werden kann, das aus dem von Thrakien ausgegangenen Dionysos-Orpheus-Kult übernommen wurde.[54] Im Ton der Flöte sehnt sich die Seele nach der Vereinigung mit Gott.

Der Ekstatiker Shah Hussein aus Lahore schreibt in einem seiner in schlichtem Panjabi verfaßten Gesänge: *„Ao kure, ral jhumr pauni! Ao kure, ral ram dhiauni!"* („Kommt ihr Mädchen, laßt uns tanzen! Kommt ihr Mädchen, laßt uns Gott ehren!") Vielleicht dachte Hussein bei dieser Aufforderung an die um Krishna tanzenden *gopi*; im sufischen Kontext stellen jedenfalls in der Öffentlichkeit tanzende Mädchen oder Frauen eine krasse Ausnahme dar. Eine Frau, die entrückt, von Gott absorbiert tanzt, bezeichnet man als *mast* („berauscht"), ein Zustand, der heutzutage bei Frauen als psychosomatisches Leiden eingestuft und behandelt wird. Trunkenheit von Gott, die sich in ekstatischen Körperbewegungen ausdrückt, ist in der Öffentlichkeit in der Regel männlichen Derwischen vorbehalten. Ausnahmen gibt es allerdings bei verschiedenen marokkanischen Bruderschaften.

Moghul-zeitliche Miniaturen zeigen charakteristische Posen von Derwischen, die zur Musik der Kurzhalslaute (*rubab*) und Schellentrommel (*daf*) tanzen, ihre Turbane auf den Boden geworfen haben und entrückt zu Boden sinken. Die überlangen Ärmel ihrer Obergewänder betonen die Armbewegungen und verleihen dem Tanz eine besondere Wirkung. Diese weit geschnittenen Ärmel finden sich auch schon auf Tanzdarstellungen in der frühen islamischen Metallkunst. Sie scheinen dem Tänzer ein Gefühl des Schwebens, ja Fliegens zu geben und fördern weiche, anmutige Bewegungen, die sich allerdings zu abrupten, heftigen Ausbrüchen steigern können. Ein solches „Spiel mit den Ärmeln", wie es bei den Kurden genannt wird, gab und gibt es in verschiedenen Teilen des islamischen Orients, vor allem in Mittelasien; noch heute werden sie von nordpakistanischen Schamanen in Hunza zur Akzentuierung ihres Tanzes benutzt.[55] Die Ekstase bei Musik und Tanz kann so weit gehen, daß die Derwische ihre Kleidung zerreißen (*tamzik, khirqa daridan*). Hujwiri erklärt in seinem „Kashf al-mahjub" dazu: „Es gibt drei Gelegenheiten, bei denen Sufis ihre Gewänder zerreißen: erstens, wenn ein Derwisch in Begeisterung beim Hören sein Kleid in Stücke reißt; zweitens, wenn ihm einige Freunde auf Geheiß des spirituellen Führers bei der Sündenvergebung sein Gewand zerreißen; drittens, wenn sie das gleiche im Rausch der Ekstase tun" (1911: 417). Das zerrissene Kleid wirft der Derwisch entweder unter die Anwesenden, wobei beim Verteilen jeder ein Stück erhält, oder er gibt es dem Sänger.

Außergewöhnliche Formen der Ekstase

Der Weg der mystischen Erfahrung, der Pfad zu Gott, ist subjektiv, er beruht auf Intuition und Inspiration. Schon die Offenbarung des Propheten Muhammad geht auf Visionen und ekstatische Erlebnisse zurück. Im 13. Jahrhundert gewinnt die Ekstase an Bedeutung. Seit dieser Zeit sind Emotionen und ekstatische Ausbrüche, die durch Gottgedenken, Musik, Tanz oder andere, extremere Praktiken hervorgerufen werden, häufiger im Schrifttum der Sufis belegt. Die Sufi-Termini *hal* und *wajd* („Finden" des göttlichen Geliebten) begreifen die Ekstase als ein Gnadengeschenk Gottes. Es handelt sich dabei um Zustände, bei denen die menschliche Seele durch Gott berührt wird, also eine Kommunikation mit dem Absoluten erfolgt. Dieses unmittelbar erfahrene Aufeinandertreffen von Mystiker und Gott wird auch als *mawajid* (Pl. von *wajd*) bezeichnet.

Der griechische Begriff *ékstasis* meint das „Aus-sich-Heraustreten", das „Außer-sich-Sein", die „Verzückung". Dies kann – wie etwa beim stillen *zikr* – innerlich geschehen, aber auch äußerlich in Tanz und Gesang, durch körperliche Erregung, Ausrufe und Ekstaseformen, die bis zur Schmerzunempfindlichkeit führen. Ein Merkmal dieses Berauschtseins ist die innere ekstatische Hitze, die im Persischen als „glutrot" (*surkh*) beschrieben wird. Vergleichbar damit ist die *tapas* genannte konzentrierte Energie, die indische Yogis aufgrund ihrer asketischen Übungen ansammeln. Als körperliche „Glut" oder „Hitze" kann sie für magische Zwecke gebraucht werden. Ein weiterer ekstatischer Ausdruck spiritueller Erfahrungen sind die *shathiyat* genannten theopathischen Äußerungen.[56] Inhaltlich beziehen sich diese oft paradox klingenden und schockierend wirkenden mystischen Aphorismen auf Glaube und Unglaube. Sie stellen Versuche dar, das Unsagbare einer numinosen Erfahrung auszudrücken.

Auch wenn die Ekstase heute oft zum Selbstzweck zu werden scheint, so kann man dabei doch nicht a priori davon ausgehen, daß es an Liebe zu Gott mangelt; denn sonst wären die ekstatischen Sufis und Derwische vom Standpunkt des „gesunden Menschenverstandes" aus nichts weiter als Verrückte. Die für uns so extreme, exzentrische Art der Ekstase und ein einfaches Leben in Gott müssen sich meines Erachtens nicht ausschließen. Daß die Mystiker in der Ekstase sehr intensive Zustände der Nähe (*qurb*) zu Gott suchen und finden, die lebendige Wirklichkeit sind, zeigen die folgenden Beispiele.

Ein außergewöhnlicher Brauch war die bis ins 20. Jahrhundert durchgeführte *dosa*-Zeremonie („mit Füßen treten") der ägyptischen Saʿdiyya-Derwische, die am Geburtstagsfest des Propheten und verschiedener Heiliger stattfand. Dabei ritt der *sheikh* dieser Bruderschaft mit seinem Pferd über etwa 300 vor ihm mit dem Gesicht auf dem Boden liegende Derwische hinweg, ohne daß irgend jemand verletzt wurde. In diesem Ritual übertrug der *sheikh* seine Segenskraft auf die Gefolgsleute. Solche an Wunder grenzenden Vorführungen beeindruckten natürlich die Gläubigen in hohem Maße. Im Jahre 1881 wurde die *dosa*-Zeremonie offiziell als „böse Neuerung" (*bidʿa kabiha*) verboten, doch fand sie noch mindestens bis 1937 in Kairo statt.

Schmerzunempfindlichkeit (Anästhesie) wie bei der *dosa* und Körperkontrolle sind bei Mystikern und Asketen häufig beobachtet worden. Es geht in diesen Zusammenhängen um die Thematisierung körperlicher Grenzen oder – wie manche Derwische sich ausdrücken – um den *jihad* gegen den eigenen Körper. Aus Ägypten und Indien ist berichtet worden, daß sich Derwische angeblich sogar lebendig begraben ließen; sie sollen in einem kataleptischen Zustand verblieben sein, in dem Atmung und Blutzirkulation angehalten wurden. Manchmal weckte man sie angeblich erst nach Jahren oder Jahrzehnten, und sie entstiegen lebendig ihrem Grab. Als Voraussetzung für derartig extreme Übungen müssen intensives Gottgedenken und der mystische Ich-Tod in der Ekstase gelten.

Bei Versammlungen der Hamadsha, ʿIsawi und Gnawa in Marokko führen die Mitglieder des „inneren Kreises" der Bruderschaft regelmäßig *hadra* durch, bei denen der eigentliche *zikr* eine untergeordnete Rolle spielt. Wenn der „heiße Teil" der *hadra* beginnt und die Musik erregender wird, tanzen die Derwische und fügen sich mit Hellebarden, Äxten, Keulen und Messern Verletzungen zu. Manchmal zertrümmern sie auch mit Wasser gefüllte große Tonkrüge – die etwa 6 kg wiegen – auf ihrem Kopf. Während bei den ekstatischen Tänzen der Hamadsha Blut fließt, soll es bei den ʿIsawi im Maghreb keine blutenden Wunden geben, wenn sie sich mit eisernen Nadeln in Wange, Hals und Schultern stechen oder auf Schwertklingen gehen.

Vergleichbar mit den *hadra* der marokkanischen Bruderschaften sind die *zikr*-Riten und das rituelle „Spiel" mit Waffen bei den Rifaʿi in Ägypten, der Türkei und Indien.[57] Bei diesen Zeremonien kommt es ebenfalls zu ekstatischen Zuständen mit Schmerzunempfindlichkeit (oder verminderter Erfahrung von Schmerzen). Letztere sind vor allem im Hinblick auf die in Jordanien, Irak, Iran und der Türkei verbreitete Casnazaniyya näher untersucht worden.[58] Im Verlauf des *zikr* nehmen die Derwische glühend erhitzte Eisengeräte, die sie „Rosen" (*gül*) nennen, oder Holzkohlestücke in den Mund, halten sie zwischen den Zähnen, lecken darüber oder bestreichen sich Gesicht, Arme und Beine mit den Flammen. Andere ziehen sich (nicht-sterilisierte) Spieße und Nadeln durch Wange, Zunge, den unteren Teil des Mundes, Nacken, Arme oder Bauchhaut. Mitunter werden sogar – eigentlich noch schmerzhaftere – spitze Holzstöcke dazu verwendet. Messer werden auch unterhalb des Auges in den Körper gestoßen und Dolche mit Hilfe eines Hammers in den Schädel getrieben. Bei diesen Selbstverletzungen sind keine Infektionen festgestellt worden. Eine der Rifaʿiyya sehr nahestehende Bruderschaft in Damaskus benutzt bei ähnlichen Übungen spezielle Gerätschaften, beispielsweise „Quirlspitzen, welche die Derwische, wenn sie in Ekstase geraten, mit einer drehenden Bewegung so in die Luft werfen, daß sie beim Zurückfallen ihre Brust treffen" (Kriss/Kriss-Heinrich 1960: 213). Bevor der Derwisch diese Praktiken ausübt, die er als großen *jihad* gegen die eigene Triebseele, aber auch als Demonstration der Macht seines Heiligen versteht, ruft der *sheikh* den Gründer der Bruderschaft an und spricht bestimmte Gebete über die Waffen. Die extremen Riten der Rifaʿi, bei denen Säbel, Keulen und andere eiserne Instrumente verwendet werden, sind auf eine legendäre Begebenheit im Leben ihres Stifters Ahmad Rifaʿi zurückzuführen. Es heißt, daß dieser während der Ekstase einmal seine Beine in ein Becken mit glühenden Kohlen hielt und danach Atem, Speichel und Gebete des heiligen ʿAbdul Qadir Gilani sofort seine Wunden heilten. Auch bei den Qadiri-Derwischen im iranischen Sanandaj und anderen Regionen Kurdistans konnten derartige Praktiken beobachtet werden: Sie halten sich brennende Fackeln an den Körper, schneiden sich mit Messern, durchbohren die Zunge, schlucken Rasierklingen und zerkauen dünnes Glas. Einige von ihnen heben Metallöfen mit den Zähnen hoch. In einem Reisebericht aus der kurdischen Stadt Suleymaniyah heißt es u. a.: „Der Khalifa zieht aus dem breiten Ledergurt einen Holzhammer und ein kleines, massives Messer. Der Mann mit dem schlohweißen Haar kniet vor ihm

*Abb. 30: Wanderderwisch, der sich Selbstverwundungen zufügt,
kolorierter Kupferstich, 17. Jahrhundert*

nieder, den Kopf in aufrechter Haltung, und während er mit den Augen das Nichts zu fixieren scheint, hämmert ihm der Khalifa so lange das Messer in den Schädel, bis es steckenbleibt. ... Der letzte Trommelschlag verhallt. Noch ehe die Zuschauer begriffen haben, daß es wirklich der letzte Trommelschlag war, haben sich die meisten Derwische ihrer Messer und Spieße so selbstverständlich entledigt, als wären es Kleidungsstücke. Der Khalifa tupft da und dort Speichel auf winzige Wunden. Seinem Speichel soll heilende Kraft innewohnen, da er von Gott gesegnet ist. Schließlich begibt er sich zum weißhaarigen Derwisch, der wieder auf dem Boden kniet. Während zwei Männer die Schultern des Derwischs nach unten drücken, zieht ihm der Khalifa unter größter Anstrengung das Messer aus der Schädeldecke. Der weißhaarige Derwisch steht auf, bedankt sich beim Khalifa und klopft sich mit unbewegtem Gesicht den Schmutz von der weiten Hose" (Karrer 1993: 53). Gauklervorführungen dieser Art, bei denen in Verbindung mit absichtlichen Körperverletzungen Schmerzunempfindlichkeit demonstriert wird, geht in der Regel eine längere vorbereitende *zikr*-Phase mit Tanzbewegungen (z.B. Wirbeln des Kopfes und Drehungen des Oberkörpers) zum Rhythmus von Faß- und Rahmentrommeln voraus, die einen Zustand der Trance erzeugen, in dem die Konzentration ausschließlich auf Gott gerichtet ist. Die schiitisch beeinflußten ʿAhl-i Haq („Leute Gottes") in Iranisch-Kurdistan und verschiedene andere Gruppen in Kleinasien und auf dem Balkan führten ebenfalls Selbstpeinigungen dieser Art durch. Bisher wurden die beschriebenen Phänomene zumeist nur pathologisch als „Selbstverstümmelungen" klassifiziert; es geht jedoch vielmehr um außergewöhnliche Formen der augenblicklichen Selbstheilung und Immunität, wobei die Derwische aufgrund ihrer spirituellen Kräfte die „okkulte" Fähigkeit des Körpers demonstrieren, Verletzungen zu widerstehen. Die Ausschüttung von Hypophysenhormonen (Endorphine und Enkephaline), die morphium- oder heroinähnliche Wirkungen besitzen, wird dabei eine Rolle spielen. Generell scheint es aber deutliche Unterschiede zwischen den Kulturen zu geben, inwieweit ein Schmerz toleriert oder aber als unerträglich empfunden wird.

Vergleichbare Selbstpeinigungen führen übrigens Hindus in Südindien und Südostasien während des alljährlichen *thaipusam-*

Festes durch. In der Antike waren sie selbst den Kynikern nicht fremd: Sallustius beispielsweise legte sich glühende Kohlen auf die Schenkel und blies sie selbst an. In der Antike gab es vor allem im östlichen Mittelmeerraum ekstatische Riten, in denen Flagellantentum und Selbstverletzungen mit Äxten und Schwertern eine Rolle spielten – man denke etwa an den Attis-Kybele-Kult in Phrygien.

Eine ausgesprochen ritualisierte Technik zumeist kollektiver Ekstase ist das weitverbreitete Feuerlaufen bzw. das Tanzen auf glühender Holzkohle, wobei die Füße der Akteure unversehrt bleiben. Im Westen des islamischen Orients praktizieren es verschiedene marokkanische Bruderschaften, im Nahen Osten vor allem die Rifaʿi. Weiter östlich, etwa in Iran, laufen Derwische der ʿAhl-i Haq während ihrer *zikr*-Riten über glühende Kohlen, und im afghanischen Kandahar ist dies von Männern bekannt, die Pay-lochha („Nacktfüßige") genannt werden – anscheinend „Überreste" eines *futuwwa*-ähnlichen Bundes. Auf dem indo-pakistanischen Subkontinent finden mancherorts am ʿashura-Tag im Rahmen der schiitischen *muharram*-Feierlichkeiten Feuerläufe statt. Eine Derwischbruderschaft unter den schiitischen Orakzai-Pashtunen im Kohat-Distrikt (North-West Frontier Province/Pakistan) praktiziert angeblich ebenfalls solche Läufe, allerdings liegen dazu bisher keine näheren Angaben vor. Unter den heterodoxen Derwischgruppen Indiens ist diese Form der Ekstase von den Haidari, Madari-Malang und Chhalapdar-Fakiren bekannt. Die Haidari sollen sich sogar – nur mit einem Hemd bekleidet – auf der glühenden Holzkohle rollen. Die Madari führen den *dhamal kudna* (*dhamal*-„Springen") genannten Feuerlauf im Namen ihres Heiligen Zinda Shah Madar durch. Zuvor rezitieren sie die *fatiha*, die erste Sure des Korans, streuen dann Sandelholz ins Feuer und springen durch die Flammen, wobei sie *dam Madar, dam Madar* („Atem des Madar, Atem des Madar") rufen. Anschließend werden die Füße der Läufer mit Milch und Wasser gewaschen.

Die Chhalapdar führen den Feuerlauf u. a. als eine Art Heilritus durch: Der Auftraggeber stellt außer der Holzkohle auch ein Tier zur Verfügung, das die Fakire vor dem Feuerlauf gemeinsam verzehren. Er hofft, auf diese Weise von Schwierigkeiten, Leiden usw. befreit zu werden. Alte Vorstellungen von der reinigenden Wirkung des Feuers mögen diesem Brauch zugrunde liegen.

Das im islamischen Derwischwesen Indiens wie auch im Hinduismus und Buddhismus verbreitete Feuertanzen oder -springen fußt offenbar auf Stammestraditionen, insbesondere auf der Kultur Dravida-sprachiger Bevölkerungsgruppen Südindiens, Sri Lankas, Bihars usw. Teilweise übernehmen die Tänzer dabei die Rolle von Gottheiten und Dämonen; bei den Munda und Oraon fühlen sie sich mit Shiva verbunden und bezeichnen sich als *shivbhakta*. Zur Vorbereitung eines Feuerlaufes gehören oft Instrumentalmusik und hymnenartige Anrufungen an übermenschliche Wesen. Hans-Joachim Klimkeit ordnet diese ekstatischen Erscheinungen „dem Kreis des ,schamanistischen' Typos religiösen Erlebnisses" zu (1976: 559), die später mit Hochreligionen verbunden wurden. „Herr über das Feuer" zu sein und sich dabei als unempfindlich zu erweisen, ist tatsächlich besonders von Schamanen bekannt. Im islamischen Kontext kommt dieses Motiv gelegentlich in Heiligenlegenden vor: So erzählte man mir zum Beispiel in Rawalpindi, daß Sayyid Shah Chan Cheragh (2. Hälfte 17. Jh.) zwölf Jahre lang in einem Kessel über einem Feuer gesessen habe. Wie Uwe Topper für die marokkanische ʿIsawiyya zu Recht hervorhebt, hat dies „nur den Sinn, symbolisch die Gewalt über das Höllenfeuer zu zeigen, die dem zuteil wird, der sich Gott ganz und gar hingegeben hat" (1991: 157). Deshalb wiederholen ʿIsawi-Derwische bei ihren *hadra* immer wieder die Worte ihres „vollkommenen Meisters":

„Wer in meine Gegenwart wie in ein Meer eintaucht
und das Gebet reinen Herzens spricht,
wird von den Flammen der Hölle nicht verzehrt!"
(Topper 1991: 157)

Die Unversehrtheit der Feuerläufer, nachdem sie ohne Hast, manchmal sogar knöcheltief durch die glühenden Kohlen gegangen sind, wurde immer wieder hervorgehoben. Sie scheint darauf zurückzuführen zu sein, daß die eingehenden vorbereitenden Riten und Anrufungen eine besondere Konzentration schaffen und damit die Angst des einzelnen zu überwinden vermögen. Ferner könnte bedeutsam sein, daß sich an den Fußsohlen und Händen ein natürlicher unimolekularer Schweißfilm bildet, der ausreicht, Verbrennungen zu verhindern. Darüber hinaus mögen die Gewichtsverteilung des Läufers, sein Rhythmus in der Bewegung und eine antrainierte Behendigkeit dazu beitragen, daß er unverletzt bleibt. Im Kontext der beschriebenen außergewöhnlichen Formen der Ekstase kann Schmerzunempfindlichkeit generell auch durch die Einnahme von Rauschmitteln unterstützt werden.

Rauschdrogen

In zahlreichen Kulturen stellen Rauschdrogen wesentliche Hilfsmittel dar, um spirituelle Erfahrungen zu sammeln. So dienen auch in der islamischen Mystik – spätestens seit dem 13. Jahrhundert – durch Halluzinogene induzierte Rauschzustände und Visionen zur Gottesschau.

Anders als in der westlichen Kultur, die Rauschdrogen nur unter dem Aspekt der Vergiftung und Minderung der Leistungsfähigkeit beurteilt und ihren Gebrauch kriminalisiert, sind Haschisch, Opium und andere Mittel im islamischen Orient traditionell mit den Lebensgewohnheiten der Bevölkerung verbunden. Erst in der heutigen Zeit gerät die kulturelle Bedeutung der Halluzinogene auch dort langsam aus dem Blickfeld. In der vitalen Rauschmystik des Sufismus dienen Drogen der „Sprengung" des Ichs, der „Entselbstung" und dem „Außer-sich-Sein". Sie lenken zu Gott hin, indem sie die Flucht- und Haltepunkte der diesseitigen Welt auflösen. Als Führer der Seele auf ihrer Reise zu Gott stellen Drogen im Vergleich zu Fasten, Schlafentzug, Gottgedenken, Musik, Tanz usw. einen kürzeren und leichter gangbaren Weg dar.

Kaffee und Tabak

In früheren Zeiten nahmen Derwische neben reinen Rauschdrogen Genuß- und Anregungsmittel – vor allem Kaffee und Tabak – zu sich, um sich etwa während nächtlicher *zikr*-Sitzungen oder 40-tägiger Perioden des Schlafentzugs wach zu halten. Abu'l Hassan 'Ali ibn 'Umar (gest. 1418 in der Hafenstadt Mukha), ein Derwisch der Shaziliyya, soll Kaffee in Südäthiopien kennengelernt und dann im Jemen eingeführt haben. Einige jemenitische Derwische zerrieben die Kaffeebohnen und aßen sie dann, andere rösteten sie, gossen sie auf und tranken den Absud. Da Kaffee

Hunger und Schlaf vertrieb und so das rituelle Gottgedenken erleichterte, schätzte man ihn und widmete ihm sogar eine eigene *zikr*-Formel: *Ya qahwi* („Oh Kaffee"). Es heißt, daß der Fakir Baba Budan, auch als Hayat Qalandar bekannt, den Kaffee bereits im 14. Jahrhundert ins indische Mysore brachte; gesicherter ist die Verbreitung 1543 auf dem Seeweg in die Türkei. Dort erfreuten sich zunächst die Derwische der Khalwatiyya an Kaffee und Tabak, später führten die Bektashi sogar das Amt eines Kaffeezubereiters ein.

Derwischbruderschaften waren maßgeblich an der Verbreitung beider Genußmittel in der Bevölkerung beteiligt. Die Diskussion um Verbot oder Freigabe der Drogen führte im Osmanischen Reich des frühen 17. Jahrhunderts zu erheblichen Auseinandersetzungen zwischen den orthodoxen Rechtsgelehrten und den Derwischen. Im Jahre 1632 verbot Sultan Murad IV. (gest. 1640) das Tabakrauchen und ließ die Kaffeehäuser zerstören. Wegen Übertretungen dieses Verbots sollen damals mehrere tausend Menschen hingerichtet worden sein.

Wein

In der Dichtung der Qalandar und Khaksar kommt häufig die Weinschenke (*kharabat*) vor; in Kabul hieß so früher gar ein eigenes Stadtviertel, in dessen Teehäusern und Derwisch-Konventen sich Musiker, Dichter und Mystiker trafen.[59] Der gebildete, sich der Poesie widmende Sufi ebenso wie der Majzub schätzen bei solchen Zusammenkünften den Wein (*sharab*) als Mittel, um sich von der diesseitigen Welt zurückzuziehen und in der Ekstase die reine Liebe zu Gott zu finden. Sein Genuß gewährt ja auch dem gläubigen Christen einen Vorgeschmack auf das Paradies. Wein wird in der mystischen Literatur des Islam gepriesen und dient oft als Chiffre für die rauschhafte, trunkene Liebe des Derwischs zu Gott. In Reverenz an den Mystiker Hallaj wird er auch Mansuri-Wein genannt. Diesen reinen „Wein der Gottesliebe trinken" bedeutet – wie der Genuß geweihter Süßigkeiten an einem Heiligenschrein –, einen „Geschmack geistiger Seligkeit" zu erlangen.

Weingenuß war und ist zum Teil heute noch bei den „freien" Bruderschaften verbreitet. Die türkischen Bektashi tranken Wein während eines gemeinsamen Mahles im Verlaufe des *ayin-i cem-*

Ritus, bei dem ein *zikr* und ggf. die Initiation neuer Mitglieder durchgeführt wurden. In der Türkei gibt es zahlreiche Witze und Possen, die den Wein und *raki* (Anisschnaps) trinkenden Bektashi-Derwisch zum Gegenstand haben. Im Zuge der Verfolgungen von Bektashi durchsuchte man deren Konvente und Wohnungen, und angeblich „will man in ihnen Weinkrüge gefunden haben, die mit Qorān-Blättern verstöpselt waren" (Jacob 1908: 36).

Haschisch

Derwische lieben insbesondere den Genuß von Haschisch: Es erhöht das Vergnügen beim Hören von Musik, verstärkt die Verzückung beim Tanz und lenkt in der Ekstase zu Gott hin. Als ekstaseauslösendes Mittel war Haschisch nach den Berichten Herodots bereits bei den Skythen bekannt, und auch im alten Iran, wo man es mit Wein und dem Rauschtrank *haoma* (vedisch *soma*) mischte. Im islamischen Orient gilt die „Seelendroge" Haschisch als perfektes Instrument, um mystische Erfahrungen zu sammeln und zu intensivieren.[60] Es genießt hier eine „quasi religiöse Verehrung" (Rosenthal 1971: 148); nicht umsonst gibt es in Afghanistan mit Baba Qu-yi Mastan aus Balkh sogar einen Schutz- und Zunftheiligen der Haschischraucher. Seine Bedeutung in der traditionellen Kultur läßt sich auch an dem Urdu-Sprichwort ermessen: „Ein junger Mann, der noch kein reifes Haschisch genossen hat, wäre besser als Frau geboren." Ein Pashto-Sprichwort weist darauf hin, wo man die Berauschten am ehesten finden kann: „Schau nach einem Pilger in Mekka und nach einem Haschischraucher im Derwischkonvent."

Haschisch ist die Rauschdroge par excellence der wandernden Derwische. Da sie – weit billiger als Wein – hauptsächlich in den unteren Schichten der Bevölkerung konsumiert wird, hat sie der Dichter Mahmud Bahri (gest. 1718/19) aus Gogi (bei Bijapur), der den Majzub nahesteht, in seinen Texten sogar zum Symbol des Protestes gegen den orthodoxen Sufismus und den offiziellen Gesetzesislam erhoben. In Indien wurde der Gebrauch von Cannabis als „Freudespender" und „Befreier" schon in den vedischen Schriften (um 1000 v. Chr.) erwähnt. Bei den Hindus ist Haschisch besonders in den Kult um Shiva eingebunden – eine Gottheit, mit der Drogengenuß und Rausch assoziiert werden. Wandernde Derwische – wie Qalandar und Haidari – spielten auch bei der Verbreitung von Haschisch im Mittleren Osten und im Vorderen Orient eine bedeutende Rolle. Zu nennen wäre der Qalandar-Derwisch Ahmad as-Sawaji, der in der ersten Hälfte des 13. Jahrhunderts lebte, andere Quellen erwähnen den in Nishapur geborenen Sheikh Haidar (gest. 1221), nach dessen Namen man Haschisch manchmal auch als „Wein Haidars" bezeichnet. Im 15. Jahrhundert propagierte angeblich auch der Bektashi-Dichter Kaygusuz ʿAbdal, der die Lebensweise eines Qalandar führte und schließlich den ersten Bektashi-Konvent in Ägypten gründete, den Konsum von Haschisch. Eine fast schon übertriebene Bedeutung genießt die Droge bei den marokkanischen Haddawa, die ihren Genuß rituell zelebrieren.

Im islamischen Orient sind verschiedene Präparate des inhaltsstoffreichen Cannabis indica bekannt: *Charas*, in West- und Südasien geraucht, besteht – vermischt mit Tabak – aus dem Harz der weiblichen Hanfpflanze, das sich in den Drüsenköpfchen an den oberen Blütenblättern sammelt. Die „grünen Blätter" (*sabzi*) – Marihuana also – heißen im arabischen Raum *kef* oder *kif* („Wohlbefinden"). *Husn kef* ist ein mit Haschisch und Honig versetzter Mundtabak. In Indo-Pakistan und Afghanistan zerreibt man das Marihuana, mischt es mit schwarzem Pfeffer oder auch mit Mandeln und etwas Zucker, löst es in Wasser auf und trinkt es als *bhang* – das „Wasser des Khizr". *Ganja* heißen dort die getrockneten, mit Harzausscheidungen bedeckten Blütenstände der weiblichen Pflanze, die zusammen mit Tabak geraucht werden. Die stärkste, sowohl in Indien, Afghanistan und Iran als auch in Nordafrika gebräuchliche Rauschdroge ist *maʿjun*, je nach Rezeptur eine Mischung aus *bhang* oder *ganja*, Opiumsamen, Datura (Stechapfel)-Blüten, Pistazien, Mandeln, Milch, Zucker, verschiedenen Aromastoffen usw. Dies sind nur einige Beispiele aus der Vielzahl der regional so unterschiedlichen Arten der Zubereitung von Haschischprodukten. Derwische haben die Varietät des „Rauschhanfs" übrigens auch selbst angebaut.

Für das von ihnen so geschätzte Haschisch besitzen sie verschiedene Umschreibungen und Kosenamen, so etwa *al-luqaymah* („kleiner grüner Bissen"), *musilat al-qalb* („das mit dem Herzen verbindet") und im Persischen *waraq-i khial* („Blatt der Erkenntnis"); für die Einnahme dieser Droge verwenden sie manchmal den Ausdruck *ziyarat al-Khizr al-ʿakhdar* („Besuch des grünen Khizr"). In einem Vers von Mahmud Bahri heißt es über *bhangab*, ein grünlich aussehendes, mit Wasser oder Milch versetztes Cannabis-Getränk:

> „Trink dein *bhangab* und sei glücklich -
> Sei ein Derwisch und laß dein Herz friedlich werden.
> Verlier dein Leben darin, diese Heiterkeit in dich aufzunehmen,
> Und nicht dafür, schäbige Kleider (gemeint ist der Flickenrock)
> zu nähen." (Eaton 1978: 260)

Der genießerische Shah Hussein wendet sich in einem mystischen Gedicht direkt an Gott:

> „,Oh Gott, alle Menschen bitten Dich! Gib uns den Mörser und den Stößel (mit dem das Haschisch zerstoßen wird) und ein ganzes Zimmer voll *bhang*; gib das Tuch (mit dem das *bhang*-Getränk gefiltert wird), den schwarzen Pfeffer und viel Farbe (mit der *bhang* gefärbt wird), gib Mohnsamen, einen Becher und einen großen Behälter voll Zucker; gib uns Weisheit, Gedenken und die ehrenvolle Begleitung der Heiligen' sagt Shah Hussein, der Fakir Gottes, dies ist das Ansuchen eines Fakirs." (nach: Krishna/Luther 1982: 23)

Nach dem Konsum von Haschisch fühlte Bayezid Taifur Bistami, wie sich sein Körper in der Ekstase abnorm in die Länge dehnte und dann wieder Normalgröße erlangte.

Als Rauschdroge der Armen hat das Haschisch viele Menschen, die nicht in die Gedankenwelt der Mystiker eingeführt waren und die rechte Dosierung der Droge nicht beachteten, süchtig gemacht. Solche Abhängigen wandten sich in Kairo zwecks Heilung an den Majzub ʿAbdullah al-Misri (gest. 1530/31), der Haschisch so zuzubereiten pflegte, daß jeder, der einmal davon aß, dies sofort bereute und kein zweites Mal probierte.

Opium

Im Hinblick auf körperliche Abhängigkeit ist der übermäßige Genuß von Opium, des Saftes von Papaver somniferum, bedenklicher als der von Haschisch. Dies hat Derwische und Fakire nicht daran gehindert, die im Orient als *afim*, *afyun* oder *teriakh* bezeichnete Droge zu konsumieren. Sie nehmen Opium in Wein, Milch oder Wasser aufgelöst zu sich, schlucken es als „Fröhlichkeitspillen" (*hab-i nishad*) und rauchen es seit dem 17. Jahrhundert auch als sirupartige Substanz mit verschiedenen Zutaten. Das Zischen des Opiums am heißen Pfeifenkopf wird manchmal mit dem *zikr* verglichen „und soll den Raucher in eine mystische Ekstase versetzen" (Anwari-Alhosseyni 1981: 484). Opium führt den Mystiker nach innen, entrückt ihn vom Diesseits und inspiriert sein Gottgedenken.

Epilog

Der volkstümliche, mystisch inspirierte Islam, zu dem auch das Derwischwesen in vielen Aspekten gehört, verkörpert einen wesentlichen Aspekt der islamischen Kultur und Gesellschaft. Selbstverständlich muß betont werden, daß dies nur eine Seite eines komplexen kulturellen Systems darstellt. Daneben existiert der offizielle, normative Islam, der viele Lebensbereiche prägt und dem in der Neuzeit auch politisch eine wichtige Rolle zukommt.

In der vorliegenden Studie habe ich mich bemüht, sufische Tradition und Derwischwesen als „wirkliches religiöses Verhalten" zu behandeln, das gelebt worden ist und zum Teil heute noch praktiziert wird. Doch hat die Entzauberung der Welt in der Moderne auch vor den Sufis und Derwischen nicht haltgemacht. Neue reformistische und puritanische Strömungen sowie moderne Entwicklungen insgesamt diskreditieren, verändern und verdrängen den traditionalistischen volkstümlichen Islam. Seit der zweiten Hälfte des 19. Jahrhunderts sind rasante Prozesse des Wandels zu beobachten. In manchen Regionen des islamischen Orients ist das Derwischwesen bereits zu einem nur mehr historischen Phänomen geworden, in anderen Gebieten zumindest stark zurückgegangen. Insbesondere die Heiligenverehrung ist – beispielsweise in Marokko – gegenwärtig in einem erstaunlich schnell verlaufenden Wandel begriffen, und selbst in Pakistan, Indien und Nepal werden Heiligenfeste in wachsendem Maße säkularisiert, staatlicher Kontrolle unterstellt und teilweise sogar aufgegeben. Um die Heiligenverehrung in der heutigen Zeit wenigstens halbwegs akzeptabel erscheinen zu lassen, betonen etwa pakistanische Politiker die Poesie der Sufis, ihre philosophische Ausrichtung und ihre sozial-reformerischen Aktivitäten. Derwische, Fakire, *piri-muridi*-Beziehungen und Wundertaten der

*Abb. 31: Der ägyptische Heilige Sheikh Ahmad at-Tayyib (gest. 1955)
aus der Region von Luxor. Photographien dieser Art werden als
segenshaltige Andachtsbilder von den Gläubigen aufbewahrt.*

193

Heiligen werden dagegen nicht angesprochen – man möchte den „Aberglauben" verdrängen.

Das äußere Erscheinungsbild und Verhalten der Derwische hat sich – etwa in Iran – beträchtlich geändert: Flickenmantel und andere charakteristische Attribute werden heute kaum mehr getragen, Perioden der Zurückgezogenheit in der Wildnis wurden ebenso wie das Betteln nahezu aufgegeben. Aufdringliche Khaksar sind aus dem öffentlichen Leben, von der Straße, fast ganz verschwunden. Allgemein bleiben die Derwische unauffälliger und passen sich den neuen Lebensumständen an.

Ebenso erfahren Bedeutung und Rolle der Bruderschaften gravierende Veränderungen. Auch sie unterliegen den Einfüssen der modernen Säkularisierung. So wurden in der Türkei im Jahre 1925 sämtliche Derwischkonvente per Gesetz offiziell aufgehoben, in Ägypten ergingen 1903–1905 Regierungserlasse gegen öffentliche Auftritte der Bruderschaften. Die verfolgten Bruderschaften in Sowjetisch-Mittelasien gingen in den Untergrund und nahmen den Charakter von Geheimbünden an.

Wenn in manchen Regionen – wie etwa in Tunesien – langsam die letzte Generation „echter" Derwische zu sterben scheint, so stellt sich die Frage, inwieweit Sufismus und Derwischtum tatsächlich im Niedergang begriffen sind. Sicherlich ist die Gegenwart keine Blütezeit der islamischen Mystik, doch haben die orthodoxen, gesetzestreuen Bruderschaften heute wieder Zulauf. Entsprechende Prozesse sind bei der Naqshbandiyya in der Türkei und der ägyptischen Hamidiyya-Shaziliyya sowie in Iran, dem nördlichen Kaukasus, in Mittelasien, Marokko und in Schwarzafrika zu beobachten. Die Qadiriyya und Chishtiyya ziehen Muslime an, die in England, Norwegen, den USA, Kanada und anderen westlichen Ländern leben. Auch eine Bruderschaft mit deutlich esoterischer Betonung, die sudanesische Burhaniyya, hat im 20. Jahrhundert in Ägypten und neuerdings in Europa (Deutschland, Österreich) weitere Verbreitung gefunden. Letzteres gilt insbesondere auch für die seit den 1970er Jahren in Westeuropa und Nordamerika immer populärer werdende Naqshbandi-Haqqani-Bruderschaft, in deren Gedankengut apokalyptische Prophetien von Bedeutung sind. In der Gegenwart wachsen regionale und transnationale Sufi-Netzwerke, in denen die Mystiker per Handy und Homepage auf ihre spirituellen Botschaften und ökonomischen Unternehmungen aufmerksam machen. Waren es früher vor allem Bauern und Handwerker, die in Derwischbruderschaften eintraten, so sind heute Industriearbeiter und Intellektuelle mit einem Interesse für mystische Unterweisungen hinzugekommen.

Anders fällt die Bilanz für die außerhalb des religiösen Gesetzes stehenden, „freien" Bruderschaften von Wanderderwischen, Ekstatikern und heiligen Gauklern aus. Ihre Mitgliederzahl war früher, als Rauschmystik und Ekstase noch höher bewertet wurden, beträchtlich größer – und sie stieg nicht zuletzt in Zeiten kultureller Zerrissenheit und religiöser Unruhe, wie etwa nach dem Einfall der Mongolen – deutlich an. In solchen Krisenzeiten bot das Derwischtum die Möglichkeit des inneren Rückzugs in die Religiosität. Heute wird die Rückkehr zu religiöser Wahrhaftigkeit viel eher von orthodoxen Bewegungen getragen, die nach Reislamisierung streben und den Islam vermehrt ideologisieren. Teils gehen sie sogar mit physischer Gewalt gegen Mystiker vor. René Brunel fragt sich, wie die non-konformistischen, armen Wanderderwische mit „ihrer kuriosen Persönlichkeit von struppigen und zerlumpten Bohemiens" (1955: 15) überhaupt bis in unsere moderne Zeit gelangen konnten. Eine aktive Pflege ekstatischer Kulte im Rahmen von Bruderschaften läßt sich derzeit höchstens in Marokko, Ägypten und dem Sudan feststellen. Heiligenschreine und Derwischkonvente gewähren zwar bis heute – vor allem in den Ländern des östlichen Islam – Raum für spontane Äußerungen der Ergriffenheit und Ekstase, doch werden diese Institutionen von Außenstehenden leider zunehmend als Degenerationserscheinungen des Sufismus oder einfach als unislamischer „Aberglaube" abgetan. Dabei sei die Frage gestellt, ob nicht gerade die Majzub, Malang, Qalandar und andere *bi-shar‘*-Derwische das Wesen des Sufismus eher bewahrt haben als die in weltliche Dinge involvierten orthodoxen Mystiker.[61] Die *ba-shar‘-pir* führen ein sicheres, bequemes Leben am Schrein, sind wohlhabend und haben enge und häufige Kontakte zu ihren Anhängern und Schülern, aber meist nicht zu ihresgleichen; *bi-shar‘*-Derwische dagegen sind zwar gewöhnlich arme Asketen, Ekstatiker und heilige Gaukler, pflegen jedoch im ursprünglichen Geist der Bruderschaften untereinander rege Kontakte. Zudem sind Schreine – von Marokko bis Bengalen – Nischen und Zufluchtsorte für Frauen,

Ausgestoßene, Sonderlinge, Kranke, Eunuchen, Transvestiten, Prostituierte, Bettler usw. Hier findet man Individualität, Freiheit und Menschen, die noch nicht von der Sucht nach Arbeit besessen sind. Besonders bemerkenswert ist die entspannte, von religiöser und sozialer Harmonie geprägte Atmosphäre während der Heiligenfeste. Es wäre meines Erachtens ein herber Verlust für die islamischen Kulturen des Orients, würden diese „Toleranzzonen" eingeschränkt.

Anhang

Anmerkungen

1 Wie in dem Vorläufer dieses Buches (Frembgen 1993) verwende ich den
Begriff „Sufismus", da er nicht nur in der wissenschaftlichen Literatur
weitgehend gebräuchlich ist (etwa in den wegweisenden Arbeiten von Annemarie Schimmel), sondern sich vor allem auch in den öffentlichen Medien durchgesetzt hat, wo in den letzten Jahren ein verstärktes Interesse an
der islamischen Mystik festzustellen ist. Ich folge Carl W. Ernst, der dazu
angemerkt hat: „,Sufism' is the modern English word used to translate the
Arabic *tasawwuf*, which is a verbal noun meaning the act or progress of
becoming a Sufi. Thus it is not, as the English word implies, an ‚ism' or
theory, but rather a living experience and a quest for perfection" (1985: 1).
Der von einer Reihe von deutschsprachigen Islamwissenschaftlern (u. a.
Fritz Meier, Richard Gramlich, Bernd Radtke) vorgezogene Begriff
„Sufik" ist selbstverständlich korrekter, hat jedoch den Nachteil, nicht in
die internationale Wissenschaftssprache Englisch übertragen werden zu
können. Konsequenterweise müßten sonst auch Begriffe wie Hinduismus
oder Buddhismus im Deutschen und Englischen geändert werden. – Zur
Geschichte des Begriffs „Sufismus" sei nachdrücklich empfohlen: Ernst
1997 (Kap. 1 „What is Sufism?").
2 Waardenburg (1978: 323) hat genauer dargelegt, daß es sich beim Sufimus
um eine Form des Islam handelt, die weder ausschließlich zum „offiziellen"
Gesetzesislam noch zum volkstümlichen, populären Islam zu rechnen ist,
sondern Anteil an beiden Facetten islamischer Tradition (sozusagen an der
„großen" und an der „kleinen" Tradition) hat. In ähnlicher Weise äußert
sich Radtke: „If Sufism, as I believe, has its natural place within the Islamic
intellectual tradition, it is manifestly nonsensical to see it only as an aspect
of popular Islam. This is, of course, not to deny that a popular Sufism ex-
ists, but the latter is not coterminous with the former" (1992: 78).
3 Eaton 1978: Kap. 9. Der treffende Ausdruck „Religion der Straße" stammt
von Gilsenan (1985: 187). Er erinnert an den Satz von Titus: „... Sūfiism
has provided the objective or philosophy of life, while it remains for the
darwīsh orders to apply the philosophy to the everyday needs of the man
in the street" (1930: 113).
4 Ewing (1997: 47–50) hat im Hinblick auf die Auseinandersetzung mit islamischen Mystikern in der Kolonialzeit kritisch darauf hingewiesen, daß die
fast ausschließlich mit Texten arbeitenden Orientalisten das positive Bild
eines weisen, tief spirituellen Sufi-Heiligen in die zeitlose, entfernte Vergangenheit projizierten, wohingegen sie den *holy man* der Gegenwart als
abergläubisch und korrupt herabwürdigten und somit als den bedrohlich
Anderen auffaßten.

5 Die Opposition gegenüber der islamischen Mystik und die Verfolgung von Sufis und Derwischen bildet ein wichtiges Kapitel innerhalb der Geschichte des Sufismus. Eine umfangreiche Darstellung dieser Anti-Sufi- bzw. Anti-Derwisch-Polemik in ihren jeweiligen sozio-historischen Zusammenhängen findet sich in De Jong/Radtke 1999.

6 Trimingham 1971: 264. – Geo Widengren nennt die islamischen Mystiker im Einleitungssatz seines Artikels ausdrücklich „Sufis und Derwische" (1953: 41); s. auch Rizvi 1983: 337; Ewing 1984; Currie 1989: 1 ff. Im Hinblick auf den Unterschied zwischen „Sufi" und „Derwisch" schreibt Currie u. a.: „A Sufi is one who tends towards the mystic life as it has developed within the framework of Islam, whereas a darvish or faqir is one who is attached full-time to the religious life either as a dependant of a Sufi establishment or as an independant wandering mendicant" (1989: 4). Hoffman bemerkt, daß dieser Unterschied in Ägypten selbst von Mystikern artikuliert wird: „Many Sufis distinguish true Sufism, which they claim to propagate, from *darwasha*, dervishism, which calls to mind images of dirty, half-crazed, ignorant beggars indulging in frenzied dances under the guise of dhikr and improper behavior of all kinds" (1995: 17).

7 So bemerkt Roy im Hinblick auf Afghanistan „Many 'ulama are attached to a Sufi order" (1986: 38) und „Most pir are perfectly orthodox 'ulama and carry out, at one and the same time, both exoteric (*fiqh, shari'at*) and esoteric teaching. … To clearly establish their orthodox status, these brotherhoods call themselves *tariqat-e shari'ati*, ‚a brotherhood which adheres to the teachings of the *shari'at*‘" (1986: 40). In Afghanistan handelt es sich zumeist um die Naqshbandiyya, aber auch um Mitglieder der Qadiriyya und Chishtiyya. Vgl. in diesem Zusammenhang auch Gilsenan 1992: 31, 34; Radtke 1994.

8 Lawrence 1980.

9 Siehe zu diesem grundlegenden Thema vor allem die umfassenden Ausführungen zur Geschichte des Sufismus in Schimmel 1985 b: 31, 71 ff., 78–84, 93 ff., 130 f. Vgl. auch: Trimingham 1971: 4, 12 f., 16, 31 ff., 51 f.; Schimmel 1990 b: 161 f., 165 f., 170 ff.

10 Catherine Mayeur-Jaouen hat über diesen Heiligen inzwischen eine sehr umfangreiche und detaillierte Monographie (1994) vorgelegt.

11 Frembgen 1998 a; Mayeur-Jaouen 1998; Frembgen Ms.

12 Digby 1994.

13 Der Münchner Orientalist H. J. Kissling hat dazu treffend bemerkt: „Der Hochislam ermangelt völlig der sogenannten Seelsorge, und seine Vertreter können in den seelischen Bedrängnissen der Menschen nur mit trockenen Koransprüchen usw. aufwarten. Hier springen die Derwische erfolgreich in die Lücke" (1960: 10).

14 In dem früheren Königtum Nager (Karakorum/Nordpakistan) gibt es zum Beispiel in dem Dorf Ghulmeth die Verwandtschaftsgruppe der Darweshkuts, die sich auf Darwesh Mohammad 'Ali Qadiun zurückführt, den Diener des berühmten Lokalheiligen Sayyid Shah Wali. Die Angehörigen dieser Gruppe sind bis heute vor allem als Schreinwärter tätig.

15 Vgl. zu diesem Thema: Schimmel 1990 a (Kap. II „Calligraphers, Dervishes, and Kings", v. a. S. 47–48), Schimmel 1992.

16 Trimingham 1971: 102 ff. – Die im folgenden skizzierte, von Trimingham vertretene Periodisierung der *tariqa*-Entwicklung ist insgesamt jedoch evolutionistisch und vereinfachend.

17 Im Hinblick auf neuere Arbeiten über die Naqshbandiyya sind vor allem zu erwähnen: Gaborieau/Popovic/Zarcone 1990, Paul 1991, Özdalga 1999.

18 Jarring 1979: 18 ff.

19 Dieser Vorwurf wurde wegen enger schiitisch-iranischer Beziehungen auch gegenüber der Zeyniyye im frühosmanischen Reich erhoben (Kissling 1964: 154 f.); s. auch Kissling 1959: 5; Kissling 1960: 10. Zur Aufgliederung von Bruderschaften in *ba-shar'*- und *bi-shar'*-Gruppen vgl. Titus 1930: 125 f.; Gaborieau 1983 b: 38; Gaborieau 1986: 105 ff., 111 f., 122 f.; Currie 1989: 7; Basu 1994: 20–21. Zum Gebrauch dieser für die vorliegende Arbeit wesentlichen Kategorien vergleiche man auch die folgenden Ausführungen von van der Veer bezüglich der Rifa'i in Surat (Gujarat): „Gaborieau (1986) makes a distinction, which he presents as ‚emic‘, between faqir orders which are ‚within Islamic Law‘ (*ba-shar*) and orders which are ‚outside Islamic Law‘ (*be-shar*). My informants were not familiar with these terms, but they accepted the distinction when I proposed it to them. They pointed out that the Rifa'i faqirs could be seen as *be-shar* or outside Islamic law, but the pir and his lay followers were *ba-shar*. Faqirs disdain fundamental Muslim practices such as prayer five times a day, since they claim that with each breath they utter the name of Allah" (1992: 559).

20 Schimmel 1982: 18.

21 Mit dieser notwendigen Differenzierung zwischen eigenen Typen religiöser Autorität und verschiedenen heterodoxen Bruderschaften folge ich der Anregung Hubert Langs (1994: 483; vgl. auch Lang 1992: 99).

22 Gramlich und Trimingham sehen diese Zurschaustellung der *malamat*-Haltung als typisches Kennzeichen der Qalandar-Derwische an und verweisen auf die Malamati, die ihre Frömmigkeit und Hingabe zu Gott vor den Menschen verbergen (Gramlich 1965: 74; Trimingham 1971: 267).

23 Vgl. Frembgen 1998 (Einzelstudie über den Majzub Mama Ji Sarkar). Zur Bedeutung des „Spiels mit den Blicken" s. Gramlich 1965: 76; Gramlich 1976: 205 ff; Frembgen 1998 a: 144; Frembgen 1998 b: 189–190.

24 Mayeur-Jaouen 1998: 157.

25 Im Hinblick auf die Qalandar-Bewegung in Kleinasien sei auf die beiden neueren historischen Studien von Ocak (1992) und Karamustafa (1994) verwiesen.

26 in: Wensinck/Kramers 1976: 265. Vielsagend sind in diesem Zusammenhang auch die Ausführungen Jan Rypkas zum Thema „Kulturschädliches im Sufismus"; so schreibt er u. a.: „Die Philosophie des ‚Jenseits von Gut und Böse‘ demoralisiert. ... die Vorstellung der ‚reinen Liebe‘ fördert die Homosexualität, und das Streben nach Ekstase führt zum Genuß von Rauschgiften" (Rypka 1959: 215).

27 Ein derart eingesetzter kleiner Ring hätte beim Koitus eine stimulierende Wirkung (Zahorka 1990: 142 zu den verschiedenen Arten des *palang*-Gebrauchs in Indonesien, wobei bestimmte Penispflöcke auch kontrazeptive Wirkung haben), etwas größere Ringe waren sicherlich auch herausnehmbar. Festzuhalten bleibt, daß diese Penisringe nicht unbedingt wirk-

same Mittel zur Gewährleistung eines zölibatären Lebenswandels gewesen sein müssen, vielmehr ist – eingedenk der den Qalandar-Derwischen häufig nachgesagten sexuellen Gier – auch an eine praktikable Möglichkeit zur Steigerung des Lustgewinns zu denken. (Für die Diskussion dieser urologischen Daten danke ich meinem Freund Dr. med. Thomas Eising, Bonn.)

28 Zum folgenden s. Burton 1851: 211 f.

29 Zum folgenden s. Olufsen 1911: 206, 396.

30 Derwische mit Brandmalen sind u.a. auf indischen Miniaturen des 17. Jahrhundert abgebildet (Schimmel 1990 b: 200). Hermann Norden traf in Iran einen Derwisch, dem auf seinen linken Arm eine figürliche Szene offenbar poetischen Inhalts tatauiert worden war (Norden 1928: 134).

31 Zum folgenden s. Ewing 1982: 82; Ewing 1984: 359–365.

32 Frembgen 1998 a; Frembgen Ms.

33 Ewing 1984: 362 f.

34 Als Überblick zu diesem Thema (für den islamischen Orient und v. a. für Indien) s. Bleibtreu-Ehrenberg 1984: 113–129. – Marc Gaborieau bestätigt meine Angaben, wenn er schreibt: „... il est difficile de faire la part entre les castes proprement dites et les ordres hétérodoxes devenues castes: la corporation des musiciens hermaphrodites, Hijra, est, d'après l'évidence lexicale, organisé comme un ordre soufi et dirigée par un pīr; ils sont peut-être à identifier avec, ou à rattacher aux Musā Suhāgī" (Gaborieau 1986: 123).

35 Ewing 1997: 209–217.

36 Titus 1930: 130; Basu 1994: 33.

37 Die Ethnologin Basu, die die Lebenswelt der Sidi-Fakire in ihrer Monographie erstmalig untersucht, bemerkt in diesem Zusammenhang: „Der Kult von Bava Gor zeigt viele Züge der von Islamwissenschaftlern beklagten dekadenten Tendenz des heterodoxen be-shar ʿ-Sufismus. Dies ist jedoch seinen Vertretern und Anhängern gänzlich gleichgültig. Gerade der synkretistische Charakter der Symbole und Rituale schafft hier ein Idiom, das die ideologischen Grenzen zwischen Hindus und Muslims verwischt und statt dessen eine gemeinsame Glaubenspraxis ermöglicht" (1994: 22).

38 Baily 1988.

39 Ocak 1992; Karamustafa 1994. – Schimmel (1990 b: 168) erwähnt, daß das Wort ʿabdal im Türkischen bei diesen Ekstatikern oft in Namensverbindungen auftritt (etwa Pir Sultan ʿAbdal) und heute – wohl infolge der Verachtung für diese nicht selten „geistig verwirrten" Derwische – auch so viel wie „dumm", „stupide" bedeutet.

40 Eine gute Übersicht über die Problematik der ʿAbdal in Ostturkestan bieten Ladstätter/Tietze 1994.

41 Vgl. O'Brien 1971: 141–158; Seesemann 1993: 214, 221, 223, 246; Bouttiaux-Ndiaye 1994: 60.

42 Zu den verschiedenen Dienstleistungen von Derwischen in Pakistan vgl. auch Frembgen (in Druck).

43 Zur peripatetischen Gruppe der Qalandar s. Pfeffer 1970: 168–171; Berland 1982: v. a. 73–146 (Monographie über die Qalandar!). – Durch J. Berland ist die Kategorie „Peripatetiker" als Bezeichnung für fahrende Gruppen, die selbst keine Nahrung produzieren, in die Ethnologie eingeführt worden; s. auch Rao 1983: 185 f.

44 1922; Ivanow 1929 a (aufgrund des „Derwischvokabulars" in einem Manu-
skript des 16. Jh.); Gramlich 1965: 80; Rao 1983: 165.

45 Mühlmann 1961: 235.

46 Benz schreibt ergänzend: „Ein besonderes Stilelement kommt noch in das
Narrenleben herein durch die Beziehung zum Hund. Hier scheinen die
Traditionen des kynischen Wanderpredigers nachzuwirken, unter denen ja
auch ähnliche närrische Propheten anzutreffen sind" (1938: 18).

47 Dieses Kapitel bietet lediglich einen kurzen skizzenhaften Überblick zum
Thema. Für eine ausführliche Darstellung der Tracht und Gerätschaften
(mit Katalogteil) sei der Leser auf mein Buch „Kleidung und Ausrüstung
islamischer Gottsucher. Ein Beitrag zur materiellen Kultur des Derwischwesens" (Wiesbaden 1999; O. Harrassowitz-Verlag) verwiesen.

48 Zur Barfüßigkeit im Islam vgl. Jarrar 1994 (bes. S. 222–227).

49 Ethnologischer Fachterminus für kleine kultisch gesäte Felder oder Gärten,
oft innerhalb eines Behälters, die nach der orientalischen Vegetationsgottheit Adonis genannt werden.

50 Pinto 1995: 163, 175.

51 Vgl. Frembgen 1987: 68–69. Weiteres Anschauungsmaterial findet sich in
der wertvollen und einzigartigen Filmdokumentation von Arnaud Desjar-
dins „Soufis d'Afghanistan. I. Maître et disciple, II. Au coeur des confréries" (Editions Alize Diffusion, St. Laurent du Pape).

52 Gramlich 1976: 392, 395–407.

53 An manchen Schreinen, wie in Ajmer Sharif, gibt es auch ein eigenes *nau-
bat-khana*, wo – wie an Königshöfen – regelmäßig Musik gespielt wird
(Gaborieau 1983 a: 294).

54 Kissling 1986: 356–361.

55 Fritz Meier äußert sich allerdings entschieden gegen die Annahme, daß der
Derwischtanz vom mittelasiatischen Schamanismus beeinflußt worden sei
(1954: 131, Anm. 63).

56 Ernst (1985) hat eine grundlegende Studie zur Bedeutung der *shathiyat* im
Rahmen des klassischen Sufismus vorgelegt. Bis heute finden sich solche
„inspirierten Äußerungen" auch bei Majzub.

57 Im Hinblick auf die Rifaʿi-Riten in Surat (Gujarat) s. van der Veer 1992.

58 Bemerkenswert erscheint, daß die besonderen Fähigkeiten, Schmerz zu
unterdrücken, auch außerhalb dieses rituellen Kontextes jederzeit und an
jedem Ort umsetzbar sind. Das 1982 gegründete „Paramann Programme
Laboratories" im jordanischen Amman hat entsprechende Labortests mit
Derwischen der Casnazaniyya durchgeführt. Für die entsprechenden Angaben danke ich Herrn Jamal N. Hussein.

59 Wieland-Karimi 1997: 218–220.

60 Die feinsinnigsten Studien zu diesem Thema stammen von Rudolf Gelpke
(1972, 1975).

61 Eaton 1978: 261 f.; Ewing 1984: 364; s. auch Brunel 1955: 13.

Verzeichnis zitierter Literatur

Hinweis

Das vorliegende Werk stellt aufgrund zahlreicher Änderungen in Text und Aufbau sowie umfangreicher Erweiterungen eine völlige Neubearbeitung meines früheren, seit Jahren vergriffenen Buches „Derwische. Gelebter Sufismus. Wandernde Mystiker und Asketen im islamischen Orient" (Köln 1993/ DuMont Buchverlag) dar. Auf Wunsch des Verlages wurden die seinerzeit sehr ausführlichen Anmerkungen und Literaturangaben nun stark gekürzt. Der Leser sei daher im Einzelfall auf die Literaturbelege der oben genannten Ausgabe verwiesen. Das vorliegende Verzeichnis wurde jedoch durch die Berücksichtigung neuerer Werke erweitert.

Andrae, Tor: Islamische Mystiker. Stuttgart 1960

Baily, John: Amin-e Diwaneh: the musician as madman. In: Popular Music 7/2; S. 131–146

Basu, Helene: Habshi-Sklaven, Sidi-Fakire: Muslimische Heiligenverehrung im westlichen Indien. Berlin 1994

Benz, Ernst: Heilige Narrheit. In: Kyrios 3; S. 1–55 (1938)

Berland, Joseph C.: No Five Fingers are Alike. Cognitive Amplifiers in Social Context. Cambridge, Mass./London 1982

Bleibtreu-Ehrenberg, Gisela: Der Schamane als Meister der Imagination oder Die hohe Kunst des Fliegenkönnens. In: H. P. Duerr (Hrsg.), Alcheringa oder die beginnende Zeit. Studien zu Mythologie, Schamanismus und Religion; S. 49–71. Frankfurt a. M./Paris 1983

dies.: Der Weibmann. Kultischer Geschlechtswechsel im Schamanismus. Eine Studie zur Transvestition und Transsexualität bei Naturvölkern. Frankfurt a.M. 1984

Bouttiaux-Ndiaye, Anne-Marie: Senegal behind Glass. Images of Religious and Daily Life. München/New York 1994

Brown, Kenneth L.: The Discrediting of a Sufi Movement in Tunisia. In: E. Gellner (Hrsg.), Islamic Dilemmas: Reformers, Nationalists and Industrialization. The Southern Shore of the Mediterranean; S. 146–168. Berlin/New York/Amsterdam 1985

Brunel, René: Le monachisme errant dans l'Islam. Sīdī Heddī et les Heddāwa. Paris 1955

Burton, Richard F.: Sindh and the Races that inhabit the Valley of the Indus. London 1851 (Repr. Karachi 1973)

Currie, P. M.: The Shrine and Cult of Muʿīn al-Dīn Chishtī of Ajmer. Delhi 1989

Digby, Simon: To ride a Tiger or a Wall? Strategies of Prestige in Indian Sufi Legend. In: W. M. Callewaert/R. Snell (Hrsg.), According to Tradition. Hagiographical Writing in India; S. 99–129. Wiesbaden 1994

Diogenes Laertius: Leben und Meinungen berühmter Philosophen. Hamburg 1967

Einzmann, Harald: Religiöses Volksbrauchtum in Afghanistan. Islamische Heiligenverehrung und Wallfahrtswesen im Raum Kabul. Wiesbaden 1977

Ewing, Katherine: Sufis and Adepts: The Islamic and Hindu Sources of Spiritual Power among Punjabi Muslims and Christian Sweepers. In: S. Pastner/ L. Flam (Hrsg.), Anthropology in Pakistan: Recent Socio-Cultural and Archaelogical Perspectives; S. 74–88. Karachi 1982

dies.: Malangs of the Punjab: Intoxication or Adab as the Path to God? In: B. D. Metcalf (Hrsg.), Moral Conduct and Authority. The Place of Adab in South Asian Islam; S. 357–371. Berkeley/Los Angeles 1984

Frembgen, Jürgen W.: Alltagsverhalten in Pakistan. Berlin 1987 (Leer ²1990)

ders.: The Majzub Mama Ji Sarkar. ‚A friend of God moves from one house to another'. In: P. Werbner/H. Basu (Hrsg.), Embodying Charisma; S. 140–159. London/New York 1998 (a)

ders.: Saints in modern devotional poster-portraits. Meanings and uses of popular religious folk art in Pakistan. In: Res. Anthropology and aesthetics 34; S. 184–191 (1998) (b)

ders.: The Charismatic Quality of the Holy Fool: The Case of Mastana Baba, a Living Saint from Udaipur/Rajasthan. (Vortrag, 14th European Conference on Modern South Asian Studies, 21.–24. Aug. 1996, Kopenhagen), Ms.

ders.: A Note on Peripatetic Specialists: Professional Strangers in Urban Pakistan. In: J. C. Berland/A. Rao (Hrsg.), Familiar Strangers and Persistent Others: Peripatetics and their Contexts in Africa, Asia, and Europe. Westport (in Druck)

Gaborieau, Marc: The Cult of Saints among the Muslims of Nepal and Northern India. In: St. Wilson (Hrsg.), Saints and their Cults. Studies in Religious Sociology, Folklore and History; S. 291–308. Cambridge 1983 (a)

ders.: Typologie des spécialistes religieux chez les musulmans du souscontinent indien (1). Les limites de l'islamisation. In: Archives de sciences sociales des religions 55/1; S. 29– 51 (1983) (b)

ders.: Les ordres mystiques dans le sous-continent indien. Un point de vue ethnologique. In: A. Popovic/G. Veinstein (Hrsg.), Les ordres mystiques dans l'Islam; S. 105–134. Paris 1986

Gaborieau, Marc/A. Popovic/Th. Zarcone (Hrsg.): Naqshbandis. Cheminements et situation actuelle d'un ordre mystique musulman. Istanbul/Paris 1990

Gelpke, Rudolf: Kunst und Sakraldroge im Orient. In: Weltkulturen und moderne Kunst; S. 42–47. München 1972

ders.: Drogen und Seelenerweiterung. München 1975

Gilsenan, Michael: Trajectories of Contemporary Sufism. In: E. Gellner (Hrsg.), Islamic Dilemmas: Reformers, Nationalists and Industrialization. The Southern Shore of the Mediterranean; S. 187–198. Berlin/New York/ Amsterdam 1985

ders.: Recognizing Islam. Religion and Society in the Modern Middle East. London/New York 1992

Goldammer, Kurt: Die Formenwelt des Religiösen. Grundriß der systematischen Religionswissenschaft. Stuttgart 1960

Gramlich, Richard: Daseinsnot und Daseinsangst in der islamischen Frömmigkeit. In: Temenos 26; S. 35–49 (1990)

Haas, Abdülkadir: Die Bektaşi. Riten und Mysterien eines islamischen Ordens. Berlin 1988

Hartmann, Richard: Zur Frage nach der Herkunft und den Anfängen des Sufitums. In: Der Islam 6/1; S. 31–70 (1915)

ders.: As-Sulamī's Risālat al-Malāmatīja. In: Der Islam 8/3–4; S. 157–203 (1918)

Hujwiri, ʿAli B. ʿUthman Al-Jullabi: The Kashf al-Mahjúb. The oldest Persian Treatise on Sufism. Leiden/London 1911

Ivanow, W.: An old Gypsy-Darwish Jargon. In: Journal and Proceedings of the Asiatic Society of Bengal, N.S. 18/1; S. 375–383 (1922)

ders.: Jargon of Persian Mendicant Darwishes. In: Journal and Proceedings of the Asiatic Society of Bengal, N.S. 23; S. 243–245 (1929)

Jacob, Georg: Beiträge zur Kenntnis des Derwisch-Ordens der Bektaschis (Türkische Bibliothek, 9. Bd.). Berlin 1908

Jaʿfar Sharīf: Islam in India or the Qānūn-i-Islām. The Customs of the Musalmāns of India. London u. a. 1921

Jarrar, Maher: Bišr al-Hāfi und die Barfüßigkeit im Islam. In: Der Islam 71/2; S. 191–240.

Jarring, Gunnar: Matters of Ethnological Interest in Swedish Missionary Reports from Southern Sinkiang. Lund 1979

Karrer, Cristina: In Trance Allahs Liebe preisen. Bei den Qadiri-Derwischen im irakischen Kurdistan. In: Neue Zürcher Zeitung 47; S. 52–54 (27. 2. 1993)

Kissling, Hans Joachim: Aus der Geschichte des Chalvetijje- Ordens. In: Zeitschrift der Deutschen Morgenländischen Gesellschaft 103/2; S. 233–289 (1953)

ders.: Das islamische Derwischwesen. In: Scientia. Revue internationale de synthèse scientifique 53; S. 1–6 (1959)

ders.: Die islamischen Derwischorden. In: Zeitschrift für Religions- und Geistesgeschichte 12/1; S. 1–16 (1960)

ders.: Einiges über den Zejnîje-Orden im Osmanischen Reiche. In: Der Islam 39; S. 143–179 (1964)

ders.: Bektaschije. In: K. Kreiser/W. Diem/H. G. Majer (Hrsg.), Lexikon der Islamischen Welt, 1. Bd.; S. 95. Stuttgart u. a. 1974

ders.: Das islamische Derwischtum als Bewahrer volksreligiöser Überlieferungen. In: H. J. Kissling (Hrsg.), Dissertationes orientales et Balcanicae collectae I. Das Derwischtum; S. 349–364. München ([1]1964) 1986

Klappstein, Paul: Vier turkestanische Heilige. Ein Beitrag zum Verständnis der islamischen Mystik (Türkische Bibliothek, 20. Bd.). Berlin 1919

Klimkeit, Hans-Joachim: Die ‚Teufelstänze‘ von Südindien. In: Anthropos 71; S. 555–578 (1976)

Kreiser, Klaus: Über zölibatäre Bruderschaften im Bereich des Islam. In: G. Völger/K. v. Welck (Hrsg.), Männerbande – Männerbünde. Zur Rolle des Mannes im Kulturvergleich, Bd. 1; S. 205–212. Köln (Rautenstrauch-Joest-Museum) 1990

Krishna, Lajwanti/A. Rauf Luther: Madho Lal Husain. Sufi Poet of the Punjab. Lahore 1982

Kriss, Rudolf/Hubert Kriss-Heinrich: Volksglaube im Bereich des Islam. Bd. 1 Wallfahrtswesen und Heiligenverehrung. Wiesbaden 1960

Ladstätter, Otto/Andreas Tietze: Die Abdal (Äynu) in Xinjiang. Wien 1994

Lang, Hubert: Der Heiligenkult in Marokko. Formen und Funktionen der Wallfahrten. Passau 1992

ders.: Besprechung von: J. W. Frembgen, Derwische. Gelebter Sufismus. In: Orient 35; S. 482–483 (1994)

Lawrence, Bruce: Healing Rituals among North Indian Chishti Saints of the Delhi Sultanate Period. In: Studies in History of Medicine 4/2; S. 119–134 (1980)

Luschan, Felix von: Völker, Rassen, Sprachen. Berlin 1927

Mayne, Peter: Saints of Sind. London 1956

Mayeur-Jaouen, Catherine: Al-Sayyid Ahmad al-Badawī. Un grand saint de l'Islam Égyptien. Kairo 1994

dies.: Saints coptes et saints musulmans de l'Egypte du XXe siècle. In: Revue de l'Histoire des Religions 215/1; S. 139– 186 (1998)

Meier, Fritz: Der Derwischtanz. Versuch eines Überblicks. In: Asiatische Studien 8; S. 107–136 (1954)

Moser, Heinrich: Durch Central-Asien. Leipzig 1888

Mühlmann, Wilhelm E: Chiliasmus und Nativismus. Studien zur Psychologie, Soziologie und historischen Kasuistik der Umsturzbewegungen. Berlin 1961

Norden, Hermann: Under Persian Skies. A Record of Travel by the Old Caravan Routes of Western Persia. London 1928

O'Brien, Donal B. Cruise: The Mourides of Senegal. The Political and Economic Organization of an Islamic Brotherhood. Oxford 1971

Ocak, Ahmet Yasar: Osmanli imparatorlugu'nda marjinal Sufilik: Kalenderiler (XIV–XVII. Yüzyillar). Ankara 1992

Olufsen, O.: The Emir of Bokhara and his Country. Journeys and Studies in Bokhara. London 1911

Özdalga, Elisabeth (Hrsg.): Naqshbandis in Western and Central Asia. Change and Continuity. Istanbul 1999

Paul, Jürgen: Die politische und soziale Bedeutung der Naqšbandiyya in Mittelasien im 15. Jahrhundert. Berlin/New York 1991

Pfeffer, Georg: Pariagruppen des Pandschab. Freiburg i. Br. 1970

Radtke, Bernd: Between Projection and Suppression. Some Considerations concerning the Study of Sufism. In: F. De Jong (Hrsg.), Shī'a Islam, Sects and Sufism; S. 70–82. Utrecht 1992

ders.: Warum ist der Sufi orthodox? In: Der Islam 71/2; S. 302–307.

Rao, Aparna: Zigeunerähnliche Gruppen in West-, Zentral- und Südasien. In: R. Vossen (Hrsg.), Zigeuner. Roma, Sinti, Gitanos zwischen Verfolgung und Romantisierung; S. 163–186. Frankfurt a. M. 1983

dies.: The Concept of Peripatetics: An Introduction. In: A. Rao (Hrsg.), The Other Nomads. Peripatetic Minorities in Cross-cultural Perspective; S. 1–32. Köln/Wien 1987

Ritter, Hellmut: Das Meer der Seele. Mensch, Welt und Gott in den Geschichten des Farīduddīn 'Attār. Leiden 1978

Rizvi, Saiyid Athar Abbas: A History of Sufism in India. Vol. I. Early Sufism and its History in India to 1600 A. D. New Delhi 1975. Vol. II. From Sixteenth Century to Modern Century. New Delhi 1983

Rose, H. A.: A Glossary of the Tribes and Castes of the Punjab and North-West Frontier Province, Vol. I–III. Lahore 1911 (Repr. Lahore 1978)

Rosenthal, Franz: The Herb. Hashish versus Medieval Muslim Society. Leiden 1971

Roy, Olivier: Islam and Resistance in Afghanistan. Cambridge 1986

Rypka, Jan: Iranische Literaturgeschichte. Leipzig 1959

Schelle, Karl Gottlob: Die Geschichte des männlichen Bartes. Leipzig 1797 (Repr. Dortmund 1983)

Schilder, Kees: Popular Islam in Tunisia. Leiden 1991

Schimmel, Annemarie: Reflections on Popular Muslim Poetry. In: Contributions to Asian Studies 17; S. 17–26 (1982)

dies.: Der Islam im indischen Subkontinent. Darmstadt 1983 (a)

dies.: Die orientalische Katze. Köln 1983 (b)

dies.: Calligraphy and Islamic Culture. London 1990 (a)

dies.: Sufismus und Volksfrömmigkeit. In: Der Islam. III Islamische Kultur – Zeitgenössische Strömungen – Volksfrömmigkeit; S. 157–242. Stuttgart u. a. 1990 (b)

dies.: Calligraphy and Sufism in Ottoman Turkey. In: R. Lifchez (Hrsg.), The Dervish Lodge; S. 242–252. Berkeley/Los Angeles/Oxford 1992

Schwarz, Franz von: Turkestan, die Wiege der indogermanischen Völker. Freiburg i. Br. 1900

Stronge, Susan/N. Smith/J. C. Harle: A Golden Treasury. Jewellery from the Indian Subcontinent. London (Victoria & Albert Museum) 1988

Titus, Murray T.: Indian Islam. A Religious History of Islam in India. London u. a. 1930

Trimingham, J. Spencer: The Sufi Orders in Islam. Oxford 1971

van der Veer, Peter: Playing or Praying: A Sufi Saint's Day in Surat. In: The Journal of Asian Studies 51/3; S. 545–564 (1992)

Waardenburg, Jacques: Official and Popular Religion in Islam. In: Social Compass 25/3–4; S. 315–341 (1978)

Wensinkh, A. J./J. H. Kramers (Hrsg.): Handwörterbuch des Islam. Leiden 1976 (zahlreiche Stichworte/Artikel zum Thema Sufismus und Derwischwesen von verschiedenen Autoren)

Werbner, Pnina: Economic Rationality and Hierarchical Gift Economies: Value and Ranking among British Pakistanis. In: Man, N.S. 25; S. 266–285 (1990)

Widengren, Geo: Harlekintracht und Mönchskutte, Clownhut und Derwischmütze. Eine gesellschafts-, religions- und trachtgeschichtliche Studie. In: Orientalia Suecana 2/1; S. 41–111 (1953)

Wieland-Karimi, Almut: Where poetry, music and mysticism met. The artists'quarter Ḥarābāt in Kābul. In: L. Edzard/Chr. Szyska (Hrsg.), Encounters of Words and Texts; S. 215–222. Hildesheim/Zürich/New York 1997

Willfort, Fritz: Turkestanisches Tagebuch. Sechs Jahre in Russisch-Zentralasien. Wien/Leipzig 1930

Zahorka, Herwig: Palang-Gebrauch und seine Darstellungen – über ganz Indonesien verbreitet. In: Tribus 39; S. 141–152 (1990)

Zimmer, Heinrich: Indische Mythen und Symbole. Düsseldorf/Köln 1972

Der Koran wurde zitiert nach der Ausgabe: Der Koran. Kommentar und Konkordanz von Rudi Paret. Stuttgart u. a. 1986 (3. Aufl.)

Weiterführende Literatur zur islamischen Mystik

Amir-Moezzi, Mohammad Ali (Hrsg.): Le Voyage Initiatique en Terre d'Islam. Ascensions célestes et itinéraires spirituels. Louvain/Paris 1996 (Peeters)

Bergmann, Hajo: Auf dem Weg ... Begegnungen mit Sufis und Derwischen. München 1999 (Frederking & Thaler)

Buehler, Arthur F.: Sufi Heirs of the Prophet. The Indian Naqshbandiyya and the Rise of the Mediating Sufi Shaykh. Columbia 1998 (University of South Carolina Press)

Chih, Rachida: Le soufisme au quotidien. Confréries d'Egypte au XXᵉ siècle. Paris 2000 (Sindbad – Actes Sud)

Cornell, Vincent J.: Realm of the Saint. Power and Authority in Moroccan Sufism. Austin 1998 (University of Texas Press)

De Jong, Frederick/Bernd Radtke (Hrsg.): Islamic Mysticism contested. Thirteen Centuries of Controversies and Polemics. Leiden/Boston/Köln 1999 (Brill)

Eaton, Richard Maxwell: Sufis of Bijapur 1300–1700. Social Roles of Sufis in Medieval India. Princeton 1978 (Princeton University Press)

Ernst, Carl W.: Words of Ecstasy in Sufism. Albany 1985 (State University of New York Press)

ders.: Eternal Garden: Mysticism, History, and Politics at a South Asian Sufi Center. Albany 1992 (State University of New York Press)

ders.: The Shambhala Guide to Sufism. Boston/London 1997 (Shambhala)

Ewing, Katherine Pratt: Arguing Sainthood. Modernity, Psychoanalysis, and Islam. Durham/London 1997 (Duke University Press)

Frembgen, Jürgen W.: Kleidung und Ausrüstung islamischer Gottsucher. Ein Beitrag zur materiellen Kultur des Derwischwesens. Wiesbaden 1999 (Harrassowitz Verlag)

Glassen, Erika/Gudrun Schubert (Hrsg.): Bausteine I. Ausgewählte Aufsätze zur Islamwissenschaft von Fritz Meier [Teil B Sufik, S. 23–493]. Istanbul 1992 (in Kommission bei F. Steiner Verlag Stuttgart)

Gramlich, Richard: Die schiitischen Derwischorden Persiens. Teil 1: Die Affiliationen. Wiesbaden 1965. Teil 2: Glaube und Lehre. Wiesbaden 1976. Teil 3: Brauchtum und Riten. Wiesbaden 1981 (F. Steiner Verlag)

ders.: Weltverzicht. Grundlagen und Weisen islamischer Askese. Wiesbaden 1997 (Harrassowitz Verlag)

ders.: Der eine Gott. Grundzüge der Mystik des islamischen Monotheismus. Wiesbaden 1998 (Harrassowitz Verlag)

Hoffman, Valerie J.: Sufism, Mystics, and Saints in Modern Egypt. Columbia 1995 (University of South Carolina Press)

Karamustafa, Ahmet T.: God's Unruly Friends. Dervish Groups in the Islamic Later Middle Period 1200–1550. Salt Lake City 1994 (University of Utah Press)

Lifchez, Raymond (Hrsg.): The Dervish Lodge. Architecture, Art, and Sufism in Ottoman Turkey. Berkeley/Los Angeles/Oxford 1992 (University of California Press)

Özelsel, Michaela M.: 40 Tage. Erfahrungsbericht einer traditionellen Derwischklausur. München 1993 (Diederichs)

Pannke, Peter/Horst A. Friedrichs: Troubadoure Allahs. Sufi-Musik im Industal. München 1999 (Frederking & Thaler)

Pinto, Desiderio: Piri-Muridi Relationship: A Study of Nizamuddin Dargah. New Delhi 1995 (Manohar)

Popovic, Alexandre/Gilles Veinstein (Hrsg.): Les Voies d'Allah: Les ordres mystiques dans l'Islam des origines à aujourdhui. Paris 1996 (Fayard)

Radtke, Bernd/John O'Kane: The Concept of Sainthood in Early Islamic Mysticism. Richmond 1996 (Curzon Press)

Reeves, Edward B.: The Hidden Government. Ritual, Clientelism, and Legitimation in Northern Egypt. Salt Lake City 1990 (University of Utah Press)

Schimmel, Annemarie: Mystische Dimensionen des Islam. Die Geschichte des Sufismus. Köln 1985 (Diederichs)

dies.: Sufismus. Eine Einführung in die islamische Mystik. München 2000 (C.H. Beck)

Smith, Grace Martin/Carl W. Ernst (Hrsg.): Manifestations of Sainthood in Islam. Istanbul 1993 (The Isis Press)

Topper, Uwe: Sufis und Heilige im Maghreb. München 1991

Werbner, Pnina/Helene Basu (Hrsg.): Embodying Charisma. Modernity, locality and the performance of emotion in Sufi cults. London/New York 1998 (Routledge)

Wieland-Karimi, Almut: Islamische Mystik in Afghanistan. Die strukturelle Einbindung der Sufik in die Gesellschaft. Stuttgart 1998 (F. Steiner Verlag)

Erläuterung von Fachbegriffen

*ba-shar*ʿ: Mit dem religiösen Gesetz (> *shariʿa*) konform gehend, orthoprax.

balaka: Im Kontext der islamischen Heiligenverehrung in Indo-Pakistan: Begriff für den Diener eines Heiligen.

baraka: Heil- und Segenskraft, Wirkkraft eines Heiligen, die auf Gläubige übertragen werden kann.

bhakti: Im Hinduismus: mystisches Ideal der liebenden Hingabe an eine Gottheit.

*bi-shar*ʿ: Außerhalb des religiösen Gesetzes (> *shariʿa*) lebend und handelnd, frei und ungebunden.

chilla: Askeseübung: 40-tägige Klausur.

Corpus cavernosum: Schwellkörper des Penis.

Cyrenaica: Landschaft im östlichen Libyen.

Dakhni: In Südindien gesprochenes > Urdu.

dhikr: > *zikr.*

diwan: Hier: orientalische Lieder- und Gedichtsammlung.

Dravida: Sammelbezeichnung für nicht-indoeuropäische Sprachfamilie in Zentral- und Südindien.

Faszien: Muskelscheiden.

Ferghana-Tal: Mittelasiatische Beckenlandschaft, heute zu Uzbekistan und Tajikistan gehörend.

gaddi nishin/sajjada nishin: Nachkommen bzw. Nachfolger eines Heiligen.

ghazi: Glaubenskämpfer für den Islam.

gopi: Freundinnen des Hindu-Gottes Krishna, tanzende Hirtinnen.

Hagiographie: Legendenhafte Lebensbeschreibung eines Heiligen.

Hathayoga: Yoga-Technik; durch „gewaltsame Anstrengung" (*hatha*), etwa langes Fasten, soll der Körper unempfindlich gegen physische Schmerzen werden.

homines religiosi: Ganz ihrer Religion hingegebene Menschen.

Imam: Bei den Sunniten Vorbeter während des Gemeinschaftsgebetes; bei den Schiiten ferner oberste religiöse Autorität und Lehrer der Gläubigen.

Janitscharen: („Neue Truppe"); gut geschulte, aber schwer zu disziplinierende osmanische Elitetruppe.

jihad: Im Islam Bemühung und Anstrengung um den rechten Glauben; z. T. als Kampf gegen Ungläubige verstanden.

Katalepsie: Muskelstarre, häufig in Verbindung mit Schizophrenie auftretend.

Korporation: Körperschaft; Gruppe mit kollektivem Eigentum, eigenem Recht usw.

langar: („Anker"); Freiküche eines Heiligenschreins.

Levitation: Das freie Schweben des menschlichen Körpers im Raum.

Madari: > *bi-shar*ʿ-Derwische, Anhänger Zinda Shah Madars, bilden eine Untergruppe der Malang.

mantra: Im Hinduismus und Buddhismus wirkkräftige heilige Formel bzw. Keimsilbe.

Mikrozephalie: Kleinköpfigkeit; meist mit Schwachsinn verbunden; bei annähernd normaler Größe des Gesichts – jedoch mit lang hervorstehender Nase – ist das Gehirn zu klein ausgebildet; oft erbbedingt.

muharram: Schiitischer Trauermonat und erster Monat des islamischen Mondkalenders.

Nativismus/nativistisch: Ethnologisch-religionssoziologische Bezeichnung für in Krisen auftretende Bewegungen, die in der „Rückkehr zu den Ursprüngen" ein besseres Leben suchen.

Neophyt: In Mysterienkulte, Geheimbünde oder in die frühchristliche Kirche durch die Taufe neu Aufgenommener.

numinos: Die zugleich furchteinflößende als auch anziehende Eigenschaft des Heiligen.

Paralytiker: Ein von Bewegungslähmung Betroffener.

Peripatetiker: In der Ethnologie verwendete Bezeichnung für Randgruppen der Gesellschaft, die nomadisierend umherziehen, Dienstleistungen anbieten, aber selbst keine Nahrung produzieren.

Phrygien: Historische Landschaft im westlichen Anatolien (Türkei).

Quadragesima: 40-tägiges vorösterliches Fasten.

Qureshi: Familien, die ihre Abstammung auf die Quresh – die Verwandtschaftsgruppe des Propheten – zurückführen.

Raga: Musikalischer Modus in der indischen Musik, dem jeweils eine besondere emotionale Stimmung entspricht.

sajjada nishin: > *gaddi nishin.*

samaʿ: („Hören"); mystisches Konzert, teilweise in Verbindung mit Tanz.

sayyid: Nachkommen des Propheten Muhammad.

shariʿa: Das islamische Recht.

stupidus: Lat. „dumm"; stumpfsinnig, geistlos, beschränkt.

Sure: Abschnitt des Korans, der in 114 Suren gegliedert ist.

tantrische Lehren/Tantra/Tantrismus: Buddhistische und hinduistische Lehren, die von magischen, esoterischen, mystischen und sexualsymbolischen Vorstellungen geprägt sind; die sexuelle Vereinigung symbolisiert die Verschmelzung von Gegenpolen.

Tatauierung: Aus der polynesischen Sprache übernommenes Wort; früher fälschlicherweise „Tätowierung" geschrieben; bezeichnet mittels winziger Stiche und Ritzungen auf der Haut angebrachten Körperschmuck.

ʿulama: Orthodoxe islamische Rechtsgelehrte.

Urdu: Neuindische Sprache, die sich im 13./14. Jahrhundert entwickelte; in Pakistan als Amtssprache verwendet, auch in Nordindien weit verbreitet.

Urethra: Harnröhre.

ʿurs: „Heilige Hochzeit", in Indo-Pakistan Todestag eines Heiligen und alljährliche Feier dieses Ereignisses am Schrein des jeweiligen Heiligen.

zar-Kult: Besessenheitskult in Teilen Nordafrikas (v.a. in Ägypten) und Arabiens; im Laufe der Riten sollen durch Musik und ekstatischen Tanz die sog. *zar*-Geister, von denen insbesondere Frauen besessen sind, besänftigt werden.

zikr (dhikr): Rituelles Gottgedenken; Ekstasetechnik, bei der bestimmte Formeln immer wieder rezitiert werden.

zinda: „Lebend".

Abbildungsnachweise

Personenregister

Ortsregister

Buchanzeigen

Bücher zum Islam

Reinhard Schulze
Geschichte der islamischen Welt im 20. Jahrhundert
1994. 445 Seiten mit 6 Karten. Leinen

Annemarie Schimmel
Die Träume des Kalifen
Träume und ihre Deutung in der islamischen Kultur
1998. 406 Seiten. Leinen

Annemarie Schimmel
Sufismus
Eine Einführung in die islamische Mystik
2000. 125 Seiten. Paperback
C. H. Beck Wissen in der Beck'schen Reihe, Band 2129

Heinz Halm
Der Islam
Geschichte und Gegenwart
2000. 100 Seiten. Paperback
C. H. Beck Wissen in der Beck'schen Reihe, Band 2145

Hartmut Bobzin
Mohammed
2000. 128 Seiten. Paperback
C. H. Beck Wissen in der Beck'schen Reihe, Band 2144

Hartmut Bobzin
Der Koran
Eine Einführung
1999. 128 Seiten mit 3 Abbildungen. Paperback
C. H. Beck Wissen in der Beck'schen Reihe, Band 2109

Verlag C. H. Beck München

Neue Orientalische Bibliothek

'Attar
Vogelgespräche und andere klassische Texte
Vorgestellt von Annemarie Schimmel
1999. 357 Seiten. Leinen

Ulrich Marzolph (Hrsg.)
Das Buch der wundersamen Geschichten
Erzählungen aus der Welt von Tausendundeine Nacht
Unter Verwendung der Übersetzungen von Hans Wehr, Otto Spies,
Max Weisweiler und Sophia Grotzfeld zusammengestellt, kommentiert
und herausgegeben von Ulrich Marzolph
1999. 661 Seiten. Leinen

Muslih Ad-Din Sa'di
Der Rosengarten
Auf Grund der Übersetzung von Karl Heinrich Graf neu bearbeitet,
herausgegeben und kommentiert von Dieter Bellmann
1998. 398 Seiten. Leinen

Hafis, Rumi, Omar Chajjam
Die schönsten Gedichte aus dem klassischen Persien
Aus dem Persischen übertragen von Cyrus Atabay
Herausgegeben und mit einem Nachwort versehen von Kurt Scharf
1998. 238 Seiten. Leinen

Die schönsten Gedichte aus Pakistan und Indien
Islamische Lyrik aus tausend Jahren
Herausgegeben und übersetzt von Annemarie Schimmel
1996. 262 Seiten. Leinen

Nasrollah Monschi
Kalila und Dimna
Fabeln aus dem klassischen Persien
Herausgegeben und übersetzt von
Seyfeddin Najmabadi und Siegfried Weber
1996. 453 Seiten. Leinen

Verlag C.H. Beck München